中共安徽省委党校（安徽行政学院）资助出版

南宋程朱学派法思想研究

王 越◎著

中央党校出版集团
国家行政学院出版社
NATIONAL ACADEMY OF GOVERNANCE PRESS

图书在版编目（CIP）数据

南宋程朱学派法思想研究/王越著. -- 北京：国家行政学院出版社，2024.12. -- ISBN 978-7-5150-2937-5

Ⅰ.B244.65；D909.244.2

中国国家版本馆CIP数据核字第2024LR9899号

书　　名	南宋程朱学派法思想研究
	NANSONG CHENGZHUXUEPAI FA SIXIANG YANJIU
作　　者	王　越　著
统筹策划	陈　科
责任编辑	刘　锦　贡　铭
责任校对	许海利
责任印制	吴　霞
出版发行	国家行政学院出版社
	（北京市海淀区长春桥路6号　100089）
综 合 办	（010）68928887
发 行 部	（010）68928866
经　　销	新华书店
印　　刷	中煤（北京）印务有限公司
版　　次	2024年12月北京第1版
印　　次	2024年12月北京第1次印刷
开　　本	170毫米×240毫米　16开
印　　张	15.25
字　　数	224千字
定　　价	78.00元

本书如有印装质量问题，可随时调换，联系电话：（010）68929022

前言
PREFACE

  程朱学派法思想的体系主要由法哲学、法礼学、司法学三部分建构而成，呈现在程朱学派理学家司法实践和乡里社会治理中。程朱学派的法思想具有以天理改造儒家伦理法和完善情理法体系两大特点，不仅影响了南宋时期的司法审判，对明清时期官箴训言和诉讼状的书写亦有着深远影响。

  南宋政治开明，优待士大夫，崇尚文治和儒教，从而营造出宽松的学术氛围和"法治"的社会风气。在此环境下，程朱学派经历了洛学的南传和闽学的承接，于南宋时期完成了官学化，学术影响力得到了显著提升。这使程朱学派的法思想得以孕育而生，并在司法和社会治理中获得了广泛的实践场域。

  程朱学派的法哲学主要解决法的来源、天理如何指导法的运行、法"权力"的体现三个基本问题。法来源于天理，国法在运行中支撑并顺应着天理，体现着治理之道的诉求。天理根据理一分殊的原则演化出理法分殊的概念，法的"权力"由"定分"产生，从"理学"和"法学"的双重路径分析并阐释如何"定分"。程朱学派的法礼学是根据德刑观对"礼"与"法"关系问题的回答，由礼治和法治的关系、运用的先后、侧重的轻重分出了德主刑辅、明刑弼教、克己复礼三条路径。德主刑辅对应着以教化为先的路径，从治国方略、现实需求和本体论依据上阐明德主刑辅的合理性。明刑弼教对应着惩戒为先的路径，从刑罚的重要性谈到理学的"象刑"与"恤刑"概念，最后落实到当世的"严刑"和"正名"之中。克己复礼对应着礼法并用的路径，包含了对秩序、规范、权力三个问题的回答，厘清了礼法并用的意义。程朱学派的司法学是关于理学在司法层面诉讼观的内容，包含三个部分：以传统儒家的"无讼"理想为指导司法的最高标准，在司法审判中蕴含着"义理"精神，并且在量刑定罪中提倡"慎刑"的准绳。"无讼"理想解释了理学家的诉讼态度与诉讼原则，最终落在了对"是非"的把握上；"义理"决狱是理学家以义理观为指导，根据"理"与"法"、"人心"与"人情"两类要素在司法审判程序运行中贯彻义理精神的审判理念；"慎刑"准绳是在量刑定罪中，理学家探讨"恤刑""慎刑"的合理性和依据标准的内容。

理学家法思想的实践场域有二：一是为官时的司法审判实践，二是参与地方教化与乡里社会治理实践。在司法实践中，理学家以法思想为指导，在整顿吏治、提高狱讼效率的基础上，遵循着礼律并行、维系人伦的理念，在司法运行中注重事实、兼顾情理，并在处理复杂案情的时候灵活"权变"，引经决狱。在治理乡里社会中，理学家以乡约和劝谕文为文本载体规范行为；化"义"为"利"，推行礼教；以"息讼"为目标调解纠纷。这种基于社会层面的"共同体"践行了理学法思想，并推动了稳定理想的社会秩序的建构。

程朱学派法思想的特点既存在援"理"入"礼"，对传统儒家伦理法中关于伦理的价值、法的适用做出新的阐发的一面；也存在超越传统"情理法"结构，呈现三种新型结构关系的另一面。程朱学派法思想对南宋司法审判有较大影响，体现为以"经权"原则改善司法中的尊卑秩序，保护孤幼、女子等弱势群体的权益，在血缘宗亲和同乡人的争讼审判中兼顾人情。程朱学派法思想也影响了明清官箴中为政治理的观念和诉讼状中对情理法的书写应用。

目录

绪论

一、研究缘起及研究意义 ··· 1
二、学术史回顾 ·· 3
三、概念界定 ··· 15
四、研究思路和方法 ·· 17

第一章 国祚与道统：南宋社会与程朱学派的发展

一、南宋的政治环境与社会风气 ·· 20
二、程朱学派的传承与发展 ·· 34

第二章 理学的法经纬：程朱学派法思想体系中之法哲学

一、"天理"与"国法" ··· 48
二、"理法分殊" ··· 58
三、"理"与"法"的"定分" ·· 64

第三章　理学的德刑观：程朱学派法思想体系中之法礼学

　一、教化为先与德主刑辅 …………………………………… 70
　二、惩戒为先与明刑弼教 …………………………………… 77
　三、礼法并用与克己复礼 …………………………………… 85

第四章　理学的诉讼观：程朱学派法思想体系中之司法学

　一、"无讼"理想 ……………………………………………… 94
　二、"义理"决狱 …………………………………………… 100
　三、"慎刑"准绳 …………………………………………… 109

第五章　理学的法世界：程朱学派法思想的践行

　一、程朱学派的司法实践 ………………………………… 114
　二、治理基层社会 ………………………………………… 133

第六章　情、理、法：程朱学派法思想的特点及影响

　一、程朱学派法思想的特点 ……………………………… 158

二、程朱学派法思想对南宋司法审判的影响 ·················· 169
三、程朱学派法思想对明清官箴、诉讼状的影响 ············· 181

余　论 ··· 194
附表：南宋朱子门人一览表 ································· 197
参考文献 ··· 212
后　记 ··· 229

绪 论

一 研究缘起及研究意义

（一）研究缘起

程朱学派法思想是儒家法思想在两宋历史阶段的产物，儒家法思想是中国古代思想史中不可或缺的重要内容。儒家法思想从其渊源论之，实则是出于"礼"的。"礼"这一概念，在中国古代社会中扮演着约束和规范社会秩序的重要角色。儒家所言之礼，是用于反映君为臣纲、父为子纲、夫为妻纲的纲常伦理，体现出的是一种君君、臣臣、父父、子子的等级明确的道德体系。从现代人的立场来看，道德范畴似乎与司法范畴是两个不同的概念，但实际上，在中国传统社会中，道德和司法是相辅相成的，道德范畴的观点、概念，常混入法的内涵之中。首先，中国是存在法以及立法者的；其次，中国的法与一切良俗风尚都混合在了一起。因此，在中国的传统法系中，礼与法都有相当高的地位，共同起到维护社会秩序的作用，这也是中国法文明比之西方法文明有所不同的地方。

遗憾的是，虽然程朱理学是儒学发展史上的重要节点，但对于宋代理学法思想却尚未有系统性的研究，其价值尚未被正确看待。区别于在先秦礼乐崩坏的社会背景下兴起的、以孔子思想为基础、重建社会秩序的原始儒学，程朱理学则是面对南宋内忧外患的政治军事环境以及佛老等其他思想的挑战的新形势下形成的追求形而上的本体论和宇宙论的内圣之学。程朱理学家的法思想讲求"理一分殊""存天理灭人欲",以一"理"字高度概括地总结了宇宙运行规律和社会治理的最高原则,从对天理的认识上反求诸己,以修身、齐家、治国、平天下的路径将所治之学投入社会实践。因此,朱熹、真德秀等理学家的法思想不容忽视,时代特点可见一斑。

总的来说,程朱学派理学家依据天理构建起了一套完善的法思想体系,并将之与孔孟儒学结合起来,提升其哲学思辨性,形成了独特的法哲学、法礼学、司法学内容,具有显著的研究价值。

(二)研究意义

1.学术意义

在以往与程朱学派法思想研究相关的各项研究中,学者们很少以学派整体作为考察其思想与实践的研究对象。本书通过对程朱学派丰富的法思想史料的考察,归纳出了程朱学派整体的法思想体系和实践的开展途径。

同样的,在对程朱学派理学家个体司法实践的聚焦中,囿于学科壁垒,历史学、哲学、法学研究者,大都只能就自己学科的视角切入,在阐释中对于相关其他学科的资料和研究方法则一笔带过,让读者很难立体地感受到诸如史学语境中哲学和法学的媾和与阐发的交叉学科研究中的亮点。本书运用历史学的基本方法,以详细的史料占有为基础,在立论建构上借鉴了哲学、法学中关于法哲学、法礼学、司法学一类学科术语;在对思想践行的案例分析中,也借鉴了西方司法审判的逻辑、流程,进行对比,凸显了程朱学派理学家的司法特点。

2.现实意义

中华文明的延续离不开儒家思想的浸染,在社会主义现代化建设的今天,不仅要把传统文化在道德修养、家风民俗上的可取之处发扬光大,同样也要汲取中国古代传统法思想的营养。在法治社会中,社会秩序的维系要靠道德风尚和法律法规共同努力,程朱学派理学法思想正可为德治与法治提供一定的借鉴意义。

二 学术史回顾

本书所关注的问题主要涉及程朱学派和南宋社会的诸多层面。在开始探讨所关注的议题之前，对学术史的研究梳理回顾，吸收经验，厘清与拓宽思路，是本书必须进行的重要基础工作。需要指出的是，由于与之相关的研究成果丰硕，无法一一枚举，故综述所涉及的主要是与议题有关的具有代表性的研究成果以及学界相关的整体研究趋向。

（一）关于中国古代法思想的研究

法思想是中国古代法制史和思想史领域关注的重要研究命题，学界对中国法思想的研究主要包括以下几个方面。

1. 中国古代的法思想研究概况

学界对中国古代法思想的研究致力于从长时段、宏观的角度梳理中国古代法思想的发展脉络，描绘出中国古代法思想的全貌，因此通史性成果较多。专著方面首推于逸生的《中国法思想史》，全书共分五编，共二十二章，对自夏、商、西周以来历代法思想内容、代表人物、典籍等方面进行总结概括，宏观把握，详加分析，是我国古代法思想史研究的力作。另外，江山的《中国法思想讲义》开宗明义地指出了天理和人情是贯彻中国古代法思想的内在本质，就法思想实践的场域而言，江山提出了自下而上的村社宗族、公共伦理、行政统治、自然天道的思维构建体系，且语言通俗，逻辑清晰，是试图理解中国法思想概念的入门佳作。论文方面则以王人博的《水：中国法思想的本喻》最具特点，其从对中国法思想的本体论思考展开论述，提出了水是中国古代法思想产生的意象渊源。"水"之意象结合"法"之字源字形，比附出"从水"的"准绳"的概念。而对这一思想渊源的判断而言，并非认为"水"之字源仅仅是文学意象上的比喻，而是基于"法"之概念体系构建基础的"本喻"范畴，是由对"水"的概念和逻辑的思考产生了"法"的概念体系。该文对中国古代法思想概念体系的构建起到了推进作用。

随着通史性研究的深化，中国古代法思想的断代史研究亦随之展开，主要集中于先秦时段。在专著中，李平的《先秦法思想史论》以对中国早期法文化的政治基础考察为开端，站在自古史传说时期到秦帝国一统前的时段，探究了先秦法思想史中"法义""法文化""法治"等几大问题，不仅以《康诰》《法经》等传世文献为例证，更是引用了睡虎地秦简《语书》《为吏之道》等篇，使得史论结合得当，具有极大的学术价值。在论文中，朱晓红的《礼法、刑法与道法：先秦法思想的三条路径》阐述了礼法思想、刑法思想、道法思想在先秦时期的发展路径。礼法思想具有起源意义，礼法与血缘伦理相关，因此礼法思想是基础，是基于血亲、宗法而言处于核心要义的。刑法思想具有现实功用，当人类社会发展产生了国家机器建设中的维系秩序需求，也就需要兵、刑从外部戍守和内部规范两方面入手，于法而言即以法治国。道法思想具有哲学意蕴，是从形而上的角度解释法的正当性以及做出王霸道杂之的国家治理构想。故而其文是具有宏观视野的佳作。

2. 先秦儒家的法思想研究

儒学作为百家争鸣时期的显学，随着历史的进程，始终保持着强大的生命力，孕育出丰富的思想内容和经典书籍。因此，对儒家学派法思想的研究成果也十分丰富。

首推俞荣根的《儒家法思想通论》，全书共九章，前三章为总论，着力突破西方法价值一元论思维束缚。第四、五、六章是研究的重心、全书的主体，分别阐析孔子、孟子、荀子的法思想。第七、八、九章为余论，讨论儒家法思想在秦汉以后的演变、影响及其在今天的地位，是法思想史领域的一部扛鼎之作。

除此之外，陶晖的《儒家法思想为中国传统法之自然法论》以东西方比较的方式，运用法哲学的学理对东西方自然法的现象和蕴含的理论进行对比分析，辅之以历史学的研究范式，提出了儒家法思想为中国传统法之自然法论的结论。较为系统地诠释了儒家法思想的属性。马小红的《中国古代法思想与先秦儒家的法律理想主义》创造性地以近代"主义"的概念归纳先秦诸子法思想学说，如先秦儒家的"法律理想主义"、道家与黄老学派的"法律自然主义"、法家的"法律工具主义"等，并重点论证了先秦儒家的法律理想主义在中国古代法学术思想史中占有举足轻重的地位。陈应琴的《儒家法思想略论》对比前人成果，从刑法角度解读了传统刑法思想呈现的典型的儒家风格。

在人物研究方面，孔子和荀子法思想的研究成果丰富。

在对孔子法思想的研究方面，陈懋的《孔子法思想解读》围绕"孔子法思想的真精神是什么，它是否有一种超越特定历史条件的普遍性内容"这一问题，讨论了心性儒学与政治儒学之间的区别，界定了"孔子法思想"的特定内涵，指出了孔子重德教而轻政刑的思想倾向。马作武的《孔子法思想辨正》从礼治、德治、容隐问题、诛少正卯四个方面对孔子的法律思想进行了新的诠释。曾绍东的《论孔子法思想的原创法文化意义》指出孔子是中华原创法文化的开创者和定型者，孔子在继承三代以来法文化基础上，形成了以天人合一的"天道"观和宗法伦理型的"人道"观为核心的中华原创法文化，为后世留下了宝贵的法文化资源。

在对荀子法思想的研究方面，李桂民的《荀子法思想的内涵辨析与理论来源》指出荀子的法思想内涵丰富，容纳了礼法、政令和刑法等各种因素，其理论源自传统儒家的礼治观念，并且以"二分"的方法将礼与刑分殊，荀子的法思想并不止于传承孔子，而更深的根源则在于上古的治世传统。韩伟的《法律起源与秩序生成：荀子法思想重释》以思想文本的语境解读、法律历史社会学的方法，对荀子人性善恶、礼与法、治人与治法等基本概念进行重新释读，在发现荀子法思想历史合理性的基础上，亦借以开拓对现代良善法政秩序的思考。

对儒家典籍的法思想研究是另一热点。朱晓红的《礼与刑：〈尚书〉的法思想解读》通过对《尚书》的解读，认识到礼与刑起源于祭祀和战争，构成了古代法的主要组成部分。建立在"祀与戎"基础上的国家治理模式赋予了古代法的宗教性和宗法性的特征，并对儒家法思想产生了重要影响。曹建墩的《战国竹书中的儒家法思想论析》阐述了战国楚竹书中《三德》与《天子建州》中均有涉及儒家法思想的简文。简文表明，儒家要求将仁爱与人情融入司法实践，既确保法律的威严，坚守法律的公正性，又能"中情而丽于法"，即"缘情司法"而不"屈法伸情""以情淹法"。这要求司法者既具有仁爱之心，"断刑以哀"，又具有"增去以谋"的权变能力。这种法律思想是建立在其以仁政爱民、礼乐教化为主，刑罚为辅等政治原则基础上，体现出儒家法思想的矜恤主义与民本主义、人道主义特征。

3. 非儒家学派的法思想研究

对中国古代法思想的研究除了聚焦儒家法思想以外，还有其他研究对象。例如以管子为研究对象的法思想研究成果亦颇为可观。李家祥在《〈管子〉法思想研究》一文中将对法思想的研究作为揭示思想史研究的范式及意义的切入点。李家祥认为，思想史研究的重点应该放在那些思想变革的关键节点上，并且以点带面，梳理出思想史的流变过程。基于此，选择管子作为法思想的研究对象，是看到了管子在中国古代法思想史上的文献价值，通过对管子法思想的挖掘，既能探求先秦齐文化氤氲下的文化场域，又能走进历史现场，观察先秦法思想传播和实践的呈现状貌。李增的《〈管子〉法思想》则另辟蹊径，指出管子的法思想是基于形而上学之道的，是以异家学说的立场，以改善儒家宣扬的礼教秩序的道统为目的出发，落脚点在于对人性的揭示和满足，类似于阴阳家话语中的"天道"概念。管子法思想的法之含义，不囿于礼或刑，不仅兼顾二者，更是包含了在制度和方法层面的一切意义，从制度的确立、条文的制定、程序的执行的过程中构建起法的体系，其思想则蕴含在其中的每个节点，表现出恒常、公正的原则。除了中国国内的研究，海外学界亦有学者对管子的法思想进行研究的优秀成果，如日本东北大学的金谷治先生，他在其论文《〈管子〉中的法思想》中将管子的法思想以文本次序分类，认为管子的法思想主要散落于《外言》《牧民篇》等篇，所呈现的法思想内涵有所区别，结合具体的适用情况可分为三个阶段:"令必行"的朴素适用阶段;折中立场的反省阶段;法至上的最高原则阶段。这是从流动的视角考察了管子法思想的变化。

除此以外,在人物的法思想研究上,还有如赵晓凯的《王韬的法思想探析》指出王韬的法思想是他改良理论的构成要素之一,王韬在吸收西方近代法律思想的基础上,本着"治中以驭外"的目标,结合时代社会特征,在最高原则上提出了宪政立法的设想,在商业贸易中提出了商法的构思,并且给出了相对应的法治改革意见。值得一提的是,王韬还看到了国际交流的大趋势,同时呼吁建立国际法。这些事项在当时的时代和社会背景下是具有进步性的。商雏清的《丘濬、黄宗羲法思想比较研究》以丘濬和黄宗羲为研究对象,采取比较研究法,对二人法思想的内容进行比较,得出了二人在继承传统儒家法思想的基础上,都有着法在维系等级秩序上作用的认可。不同的是,丘濬的眼光偏向下,以修补社会法制秩序为目标,主要内容放在商业法的构建上;黄宗羲的眼光偏向上,以"君臣名异而实同"的命题切入,旨在正国法而限制君权。二者的方法虽异但目的相同,都是想要以法思想在实践中的功用维系社会秩序,维护国家的稳定和发展。

由上述研究成果可以看出,长期以来学界对中国古代法思想的研究已经取得了一定的成绩,尤其是对整个中国古代历史时段法思想的梳理有了长足的进展,但美中不足的是,其断代史研究主要集中于先秦时段以及对诸子百家人物法思想及其典籍的解读上,而对宋代尤其是南宋法思想的研究尚付阙如。

(二)关于程朱学派的研究

在关于程朱学派的研究中,程朱学派法思想研究的成果稀少,王越的《二程理学法思想研究》是唯一一篇和程朱学派法思想紧密相关的论文。不过,作为程朱学派法思想研究的相关研究,程朱学派的法律思想研究、程朱学派的政治和治理实践研究成果还是值得借鉴的。

南宋程朱学派法思想研究

1.程朱学派的法律思想研究

程朱学派的法律思想研究偏重人物个案研究，相对来说忽视对整个学派法律思想的把握，主要集中于对二程法律思想和对朱熹法律思想的研究。

在对二程法律思想研究方面，于江波的《理学和易学交融视域下的程颐礼法哲学思想研究》在易学和理学的交融视域中去发现、挖掘程颐关于天人关系建构、政治秩序重建、人伦道德敦化等礼法哲学方面的核心内容。潘富恩、徐余庆的《论二程的刑治与教化思想》指出，二程思想中有关于刑治与教化的论述，是因为要维护封建统治，必须刑德齐用、恩威并重，二者缺一不可。李明德的《程颢程颐的法律思想》将二程的法律思想分为四方面进行论述：以"理"为本的国家法律起源思想，随时因革的变法思想，变法气质与严惩下愚的德刑思想，治乱在人的人治思想。

在对朱熹法律思想的研究方面，武树臣的《朱熹法律思想探索》指出朱熹的法律思想在继承二程主张的基础上，形成了自己的特色，概述为"存天理、灭人欲"的指导原理和圣人"继天立极""代天理物"的国家法律起源论；"因事制宜"的变法理论和以"收拾身心"为宗旨的改革主张；"德礼政刑""相为终始"的德、刑关系说；"以严为本，而以宽济之"的司法原则；"未有无弊之法，其要只在得人"的"人治"思想共五个方面。崔永东的《关于朱熹法律思想的几点探讨》创造性地提炼出朱熹的行政法律思想。周霜梅的《朱熹法律思想论析》在前人的研究成果基础上，增加了对朱熹"刑以弼教"思想的论述。徐公喜的《朱熹义理法律思想论》着重对朱熹法思想中"义理"概念进行了阐发。

需要重点关注的是，宋大琦的《程朱礼法学研究》为新儒学法哲学开山之篇，其文以"礼法学"为"法哲学"，介绍了程朱礼法学以天理为礼法之形上依据，以天理循环的礼法之开显路径，建立了以礼为秩序框架，以仁为价值内核，以参赞化育为最终目的的法哲学体系。这是迄今为止第一部，也是唯一一部以程朱学派为整体研究对象的法哲学研究论著。

2.程朱学派的政治和治理实践研究

学界对于程朱学派的研究都是基于其理学思想，进而延伸到实践领域的。程朱学派的政治和治理实践研究同样遵循这一逻辑。

孙晓春主编的《中国政治思想通史（宋元卷）》是新中国成立后涉及程朱学派政治和治理实践研究的有代表性的著作。该著作由程朱学派的哲学本体论的角度切入，阐发其以"天理"二字为核心的政治哲学观点，并延伸至如王道政治论、义利观、变法思想上，并且阐述了程朱学派在对应理论构建基础上的实践内容。

刘复生的《北宋中期儒学复兴运动》以儒学复兴这一条儒学史脉络为主线，详细阐述了社会史上的唐宋社会聚变、儒学史上的"原道"和"学统"思潮；并以古文运动为对象，分析儒学复兴视角下古文运动的位置与作用，进而延伸至程朱理学家追求"王道"的理想和相关的政治实践。

关长龙的《两宋道学命运的历史考察》以两宋时期道学的萌发与演变为研究目标，以社会变革为切入点，讲述了程朱理学家在进行道学的实践中产生的成果与困惑，其中就包含了大量的政治和治理实践。

对二程政治思想的研究近来渐成热点。其中以李同乐的《北宋士大夫的政治理想和实践》和郭鹏的《二程政治哲学研究》最具代表性。前者以"文人治国"的宋代政治特色为切入点，在儒学复兴的背景下，以二程为代表的北宋士大夫群体有着官员和学者的双重身份，这构成了北宋士大夫政治理想和实践的理论来源和价值导向；继而以北宋皇位更替为阶段，分成宋初、仁宗、英宗、神宗以及北宋后期几个时间段，分别阐释了以二程为代表的北宋士大夫的政治和治理实践。后者以二程的政治哲学思想为媒介，提炼出二程对于所处时代政治生活的应然判断，并以此判断溯下，以逻辑的而不是经验的，以价值的而不是事实的判断展示二程政治追问的应有之义。但这并不意味着二程只做理想政治的观念构建，而不进行现实政治的诉求实践，恰恰相反，二程在义利之辩、法治刑罚、变法改进等方面都给出了具体的实现路径和治理实践。

首先，对朱熹政治思想的研究首推余英时的《朱熹的历史世界》，本书站在长时段的视角，以政治参与和文化互动，展示出从宋代立国到朱熹去世的时间段内，宋代的政治面貌和文化风气呈现怎样的思想体系和具体内容，其中就涉及了朱熹的政治思想、政治活动以及参与地方治理的具体实践。

其次，张勇的《朱熹理学思想的形成与演变》同样以朱熹为研究对象，以时间线索串联出朱熹的活动范围、活动轨迹和与之并进的政治思想发展历程。通过朱熹在所参与的各项重大政治事件中的身份、位置及具体活动，勾勒出朱熹将政治思想践行于实践中的脉络。

最后，周燕芝的《朱熹政治思想研究》通过对朱熹生平的考察，归纳出朱熹的政治思想包括"王道思想""重民思想""军事思想""人才思想"四个方面，并且分别阐述其思想的具体实践，在史论结合中分析朱熹政治思想的特点、价值与不足之处。

3.关于程朱学派的其他研究

程朱学派及其所传承的程朱理学，是中国古代思想史、哲学史的研究热点。新中国成立以来，关于宋明理学的整体性研究成果颇丰，其中最有代表性的有陈来的《宋明理学》、侯外庐主编的《宋明理学史》、蒙培元的《理学范畴系统》等。学界对程朱学派的研究则主要集中于对二程洛学的研究和朱熹闽学（或称朱子学）的研究两大阵地。

在二程研究上，如卢连章的《二程学谱》和《程颢程颐评传》与二程相关的基本资料，给学界对二程研究的入门提供了帮助；刘象彬的《二程理学基本范畴研究》探究了二程研究的几个重要命题和相关范畴，起到了学术规范的作用；徐远和的《洛学源流》从洛学的来源、发展过程和最终结果的时间维度，展示了洛学包含的几个时间节点和诸多关键人物，为从个人到学派的拓展研究筑牢了根基。在此基础之上，有徐洪兴的《旷世大儒——二程》以翔实的史料，讲述了二程的生平、学术思想以及相关实践活动，并指出二程创办的洛学在其后开启了朱子和陆王学说，共同建构起理学的基本内容；庞万里的《二程哲学体系》和潘富恩、徐余庆的《程颢程颐理学思想研究》都从思想史和哲学史的角度分析了哲学层面二程之学对理学的构建，包括其哲学本体论、主要命题以及关注点和实践面；蔡方鹿的《程颢程颐与中国文化》则是关注程颢程颐所处时代的文化特征，其洛学在传播过程中的文化影响力，最终得出了二程在中国文化史上的地位。李敬峰的《二程后学研究》是二程研究的最新的具有代表性的成果，其将研究对象从二程本身转移到了二程的后学上，梳理出二程之后洛学的发展并衍生出了哪些学派，有哪些代表人物，其主要思想有哪些。李敬峰关注二程后学所处历史时期的时代变迁，将二程后学群体作为一个整体的对象，旨在分析出"活的主体"在历史中如何进行思想渊源的梳理，思想阐释的发挥，理论体系的构建以及对应的转化过程，从而揭示出二程后学的整体面貌。

在朱子研究上，史料和研究群体更加充足，朱子学研究成果更加丰富。充分的历史文献爬梳与整理是历史研究得以开展的基础，在朱子学相关文献整理上首推朱人杰主持进行整理的《朱子全书》和《朱子全书外编》，为朱子学研究打下了坚实的文献基础。宋代文集资料丰富，其中亦有不少与朱子学及朱子门人相关的珍贵史料，顾宏义主编的《朱熹师友门人往还书札汇编》就是以宋代文集为史料来源，从中截取出朱子与其弟子、私淑弟子、讲友的往来书信，从中发掘出的材料可以与史书、典籍相对照，对于朱子门人学术活动的研究有着重要的资料补充价值。除了文献资料上的收集整理外，就朱子研究的课题推进来说，对朱子本人生平事迹的考察，可以对其他相关研究起到宏观的指导作用。在对朱子生平的详细梳理上，束景南的《朱子大传》和《朱熹年谱长编》最具代表性，其著作文献功夫扎实，史料价值极高；从交叉学科尝试的角度看，高令印、高秀华的《朱子事迹考》创造性地将更多运用在明清地方档案研究中的田野考察运用于对朱熹事迹的考察上，相对于过往的事迹考察偏向于文字史料的选取，《朱子事迹考》使用了大量朱熹画像资料，这对传统朱子学研究而言无疑是一种突破。

由上述成果可知，学界对于程朱学派的研究成果颇丰，在文献资料整理、概念范畴界定、学派源流梳理、哲学思想、后学传播演变等各问题上都有了颇为成熟的论断；对程朱学派法律思想的研究也在思想和实践范畴都有一定的建树，但相关研究尚存不足，主要体现在以下几方面。

一是对法和法律的概念界定不清晰。学界之所以对程朱学派法思想研究尚存不足，一个重要原因是因为尚未对法和法律有过清晰的概念界定。法和法律的内在属性有何区别，法和法律与国家权力及社会治理的联系程度有何不同，法和法律的效力有何差异？学界的相关研究阙如。

二是缺乏整体性视角。过往学者往往专注于对程朱学派某一思想家的单体研究，较少从整体性视角解读程朱学派思想的共性及演变情况。如程朱学派法思想体系是如何构建起来的，在南宋时期经历了哪些去芜存菁的变化？学界尚缺乏系统的梳理。

三是资料使用不够充分。以往学界对程朱学派思想的研究，史料运用基本局限于程朱学派相关学案、学谱、文集，而对于所处历史时期墓志、碑刻、诏令、方志的挖掘使用非常有限，由此导致相关研究不够全面，甚至部分领域几乎没有触及。

四是理论运用不够充分。如学界有关中国古代法史的研究中，法教义学研究方法比较成熟，但在程朱学派法思想相关研究中，却很少得到运用体现，由此导致研究缺乏一定的理论引领和深度解析。

（三）关于宋代法制史以及社会治理的研究

宋代法制史与程朱学派法思想的研究息息相关，其研究重点落在对社会治理的考察中。因此对宋代法制以及社会治理研究的梳理可以为本研究提供参考价值。

在法律体系研究方面，美国学者马伯良的《宋代的法律与秩序》从宋朝自身所处的历史阶段的独特性出发，指出宋代的统治阶层在政制体系构建上表现出了明显的重"文"抑"武"倾向；而从犯罪活动的主体来看，在宋代，其往往表现为缺乏专业技能、目光短浅的单身男性的特征，这是宋代统治阶层在法律制度继承上作出其选择的基点，也是宋代统治精英对法律制度进行创新的事实与理论依据。戴建国、郭东旭的《南宋专题史：南宋法制史》搭建了法律制度、原则、检验、实践的完

绪 论

整法制体系。

在法律实践研究方面，柳立言的《宋代的家庭和法律》，研究了南宋推崇洛学的政治家赵鼎及其《家训笔录》，从族谱和案例入手，研究程朱理学家的法律实践。朱文慧的《南宋社会民间纠纷及其解决途径研究》以《名公书判清明集》为主要材料，从案例中表现出的制度与现实的错位以及理学士大夫对社会的期待与现实的背离两个方面，揭示南宋社会纠纷及其解决途径。

在法律文化研究方面，张利的《宋代司法文化中的"人文精神"》从"以人为本""内圣外王""注重伦理""天人合一"四重语境展开论述，始终与程朱学派法思想有着紧密联系。王晓龙、郭东旭的《宋代法律文明研究》中"司法审判中天理、国法、人情一体理论的出现与实践"的表述即认可了程朱学派思想对宋代司法审判的实践指导。值得一提的是，中国政法大学法律史学研究院编撰的《日本学者中国法论著选译》中的多篇论文选取案例与人物都与程朱学派理学家有着紧密联系。

经济基础决定上层建筑，当宋代经济有了长足的发展后，社会结构也会随之改变，如人身关系、社会风气等，这就为地方治理带来了巨大考验。庙堂之上，政府要改善治理的理念和方法；皇权之外，地方士人也积极参与构建社会稳定的实践。丰富的史料和凸显的矛盾与问题，使得相关研究成果颇丰。

康武刚的《宋代地方势力与基层社会秩序研究》将基层社会治理的研究对象落在对基层组织的爬梳上，认为在宋代的基层社会秩序维系中，除了官府这一基层行政组织之外，以民间士绅和宗族里老为代表的地方势力也是不可忽视的治理主体。只有对地方势力在地方社会的身份、位置和作用有了充分认识，才能一窥地方社会治理的全貌。相较于"地方势力"这一笼统的概念，黄宽重在其《从中央与地方关系互动看宋代基层社会演变》中指出，南宋的地方社会由地方官、豪强与精英士绅、自治武装为三根支柱，从中央与地方在基层治理的互动角度进行阐发，得出了对南宋基层社会的控制主要靠士人维系的结论。对此问题，王文兵在《多元主体参与下的宋代乡村治理问题研究》明确地使用"多元主体"一词分析宋代地方治理，多元主体由国家行政机关、民间社会组织以及精英士绅组成，并且三者在处理地方事务时，相互配合，承担着不同的功用，在多元主体的维系下，宋代的地方社会呈现出自治的特点。

比起对社会治理的整体把握，梁君则把目光聚焦于南宋理学家群体之上，在《由思想而行动——南宋理学家伦理实践研究》中提出南宋理学家秉持儒家教化思想，将伦理教化作用于基层社会的运行中，通过开办书院、联系宗族以及在乡里的伦理维系三方面措施做到了理学伦理在基层社会的贯彻。孔妮妮将对南宋理学家在基层社会治理的作用研究具体到个案上，在《居乡状态中的南宋理学士人——以朱熹为辐射中心的群体探讨》和《论南宋后期理学官员对基层社会秩序的构建——以真德秀为中心的考察》中，分别选取了程朱理学的两位代表人物，朱熹和真德秀为研究对象，建构起以二人为中心的考察网络，沿着二人在基层社会治理的轨迹与接触面，认识到具有理学家身份的地方官和士绅在基层社会的维稳与建设中起到的重要作用。

南宋史的研究热潮集中体现在对各专题史的研究范围的拓展与研究内容的细化。最具代表性的成果就是由浙江宋史研究中心整理和出版的"南宋史研究丛书"，其收录内容海纳百川，不仅有政治史、教育史、法制史、思想史、军事史等各制度专题史，更是有朱熹研究、秦桧研究、马扩研究之类的人物专题史的成果，皆是颇有质量和水准的学术专著。在这之后，又有"南宋及南宋都城临安研究系列丛书"，其中的各项研究内容，就制度专题而言，有服饰史、陶瓷史、建筑史；就人物专题而言，有宋高宗研究、王十朋研究等。但是在南宋程朱学派研究和南宋社会治理研究中略显捉襟见肘，相关具有代表性的成果，如余英时的《朱熹的历史世界》，黄宽重的《孙应时的学宦生涯：道学追随者对南宋中期政局变动的因应》，王瑞来的《近世中国：从唐宋变革到宋元变革》，相对来说较少。故而选取南宋程朱学派法思想研究这一题目，一方面是顺应南宋断代史研究的潮流，另一方面也是于南宋的思想文化史以及社会治理研究中增添一笔。

总体而言，据现有的研究，可以看出有关中国古代法思想的研究主要集中于先秦儒家时期，南宋相对来说着墨较少，尚缺乏系统梳理；有关南宋程朱学派法实践与社会治理、立法司法等议题的讨论远未形成气候，多是对理学家的法制参与进行粗线条的论述，缺乏细节的关注，以"理学法思想"为视角进行专题探讨尚阙，因而学界对宋代理学蕴含的法的内涵挖掘尚不充分，对宋代理学法思想中具有的深远影响和借鉴意义的相关内容尚缺乏认真梳理。不过从相关成果也能看出，从治理现实而言，地方的各类治理问题繁多，情况复杂；从治理者而言，宋代的地方治理呈现出以中央政府、地方政府、地方士人以及宗老等多元主体的状貌，程朱学派相关群体与这些多元主体有着紧密的联系或隶属于多元主体之中，因此宋代社会治理研究成果为本书在实践方面的论述提供了重要的借鉴意义。

三 概念界定

（一）法的概念

"法思想"中"法"概念的内涵丰富，要从古代与现代两方面去解读。

在中国古代，"法"写作"灋"。《说文解字》有云"灋，刑也。平之如水，从水；廌，所以触不直者去之，从去"[1]。法有两方面的意思，一方面，法代表着刑，平之如水，代表着用刑要公平，针对同一量刑标准不偏不倚，"一碗水端平"，所以从水。另一方面，法的右边上部是"廌"，廌就是獬豸，是一种传说中的神兽。如果司法审判的时候无法分辨曲直，就会请出獬豸，獬豸有角，会去触倒犯法之人，达到不用刑就能正确判罚的结果，所以就能去刑，所以从去。因此，在中国古代的传统观念中，"法"有着用刑平允

---

[1] （汉）许慎：《说文解字》卷10，辽海出版社2015年版，第338页。

和去刑的对立统一含义，不仅是一种刑的制度，更代表一种去刑而达到公平的思想。

在现代，由于西方现代学科体系的构建，有了专门的法学学科，对法的解释更具学理性。1748年，孟德斯鸠的《论法的精神》出版，这不仅是一部政治哲学著作，更是一部比较法学著作。1913年，商务出版社出版严复先生所翻译的法国思想家孟德斯鸠著作《De l'esprit des lois》——严复先生翻译为《法意》。在此书的序言部分，严复先生对"法"的概念的中西异构有辨析：

西人所谓法者，实兼中国之礼典。中国有礼、刑之分，以为礼防未然，刑惩已失。而西人则谓凡著在方策，而令一国之必从者，通谓法典。至于不率典之刑罚，乃其法典之一部分，谓之平涅尔可德（Penal code），而非法典之全体。故吾国《周礼》《通典》《大清律例》《皇朝通典》诸书，正西人所谓劳士（Laws）。若但取秋官所有律例当之，不相侔也。

西文"法"字，于中文有理、礼、法、制四者之异译，学者审之。

严复先生解释了两个方面的内容。首先，西方所谓的"法典"，实际上是中国的"礼典"，因此无论是站在古代的功用和现在西方法学体系的概念中，中国古代的"礼"，就是"法"，中国的礼是防患未然，刑则是惩戒已然；其次，同理可知，西方的刑法也只是法典中的一部分而并非全部含义，刑罚是在违反法典精神的前提下施以惩戒的举措。因此，仅用中国的律例去比附于西方的法典是错误的，这二者本就不相等，西方的"法"字，在中国的语境下可以有"理""礼""法""制"四种不同情况下各异的翻译。

在本书中，"法"不等同于"法律"，也不等同于"刑"，而是"理""礼""法""制（刑）"的总和。

（二）法思想的概念

法思想和法律思想有所区别。法思想是一种权利要求，是反映一定社会经济生活要求的权利体系。而法律思想则是一种国家意志，是体现国家意志要求的实在法律规范和秩序体系。法思想与国家权力并无直接的必然联系，不能把权力看作法思想的实在基础。而法律思想则是与国家权力有着直接的必然联系，法律思想所具有的普遍性、规范性和国家强制性、国家意志性等特征，正是以国家权力为后盾的。法思想和法律思想与社会经济的联系的性质和程度是不同的。法思想对一定社会经济条件的反映是间接的，而法律思想则是统治阶级意志的集中表现。

程朱学派法思想是在法的总领性的概念中对天理、国法、礼刑、制度的总的看法，由法哲学、法礼学、司法学三方面构成。法哲学，是关于法的最高形式的抽象理论，与程朱理学形而上的抽象"天理"概念相契合；法礼学，是对理学中礼法关系问题的解释说明，探讨在法的思考范畴内，礼是如何被建构和使用的问题；司法学就是关于司法诉讼的一系列问题，包括诉讼的目的、逻辑和裁决准绳。

四 研究思路和方法

（一）研究思路

本书拟在南宋的政治背景与法治风气下，以南宋程朱学派的人物群体为中心，从学派法思想的法哲学、法礼学、司法学三方面构建起法的经纬；由司法实践和乡里社会治理两个方面阐述法思想在运用中的具体表现，并归纳出法思想的特点及影响。主要内容有以下三方面。

首先，阐述南宋的政治背景和法治风气，厘清程朱学派的发展脉络和学术影响力。南宋崇儒重教的政治环境，加上对士大夫的优渥待遇，激发了学术思想的活跃、学术争鸣的产生和学术土壤的滋养，程朱学派得以发展开来。同时，南宋政府崇尚法治，上行而下效，民间同样掀起了学法好讼的社会风气。

其次，阐述程朱学派法思想的主要内容，系统分析南宋程朱学派法思想体系。

一曰法哲学。法哲学是关于法的基本理论的概念，包括法的来源、法产生的目的、法的运行等。程朱学派的法哲学阐释了以上三个概念：法来源于理；法的产生也实现了儒家的治世目标；法在运行的过程中会因为现实的不同产生分殊各异的状貌，而这些分殊的法，始终统合于一贯的天理之下。

二曰法礼学。法礼学是传统儒家礼治与法治相结合的命题。程朱学派法思想中有着丰富的礼治内涵，并根据礼治和法治的关系、运用的先后、侧重的轻重分出了德主刑辅、明刑弼教、克己复礼三条路径。

三曰司法学。司法学是指对司法现实产生具体指导的原理和方法。程朱学派的司法学以传统儒家的"无讼"理想为指导司法的最高标准，在司法审判中蕴含着"义理"精神，并且在量刑定罪中提倡"慎刑"的原则。

儒学是入世之学，程朱学派法思想需要运用于实践之中检验合理性。在修齐治平的理论下，程朱学派积极投身于社会实践，有的进入政府机关，在司法中担任要职；有的以地方官吏或在野乡绅的身份参与到地方治理中，构建理想的乡村社会秩序。

最后，在总结归纳程朱学派法思想的特点以及影响。程朱学派法思想以"理"入"法"，纳"理"入"理"，改造了传统儒家伦理法；以情理法概念融入中华法系，呈现出三种不同的结构。程朱学派法思想影响了南宋的司法审判，以"经权"原则改善南宋司法中的尊卑秩序，保护了孤幼、女子等弱势群体的权益，并在血缘宗亲和同乡人的争讼审判中兼顾人情；程朱学派法思想还影响了明清官箴中的治理思想和诉讼状的书写，使明清官箴中体现出息讼的义理，在诉讼状的写作中灵活运用情理法的概念和结构争取己方获胜。

（二）研究方法

1.文献分析法

文献分析法是历史学的基本研究方法，历史学讲求"论从史出，史论结合",故而没有充分的史料占有,是没法作出符合学术规范和具有学理性的论述的。本书在收集正史资料的基础上,还摘取了《名公书判清明集》和宋代文集笔记中记载的判决文书,明清官箴书、地方司法档案与讼师秘本,采用"论从史出,史论结合"的基本论述方式。

2.交叉学科研究法

多学科交叉研究是本书的主要研究特色之一,借鉴法学方法论揭示程朱学派法思想中的事实认知和规范运用,为分析南宋司法论证、司法推理活动的思维逻辑提供思维视角和叙事框架;借鉴政治人类学探讨亲属关系、社会阶层与权利的关系,探讨政治治理现象,以期对南宋程朱学派法思想与实践展开系统而多维的研究。

3.语义分析法

语义分析法,即将整理出的理学经典和司法裁判史料,用现代性的词汇、语言进行阐发和表述,赋予"前人的法思想以现代的法分析的形式"[①]。具体而言,使用语义分析法,从概念诠释的维度对程朱理学和史学语境中具有法理意义的内容进行法哲学诠释,得以在理学视野下揭示司法践行中的逻辑结构和审判形式。

---

① 屠凯:《发现儒家法理:方法与范畴》,《法制与社会发展》2020年第3期。

国祚与道统：
南宋社会与程朱学派的发展

第一章 01

南宋（1127—1279年）是赵宋王朝统治下的第二个历史时期，以临安为都城。与北宋相比，南宋疆域的西南和南部边界没有明显变化，西界、北界则因宋金战争屡次变动，终在绍兴十二年（1142年）定为以淮河、大散关为界，基本稳定下来。历九帝，享国152年。

儒家之道统延续与南宋国祚有所关联。南宋虽然外患深重，统治者偏安一隅，但其政治局势相对稳定，商业经济繁荣，为国祚的延续和道统的传承提供了相对稳定的社会环境。思想学术和文化艺术高度发展，理学成型确立正统地位，并向海外传播，为儒学在东亚的影响力提升起到了重要的推动作用。南宋开启了中国社会的平民化进程，并出现了市民阶层、雇佣关系、城市化等近世要素，在中国历史进程中有着重要的地位。

一 南宋的政治环境与社会风气

宋代政治的特点是开明宽松、仁厚包容。宋代"自祖宗以来，多尚宽仁"[1]。宋太祖"以道理最大一语开国，以用读书人一念厚苍生"；楼钥亦云，"皇朝以忠厚为家法"[2]。时人多以为宋"以忠厚仁慈治天下"[3]"务宽

---

[1] （宋）黎靖德：《朱子语类》卷133，中华书局2007年版，第6055页。
[2] （宋）魏了翁：《魏了翁全书》，金生杨编，燕山出版社2018年版，第1页。
[3] （宋）朱熹：《三朝名臣言行录》卷6《四部丛刊初编》，张元济编，上海书店出版社2015年版，第216页。

厚"①。这种宽松开明的政治氛围延续到南宋,真德秀称"三代以下,治体纯粹莫如我朝,德泽深厚亦莫如我朝,社稷长远赖此而已"②。"治体纯粹"是文治发达,"德泽深厚"是崇尚儒教,二者共同构成了南宋开明的社会环境,营造了宽松的学术空气,为程朱学派的发展提供了优渥的土壤。

(一)文治与崇儒的环境

宋代开国以来,始终秉持着"崇尚文治"的理念,表现为对知识分子的优待和尊重,政治上重用儒臣,思想上崇儒重教。重视知识精英,首在优礼士大夫。纵观中国古代的历史长河,宋代对儒臣和士大夫的宽容是极具代表性的。宋太祖在开国初就立有誓约:"不杀大臣及言事官,违者不祥。"③并一再表明广开言路,"诏自今百官朝对,须陈时政利病,无以触讳为惧"④。事实上,北宋前期,除极少数贪官污吏被处死外,一般对获罪大臣最重的处罚是削职流放或发配,且把死刑权收归"刑部审覆"。之后,宋代皇帝都秉承祖宗家法,并不断通过有关部门和各级官吏"陈时政利病""陈时政失""陈时政失及当今急务"⑤。一方面鼓励士庶大胆议政参政,裁量人物,另一方面又能使深居庙堂的皇帝了解情况,作出判断和决策。由于宋廷屡屡下诏求谏,使台谏官及士大夫大受鼓舞,以至于出现接连上奏者大有人在,直言不讳,言辞恳切。由于宋廷一贯尊崇知识精英,并在稳定知识精英方面采取有效的情感措施、事业措施和制度措施,因而宋代知识精英深感自己肩负的历史重任,促使他们自觉地把自己的人生与宋廷的命运捆绑在一起。

南宋继续传承北宋以来"崇尚文治"的传统,在"崇文抑武"的指导

---

① (清)沈家本:《历代刑法考》卷9《刑法分考五》,商务印书馆2011年版,第282页。
② (宋)真德秀:《真西山先生集》卷3《丛书集成初编》,中华书局2011年版,第321页。
③ (宋)李心传:《建炎以来系年要录》卷4,中华书局1988年版,第250页。
④ (元)脱脱等:《宋史》卷1《太祖纪》,中华书局1979年版,第273页。
⑤ 同④。

下，确立了"兴文教，抑武事"[1]的方针，对士大夫以礼待之。在这样宽松的政治环境下，士大夫们积极投身政治生活，参与国家大政方针的制定和决策，形成了君主与士大夫共治天下的格局。政治上的开明带动了思想的发展、文化的传播，故而文教事业也随之发展起来，各家思想争鸣，学术观点交流互鉴，形成了蔚然向上的重学之风。

南宋同样重视文教与崇儒。虽然南宋时期国难当头，形势维艰，但南宋朝廷却始终恪守祖训，念念不忘以文治教和尊孔崇儒。高宗赵构虽然是一个"以之继体守文则有余，以之拨乱反正则非其才也"[2]的"中兴"皇帝，但他南逃流亡时，仍不忘诏孔子四十八代孙衍圣公孔端友率大部分宗室成员随他南迁，几经周折，流寓衢州。绍兴六年（1136年）高宗"诏权以州学为家庙"[3]，从此，孔子宗室分为衢州、曲阜南北两宗，全国于是有两处孔子家庙。绍兴八年（1138年）高宗正式定临安府为都后，立即以衢州田顷赐衍圣公，用以奉先圣祠事。南宋理宗在位时间最长，他对孔子及其后代尊崇有加，多次诏封孔子后裔：宝庆二年（1226年）六月，"诏以孔子五十二代孙万春袭封衍圣公"；绍定三年（1230年）十二月，"诏录用孔子四十九代孙灿补官"；宝祐四年（1256年）二月，"袭封衍圣公孙孔洙添差通判吉州，不厘务"；同年五月"先圣五十代孙孔元龙赐迪功郎，授初品官"；景定二年（1261年）春正月，"命太子拜孔子于太学"[4]。这些举措都是南宋朝廷尊孔意识的具体体现。

南宋的崇儒，也表现在对儒学的提倡。北宋中期曾有过三次兴学运动，有力地推动了宋代学校教育特别是儒学的发展。南宋初年，百业待兴。高宗一方面冒天下之大不韪，与金签订了丧权辱国的"绍兴和议"，"偷安忍耻，匿怨忘亲"[5]；另一方面为缓和、消弭朝野反议和情绪，转移对宋金矛盾

---

[1]（清）毕沅：《续资治通鉴》卷9，上海古籍出版社1987年版，第424页。
[2]（元）脱脱等：《宋史》卷32《高宗纪》，中华书局1979年版，第1345页。
[3]（清）张廷玉：《明史》卷284《儒林传三》，中华书局1974年版，第12108页。
[4]（元）脱脱等：《宋史》卷45《理宗纪》，中华书局1979年版，第1818页。
[5]（元）脱脱等：《宋史》卷32《高宗纪》，中华书局1979年版，第1346页。

的注意，便加强儒学的伦理教育，于绍兴十二年（1142年）下诏重建太学和各地州学，绍兴十八年（1148年）八月又下诏重建全国县学。由于南宋初年遭战争破坏，教育机构毁坏殆尽，尽管朝廷三令五申，但国学、州县学乃至宫学始终破败不堪，很不景气。这种状况，直到孝宗继位后才有所好转。孝宗是南宋有作为的皇帝，他一方面整顿和落实各项规章制度，维护以文治国、以儒治教的理念；另一方面恢复和发展生产，待自身强盛后再图中原。在这一思想指导下，南宋社会渐趋稳定，经济好转，因战争而停废的学校得以恢复和发展，师生有了较宽松的教学环境。这样的政治和学术氛围，也为理学的最终形成和繁荣提供了条件，朱熹、张栻、吕祖谦、陆九渊等理学大师和以陈亮、叶适为代表的事功学派的主要学术活动都在此时期最为活跃。他们纷纷以私学、书院为基地，积极宣传自己的学术思想和主张，从而推动了中国学术思想史上又一次"百家争鸣"和学术创新时代的形成。

皇帝视学是文治和崇儒的另一项重要内容。西周时已有天子视学制度。宋代从哲宗朝始有视学。视学的过程大致是皇帝先到文宣王庙行释奠礼，后进入大讲堂进行视学活动。视学活动的第一项是由祭酒或司业讲经，监生围立聆听。讲经完成后，由皇帝分别对讲官、监学官及监生进行不等的赏赐。南宋绍兴十三年（1143年）七月，国学大成建成。次年（1144年）二月，国子司业高闶请幸太学，三月高宗乘辇入监，先在大成殿跪香执爵三祭酒，再拜。然后在崇化堂进行视学活动，高闶讲《易》之《泰卦》，"赐闶三品服，学官迁秩，诸生授官免举，赐帛有差"。[1] 淳熙四年（1177年）二月，孝宗幸太学，在敦化堂命国子祭酒林光朝讲《大学》，监学官进秩一等，诸生推恩赐帛有差。嘉泰三年（1203年）正月，宁宗幸太学，在化原堂命国子祭酒李寅仲讲《尚书》之《周官篇》，监学官进秩一级，诸生推恩赐帛有差。淳祐元年（1241年）正月，理宗幸太学于崇化堂，命祭酒曹豳讲《大学》，监学官各进一秩，诸生推恩赐帛有差。又制《道统十三赞》，颁

---

[1] （宋）李心传：《建炎以来朝野杂记》卷3《礼典》，中华书局1985年版，第191页。

赐国子监，宣示诸生。咸淳三年（1267年）正月，度宗幸太学祗谒，国子祭酒陈宜中讲《中庸》，不仅陈宜中进一秩，赐紫章服，"太学、武学、宗学、国子学宗正寺官若医官、监书库、门、庖等，各进一秩，诸斋长谕及起居学生，推恩有差"。[①]以上事例说明，南宋诸帝对孔子及其后代，对儒学及监学官，甚至监学生员，不是出于一般的礼貌和礼仪，而是尊师重道，优礼儒士。

南宋的教育发达，学派林立，造就了南宋学术思想兼容并包、百花齐放的欣欣向荣局面。在儒学复兴的背景下，脱离政治的约束，各家学派争相传播，先后出现了以集大成者朱熹为代表的理学，以陆九渊、陆九龄兄弟为代表的心学，以吕祖谦为代表的婺学，以陈亮、叶适为代表的事功之学，等等。各家学派广收门徒、著书立说，不仅具有学脉绵长、桃李满天下的生命力，各家门人也在自己的学术活动中形成独到的思想，使自家所受之学开枝散叶，并独立门户，形成了再传之学的局面，可以说造就了自春秋战国"百家争鸣"以来的又一个学术盛况，为南宋的文化发展、社会教育、人才输送等起到了积极的推动作用。

（二）宽松的学术氛围

学术传播广泛，学派林立，大师频出，是自北宋以来就呈现的学术氛围。宋初之学术，自"安定先生"胡瑗而始，积极投身教育，提倡体用之实学，又有精研经学的"泰山先生"孙复和注重义理、不由注疏的"徂徕先生"石介，三人合称"宋初三先生"。与三先生同时，有宋代古文运动与疑经思潮之倡导者"文忠公"欧阳修，开北宋改革风气之先的"文正公"范仲淹，在福建倡导儒学复兴的"古灵四先生"——陈襄、郑穆、陈烈、周希孟，以及士（士建中）、刘（刘颜）、王（王开祖）等人，开宋代学术之先。

之后，有北宋五子为学术发展之代表，包括了洛学创始人二程先生

[①]（清）乾隆官修：《续通典》卷53《礼》，浙江古籍出版社2000年版，第2651页。

("明道先生"程颢、"伊川先生"程颐);二程之师,"太极"说奠基人"濂溪先生"周敦颐;二程之表叔,"气本体"提出者"横渠先生"张载;易学象数之魁,"百源先生"邵雍;加上"涑水先生"司马光,合称"北宋六先生"。

各学派与学说在自由的学术氛围下茁壮成长,有范祖禹、刘安世、晁说之、杨时、尹焞、王苹、吕大临、许景衡等,诸儒辈出,不胜枚举。

宋室南渡后,宽松的学术氛围呈现以下四个特征。

1.办学招徒

办学招徒是学术传承的主要途径或主渠道。征诸史实,各学派大师都是循循善诱、诲人不倦的教育家,他们不仅善于个别指导,言传身教,更重要的是通过创办书院、私学,甚至官学进行有组织、有目的的群体传承。如程门后学胡宪、刘勉之、罗从彦、李侗等一直在东南一带从事教育传承活动。孝宗朝时期,大师们充分利用政治氛围较前宽松的有利时机,坚持不懈地传播和发展理学。程朱学派的代表人物朱熹最为重视以书院为基地来传授理学。乾道三年(1167年)朱熹到长沙访问张栻,除通过会讲探讨学术外,还讲学于岳麓和城南两书院。乾道六年(1170年)朱熹在福建建阳建寒泉精舍。淳熙六年(1179年)知南康军,重建白鹿洞书院,制定学规,亲临讲学。淳熙八年(1181年)提举两浙,政余之后,先后到绍兴府稽山书院、上虞县月林书院、台州府樊州书院、云县美化书院、松阳县明善书院讲学。淳熙十年(1183年)朱熹于武夷山建武夷精舍。绍熙元年(1190年)知漳州,于任上刊刻"四经"和"四子书"。绍熙五年(1194年)知潭州,修复岳麓书院,白天办公,晚上与诸生讲论。同年十一月,回福建考亭建竹林精舍,后又扩大并改名为沧州精舍。总之无论是任职、赋闲或贬官期间,朱熹都一如既往,播道传理,不忘教育。心学大师陆九渊则利用自家的"槐堂"及师生亲手修建的"象山精舍",边垦荒种地边办学授徒,宣传自己的学说,培养了大批忠实信徒,扩大了心学的阵地和影响,以至于死后灵柩运抵家乡时,门生弟子奔哭会葬者数以千计。

与朱熹同时代被并称为"东南三贤"的张栻、吕祖谦也都秉持着这一学术传播途径。张栻在潭州创办城南书院，又应聘主持岳麓书院教事，使岳麓书院名声大振，从而奠定了湖湘学派的规模。吕祖谦曾任宗学和严州学教授，还两任太学博士。丁母忧回浙东，明招学子多来问学，后又多次回明招讲学，"为有明开一代学绪之盛"[①]。通过办书院、私学和官学，对学术的积极传授，对后世产生广泛而深远的影响。

在此之后，各学派的门人后学也多继承师业，为学术的发展和传承作出历史功绩。嘉定十三年（1220年），胡宏门人杨大异在广东做官时建湘江书院以祀陆九龄，在广西做官时，复建宣成书院祀张栻、吕祖谦。晚年"归里第，与居民无异，学者从之，讲肆谆谆，相与发明经旨，条析理学"。嘉定十六年（1223年），有赵逢龙为学纯博纯实，"家居讲道，四方从游者皆为钜公名士"，甚至连当朝丞相叶梦鼎出判庆元时，也"修弟子礼"，前往听道。[②]淳祐四年（1244年），真西山门人徐霖"霖间居衢，守游钧筑精舍，聘霖为学者讲道，是日听者三千余人"[③]。真可谓影响巨大，规模空前。由上可知，书院、私学成了理学传播和发展的重要基地，而理学则成了私学、书院教学的基本内容，两者相互促进共同发展，从而开辟了南宋教育发展的新格局。

2. 讲会辩经

讲会辩经类似于今天的学术报告或定期的学术讲座，是一种比办学更集中的传承形式。孝宗乾道三年（1167年）朱熹由范伯崇、林择之陪行，从福建武夷山到湖南潭州，同岳麓书院主持人张栻讨论《中庸》之义。虽然二人学术基因都源于二程，但具体师承不同，朱熹师从闽学李侗，张栻师从湖湘学胡宏，二人对"中和""太极""乾坤"等问题理解不同，因

[①]（清）黄宗羲：《宋元学案》卷73《丽泽诸儒学案》，陈金生、梁运华校，中华书局1986年版，第4500页。

[②]（清）王梓材、（清）冯云濠：《宋元学案补遗》卷42《五峰学案》，沈芝盈、梁运华点校，中华书局2012年版，第6574页。

[③]（元）脱脱等：《宋史》卷425《徐宗仁传》，中华书局1979年版，第20195页。

此，在讨论过程中，"三日夜而不能合"。虽然如此，但这次会讲极富学术意义，朱熹最终接受了张栻的观点，觉得受益良多。后来，朱熹回忆说："去冬走湖湘，讲论之益不少，敬夫所见，超诣卓然，非所可及。"这次会讲，不仅推动了学术交流和融合，且听众甚多，岳麓书院志中对此记载为"学徒千余"，称赞此次学术交流会，有先秦孔子在洙水、泗水一带聚徒讲学的风范，"有洙泗之风焉"。①

淳熙二年（1175年）在吕祖谦的撮合下，朱熹和陆九渊、陆九龄在信州铅山鹅湖寺相会。这一安排是"盖虑朱与陆犹有异同，欲会归于一而定其适从"。据赴会的朱亨道记载："鹅湖之会，论及教人，元晦之意，欲令人泛观博览而后归之约。二陆之意，欲先发明人之本心而后使之博览。朱以陆之教人为太简，陆以朱之教人为支离。此颇不合。"②这就是开我国学术发展史上不同学派辩论质疑先河的鹅湖之会。鹅湖之会六年后，淳熙八年（1181年），陆九渊自金溪前往南康军访问朱熹，请朱熹为其兄陆九龄撰墓志铭。朱熹趁机邀陆九渊赴白鹿洞书院讲学。陆九渊以《论语》中"君子喻于义，小人喻于利"一章发论。他首先说："此章以义利判君子小人，辞旨晓白。"他要求学者在此"当辨其志"。所习在义，斯喻于义矣。所习在利，斯喻于利矣。故学者之志不可不辨也。接着陆九渊联系实际说，当今崇尚科举，读书人汩没于此而不能自拔。虽然都在读圣贤之书，但有人志在"官禄"，与圣贤教导背道而驰，这就是"喻利"的小人。陆九渊要求诸生不可为"欲利之习"，而应"专志乎义而日勉焉"。由是而仕，必能"心乎国，心乎民"尽职尽责，这样"其得不谓之君子乎"。由于陆九渊所讲深入浅出，"切中学者隐微深之病"，"听者至有泣下"。最后朱熹总结说："熹当与诸生共守，以无忘陆先生之训。"③并请陆九渊书其说，刻于石，这就是著名的《白鹿洞讲义》。这成为不同学派邀请辩友进行学

---

① （宋）朱熹：《晦庵先生朱文公文集》卷41《中华再造善本：唐宋编集部》，北京图书馆出版社2006年版，第2748页。
② （清）王懋竑：《朱子年谱》卷2，世界书局1973年版，第206页。
③ 同上书，第321页。

术交流的典范。

朱熹的门人后学曾以讲会这种组织形式和会讲活动而活跃于学术舞台上。嘉定九年（1216年），黄榦自汉阳归，康郡庐阜诸儒数十人聚在一起会讲。据黄榦称："先生殁，学徒解散，靳守旧闻，漫无讲习，微言不绝如线。独康庐间有李敬子燔、余国秀宋杰、蔡元思念成、胡伯量泳兄弟帅其徒数十人，惟先生书是读，季一集，迭主之。至期集主者之家，往复问难相告以善，有过规正之。岁月浸久，不少怠。嘉定丙子，自汉阳道过其里，集中来会者十七人，皆佳士也。何其盛哉。"① 嘉定十一年（1218年），黄榦应陈必之等邀请赴白鹿洞讲乾坤二卦，时山南北士子群集，颇有影响。后来黄榦知临川，在抚州学讲《易》，在兴隆府东湖书院讲"道之不行也，我知之矣"，在新沧县学讲"如斯，可谓之士矣"等。② 总之，这种讲会组织的定期或不定期的会讲活动，既有观点相近的学派间的相互启发、深入探讨，也有观点不同的学派间的问难质疑，这种旨在发展和探讨学术问题的组织形式和会讲活动，不仅对理学的传播和繁荣起到极大的推动作用，而且为南宋的基层社会治理增添了动力和活力。

3.书籍刊刻

宋代的知识传播载体和工具产生了巨大的变化，即雕版印刷书籍代替了手写转抄。手抄书籍工艺落后，成本高、易疏舛，费时费力；雕版活字印刷书籍工艺先进，成本低、成批生产，省时省力。"印刷书的出现和普遍使用，引发了教育上的巨大变革，它大大地扩大了教育的对象使知识传播的速度与广度大大增加，把知识传播得更久更远。"③ 学术大师们利用书籍教材传播其学，一般从以下三个方面进行。

首先对先秦和秦汉之际的儒家经典进行诠释。这既是各家论著的主体，也是其传播学术观点的基本方法。朱熹就是这方面的代表。他在漳州任上，

---

① （清）王梓材、（清）冯云濠：《宋元学案补遗》卷69《沧州诸儒学案》，沈芝盈、梁运华点校，中华书局2012年版，第9739页。

② （宋）黄榦：《勉斋集》卷24，中华书局2004年版，第969页。

③ 南国农、李运林编《教育传播学》，高等教育出版社1995年版，第11页。

首刻"四经"(《诗》《书》《易》《春秋》)和"四子书"(即四书章句:《论语章句》《孟子章句》《大学章句》《中庸章句》)。

其次对北宋以来各学派的创始人及其传承者的著作进行汇辑、整理和校勘。如朱熹就编校了二程、谢良佐等理学前辈的著作和语录《程氏遗书》《程氏外书》《上蔡语录》等；诠释了周敦颐、张载等各学派创始人的作品《太极图说》《西铭解义》等；还编著了北宋以来反映理学思想和事迹的《伊洛渊源录》等，将宋代重要学术流派和成果建构成一个完整的思想体系。杨时又将二程语录用文雅的语言加以改写，后由张栻重新编次而成《程氏粹言》。以上这些著作，南宋时均单独刊行过，也有人把二程的《遗书》《外书》《文集》《经说》合在一起，称《程氏四书》。

最后将各学派大师们的奏疏、时论、书信、诗文等加以整理，结集出版。咸淳元年(1265年)，建安书院刻印了朱熹之子朱在汇编的《朱文公文集》一百卷、续集十卷、别集十一卷，就是这类著作。心学大师陆九渊，虽一生不喜著书，但也有一些书信、语录、记序等文字，由其子陆持之编辑付梓，即《陆九渊集》。

南宋中后期，随着政治氛围的宽松和雕版印刷技术的推广，编辑出版学术著作和普及读物非常盛行。除官坊刻书印书机构外，作为教育机构的国子监、府学、州学、军学、监学、县学、书院以及私宅、私塾，有条件的也都设立了刻书、印书机构。其版本被称为监本学宫本、学舍本、府学本、州学本、县学本、书院本等，从而使教育事业与图书传播事业互相依存，融为一体，有力地推动了各派学术思想的发展和传扬。各种印本书籍成为重要载体，其意义非同一般。因为有没有印本书籍，其效果大不一样，书籍毕竟更吸引人的眼球，其冲击力度比口耳相传的听觉更准确、更牢固、更悠远。

4. 语言文字的世俗化和口语化

宋代是中国古代思维语言和文风发生巨变的时代。在"尚文"政策的推动下，由北宋初的袭"唐人声律之体"，发展到北宋中叶的"宋文日趋于古"，再到南渡以后"文气不及东都"，其显著特点就是思维语言和文风的剧烈"世变"。①其具体表现就是语言逐渐世俗化和为文采用口语化的"语录体"。宋代语言文字的变化反映了学术大家普及学派知识的强烈传承意识和文化精神。宋代的学术思想从整体上而言哲理驳杂艰深，学起来难于进入情境，若用专业的学术话语宣传，不容易吸引人。因此南宋的学术大家，特别是朱熹、陆九渊注意吸纳市民乡民的俗语、俚语和日常生活用语，用普通民众听得懂的语言措辞和表达方式著书立言，以具有生活气息的比喻和引用深入浅出地阐发精微的义理，这使学术得以普及，教化得以顺利。朱熹《四书集注》中的一些教条如"天理良心""正心诚意""人欲横流""涵养工夫"等，已成为社会上流行的口语。这种语言和文体，适宜输入新词汇、新概念，极大地打破了古文的旧格局。因此，在某种意义上讲，南宋的学术大师们本质上是出于为满足大众精神需求而奔忙的流行文化的推广者。

由此可知，南宋传承北宋的学术热潮，其学术氛围更加自由。通过同谊讲会的组织形式举办定期或不定期的会讲活动，利用雕版印刷这种新的传媒手段和世俗化的语言文字，来传承文化知识和学术思想。

（三）法治的社会风气

宋室南渡后，南宋政权依旧延续着北宋推崇法治的"祖宗之法"。作为南宋的开国之君，宋高宗表明，以《宋刑统》为代表的北宋所立法统、法条，其"轻重适中，皆当遵守"②。作为宋高宗的继承者，宋孝宗更是将延续法治当作继世君主的应有责任，曾言"祖宗创立法度以贻后人"，若后世无法保守，则"极可惜"。③在立法原则上，宋高宗认识到了法的规范作用的重要性，强调法出必行，不可以因人而废法；在立法规范上，宋高宗认为"为法不可过有轻重"，轻重失当的法很难有遵行的现实功用；在法的轻重倾向上，宋高宗偏向于立法不可太重，"立法不贵太重"，法只有能保证执

---

① （元）脱脱等：《宋史》卷439《文苑传》，中华书局1979年版，第20796页。
② （宋）李心传：《建炎以来系年要录》卷175，中华书局1988年版，第5647页。
③ （清）刘琳、刁忠民等：《宋会要辑稿》，上海古籍出版社2014年版，第9335页。

行力,"贵必行",才能起到"人莫敢犯"的震慑作用。宋孝宗对法是否能贯彻执行倾向于"上下坚守"。"守"字高度概括了两宋的政治核心,也同样是法度的核心。宋孝宗认为,国家大事应当"须赖谋猷",而对于居安无事之时,就赖以"谨守法度"维持社会治理。① 宋高宗和宋孝宗所坚持的"严于守法,务在必行"的法治策略,贯彻于南宋一朝。

1.政府的法治建设

法之具体功用,落在诉讼刑狱之上,对于量刑定罪的尺度,基于"立法不可过重"的原则,同样是以"恤刑"为倾向的。例如宋孝宗就尝手写"恤刑"二字,赐予臣僚,勉之以"听狱议刑"的谨慎态度。② 这样的"恤刑"倾向受到了士大夫阶层的赞扬。如袁甫就在其《跋孝宗皇帝恤刑御书》中称赞道"钦恤之仁"是宋代传承之德政,"圣子神孙,世世勿坠",是国祚延续的保证。以"恤刑"赐勉臣子,使得臣子"每阅狱案,如天鉴临",以此而自为警示,达成"一本至公"的治道。真德秀亦作《跋孝宗皇帝恤刑御笔》,称赞"恤刑"对于臣民百姓是"庞恩厚泽""渗漉海寓"之德,能在孝宗朝为官为僚并"奉行之功",是"呜呼盛哉"之幸事。值得一提的是,宋孝宗曾在乾道三年(1167年)正月甲辰针对讼狱之事下诏,提到"在彼有情,在我有法",就是诉讼裁决之时,在法条援引的基础上,参考情理,进行定夺,"又何咨焉",③ 反映出了以"法理"和"情理"决狱的思想。

法治的理念要通过人治的方式贯彻,因此,重视吏治是重视法治的重要组成部分。在中国古代,尊法循礼、清廉正直的官员被称为循吏,是推广法治建设的官方执行者。在南宋,提倡对循吏传统的复兴,形成了对循吏复兴的热潮,以精英士人为代表的知识分子为此做出了表率。如程朱门人真德秀,在绍定五年(1232年)知泉州任上时,不仅夙兴夜寐处理诉讼,

---

① (清)刘琳、刁忠民等:《宋会要辑稿》,上海古籍出版社2014年版,第837页。
② (宋)真德秀:《真西山先生集》卷36《丛书集成初编》,中华书局2011年版,第2244页。
③ (宋)留正:《皇宋中兴两朝圣政》卷46《孝宗四》,文海出版社1979年版,第1711页。

而且劝谕、养民宣传教化，引"政平讼理"以自勉①；心学大师陆九渊，在知荆门军任上时，由于其为政勤勉，造就了荆门军教化大兴、争讼日寡、盗贼绝迹的治理盛状。周必大对陆九渊高度评价，说陆九渊在荆门的政绩"如古循吏，躬行之效至矣"。②

推崇读法，正是将法治建设与循吏传统的复兴运动联系起来的要点。宋代自建国以来就有着官方层面推崇读法的举措，在对待法律书籍的态度上，"法律之书，甚资政理，人臣若不知法，举动是过，苟能读之，益人知识"。③因此大为推广全社会对于法律之书的研读。在朝中，不仅要求各级官员"今后并须习读法"④，更是将对法律书籍的了解作为为政考核的项目之一，"知州、通判及幕僚州县官等秩满至京，当令于法书内试问，如全不知者，量加殿罚"⑤。另外，在人才铨选的科举考试中，不仅复设明法科，更是在各科考试中"于本业外，别试法书、墨义十道，著为定制"。⑥

2.民间的争讼现象

上行而下效，官方层面对法治的倡导和读法的推行也带动了民间的普法，由于法治意识的萌发和法律知识的普及，因而民间掀起了好讼风气。在南宋，"健讼""好讼"之词频繁出现在官方文书和民间记载之中，其意也多指司法纠纷，如南宋史料中屡见"好斗兴讼"⑦"嚣讼成风"⑧的记载，南

---

① （宋）真德秀：《真西山先生集》卷17《丛书集成初编》，中华书局2011年版，第1119页。
② （宋）陆九渊：《象山先生全集》卷36，凤凰出版社2019年版，第1315页。
③ （宋）江少虞：《皇朝事实类苑》卷2，上海古籍出版社1993年版，第124页。
④ （清）刘琳、刁忠民等：《宋会要辑稿》，上海古籍出版社2014年版，第17246页。
⑤ 同上书，第17247页。
⑥ （宋）钱若水：《宋太宗皇帝实录校注》，中华书局2012年版，第41页。
⑦ 中国社会科学院历史研究所宋辽金元史研究室点校：《名公书判清明集》卷13《资给人诬告》，中华书局2002年版，第891页。
⑧ 中国社会科学院历史研究所宋辽金元史研究室点校：《名公书判清明集》卷12《讼师官鬼》，中华书局2002年版，第882页。

宋文集中亦有健讼"犹耻不胜"①"争斗最多，讼牒最甚"②之语。故而民间好讼的首要表现就是对"讼"的使用与诠释。

南宋"好讼"之地缘涉及广，所涉及的并非一州一地，而是地缘广泛的普遍现象。据宋代史料所载，福建路、景东路、两浙路、江南西路等多个区域的州县都有"好讼""健讼"的记载。如福建路的泉州、福州、邵武军等地百姓"讼牒充庭"③；京东路的登州、莱州、高密县等地"民性愎戾而好讼斗"④；两浙路之临安府治前有"懊来桥"之属，盖以到庭者至此心悔也"故以此名呼之"⑤，其争讼之人来来往往，数量之多，可见一斑；江南西路全境"尤好争讼"之名最为突出，以致有了"珥笔之民"的负面评价。从争讼各方的关系来看，主要可分为亲属间的争讼和非亲属间的争讼。亲属间争讼的案件最为繁多，关系也最为复杂，有兄弟之间争夺田产的，如"吕文定诉吕宾占据田产"⑥；叔侄之间为经济利益互讼的，如"叔侄争"⑦；兄弟之间互相推诿赡养母亲义务的，如"母讼子不供养"⑧；夫妻之间感情争执的，如"夫欲弃其妻诬以暧昧之事"⑨；等等。可见内容涉及了小家庭和大宗族之中各类经济、物质、感情、伦理上的一切利益诉求。非亲属间的争讼案件的各方，会在其间穿插着具有较为深厚的社会关系背景，运用丰富的

---

① （宋）苏颂：《苏魏公文集》卷54，王同策点校，中华书局1988年版，第1461页。

② （清）黄宗羲：《宋元学案》卷52《艮斋学案》，陈金生、梁运华校，中华书局1986年版，第3168页。

③ （明）闵梦得：（万历）《漳州府志》卷13《龙溪县》，厦门大学出版社2012年版，第870页。

④ （元）脱脱等：《宋史》卷85《地理一》，中华书局1979年版，第4052页。

⑤ （宋）吴自牧：《梦粱录》卷7，黄纯艳校，大象出版社2017年版，第164页。

⑥ 中国社会科学院历史研究所宋辽金元史研究室点校：《名公书判清明集》卷4《吕文定诉吕宾占据田产》，中华书局2002年版，第200页。

⑦ 中国社会科学院历史研究所宋辽金元史研究室点校：《名公书判清明集》卷6《叔侄争》，中华书局2002年版，第346页。

⑧ 中国社会科学院历史研究所宋辽金元史研究室点校：《名公书判清明集》卷10《母讼子不供养》，中华书局2002年版，第654页。

⑨ 中国社会科学院历史研究所宋辽金元史研究室点校：《名公书判清明集》卷10《夫欲弃其妻诬以暧昧之事》，中华书局2002年版，第686页。

知识和经济实力，以对诉讼流程和官府上下的熟悉程度，从争讼中攫取利益的人群——这类人往往会被冠以"健讼"之名，性质恶劣者甚至会被以"嚣讼之人"称之。

南宋"好讼成风"的社会现象下，人相争讼之案例虽然显得有些"触目惊心"，但这也是由诸多客观因素导致的。正所谓"争财曰讼"，故而产生好讼现象的原因和财富、经济有着密不可分的关系。首先，宋代经济较为繁荣，社会财富增加，这是讼（争财）的物质原因。其次，商品经济发展下价值观念的变化催动了功利之风的扩散，是其思想意识上的原因。最后，宋代的社会管理运行模式是其产生的社会原因。财富的增加是"好讼"的物质前提，而从"财富"到"好讼"，有着两层逻辑递进。第一层是从"财富"到"争财"，第二层是从"争讼"到"好讼"。即社会财富的增加导致关于财富的纠葛普遍展开，形成了"争财"；"争财曰讼"，"争讼"的频次增加，形成了"好讼"之风。从财富变化的角度出发，古代社会中最基础的财富即土地，宋代"不抑兼并"，土地流转迅速且便捷，拥有土地的农民之间可以官府印信为证订立土地买卖的"红契"，掌握土地多者成为地主，失去土地者有的成为地主的佃农、雇农，订立契约，以雇佣关系为地主垦田；有的则进入市镇，以自身技艺成为城市小手工生产者。围绕土地买卖产生的一系列身份、职业、生计问题终究以经济问题的方式呈现，"争财"涉及面的变广也就造成了"讼"的增加。

二 程朱学派的传承与发展

程朱理学即道学，道学思潮自北宋洛学发端至南宋朱子学的盛行，对当时社会产生了深远影响。在作为中华主体思想文化的儒学兴亡存废之时，韩愈以一篇《原道》率先提出"道学"的概念，极力排佛，以复兴中断了的儒家道统为己任。接着是北宋的周敦颐、程颢、程颐、张载、邵雍等，以儒学融合佛、道之学，确立理学，分别创立了濂学、洛学、关学、百源之学等理学派别。程朱学派，就是从二程洛学，传递到朱熹闽学，集大成之后的统称。在理学家们的努力下，儒学的复兴在宋代得以践行，重建了道统，重新树立起孔孟的崇高地位。然而，对道学产生质疑并提出反对意见的声音屡见不鲜，呈现多种形式，包括哲学讨论、文学批评、政治争论等，在一定程度上削弱了道学的影响力，合称为反道学运动。反道学运动的最大影响在政治层面，于北宋是为王安石和元祐党禁，于南宋是为韩侂胄与庆元党禁。而在庆元党禁之后，史弥远当政，"雪赵汝愚之冤，乞褒赠赐谥，厘正诬史，一时伪学党人朱熹、彭龟年、杨万里、吕祖俭虽已殁，或褒赠易名，或录用其后，召还正人故老于外"。[①] 自此以后，程朱理学在南宋就再也没有经历如此规模的政治打击，并在政治上迎来了转向，逐渐开启了官学化的道路。

程朱学派自二程洛学始，在经历了靖康之难、二圣北狩，宋室南渡之后，二程门人被迫向南而行，洛学之南传，伴随历史的洪流而散播。在南传过程中，闽学成为耀眼的一支，其传递的谱系大致由杨时至罗从彦，自罗从彦至李侗，再由李侗传至朱熹成为"集大成者"。这也就意味着，经历了杨时—罗从彦—李侗的收授过程，二程之洛学在闽学的发展中完成了转化与新生，朱熹之前的杨时、罗从彦、李侗，有着"南剑三先生"的称谓，是洛学入闽，开创闽学一脉的关键人物。

（一）洛学的南传与闽学的承接

宋高宗绍兴五年（1135年），杨时在福建将乐去世，时吕本中为其作状，胡安国铭其墓，遗著《三经义辨》以求"整顿介甫之学"。杨时，作为"以伊洛正传开南宋道统"的重要洛学传人，其在晚年倾注了很大的心血编辑、选录二程所遗留的哲学文本，即编辑《二程语录》，校正《程氏易传》，正如其在胡安国信中所言：

> 伊川先生《语录》在念，未尝忘也。但以兵火散失，收拾未聚。旧日惟罗仲素编集备甚，今仲素已死于道洛行李亦道贼火。已托人于共家寻访，

[①] （元）脱脱等：《宋史》卷414《史弥远传》，中华书局1979年版，第19686页。

若得五六，亦便下手矣。①

由上述材料可以得知，杨时对于学脉延续的贡献，不仅在于对"道统"这一核心的继承和弘扬，更是对本学派文献资料的收集和整理，让二程先生得以"立言"以保思想之本真。杨时之后，其弟子罗从彦继承先师之志，对学脉延续的贡献，可以从罗从彦弟子李侗对其师的评价中得窥：

其惟先生乡丈服膺龟山先生之讲席有年矣，况尝及伊川先生之门，得不传之道于千五百年之后，性明而修，行完而洁，扩之以广大，体之以仁恕，精深微妙，各极其至，汉诸儒无近似者。②

在这里，李侗开宗明义地讲述其师洛学传人之身份和使命，细数其师在对"天道性命"之学、对义理之学的继承和贡献，一方面是激励同门弟子对洛学一脉学问和志向的坚持和追求，另一方面是构建学脉桥梁，是对闽学正统性的卫道：

此侗所以愿受业于门下，以求安身之要。故吾可舍，今我尚存，昔之所趋，无涂辙之可留；今之所受，无关键之能碍。气质之偏者，将随学而变。染习之久者，将随释而融。启之、迪之、辅之、翼之，使由正路行而心有所舍，则俛焉。日有孳孳，死而后已，侗当守此，不敢自弃于门下也。③

二程之"洛学"能在南宋继续得到传承、发展乃致弘扬，其关键的要义就在于上文中从闽学几位传承人身上体现出的对"道统"的传承以及以身奉道的捍卫。这不仅在现实中激励了朱熹以及朱子后学的学脉传承和追求，更是在思想上完成了洛学的历史延续，以及在新的社会历史环境中对学派地位的拔高，展现出更加飞扬的风采。

虽然闽学的传承出现了一时风靡的昂扬之势，然而始终逃不过政治斗争的手掌。在宁宗朝，由于以韩侂胄为代表的外戚集团想要在政治上对以赵汝愚为代表的宗室、士人政治群体进行打压，以赵汝愚支持朱熹推行的

---

① （宋）杨时：《龟山先生集》卷20，凤凰出版社2022年版，第656页。
② （宋）罗从彦：《豫章罗先生文集》卷14，海豚出版社2018年版，第253页。
③ （宋）罗从彦：《豫章罗先生文集》卷16，海豚出版社2018年版，第276页。

政治、文化改革为矛头，对朱子之学极尽诋毁之能，联合御史中丞何澹、兵部侍郎林栗、监察御史陈贾等人上书宁宗，斥朱子之学为"伪学"，所禁士人谓之"庆元党籍"。

然而，政治上的针对和打压并不能消弭在长期的传播和教化下民间对于程朱之学的认可和支持。禁令颁行之始，就遭到了民众和士人的抵触与不满，再加上韩侂胄关于北伐的争取需要内部环境的稳定和统一支持，因此"道学"之禁有所松弛，并且通过对赵汝愚、朱熹在政治上的追加优待来稳定内部局势，这也只能算得上是一种妥协之举，直到宁宗在位末期以及理宗继位后的各项政策加持，程朱之学才开始得到中央和地方的一致认可，显学之位得以确立，程朱理学之称得以弘扬。

（二）程朱理学的官学化

庆元党禁后，没有了反对派的政治打击，理学家更积极地开展了争取正统的活动。除了以往的立祠要求，这一时期尊崇道学的一个重要特点是要求将朱熹的著作立于学官。在这一过程中，朱熹弟子刘爚的努力至关重要。刘爚在"嘉定和议"签订后不久，就向史弥远提出通过"荐引诸贤"，表彰朱熹，改善史弥远形象，借史弥远之力以倡导理学：

> 尝寓书今丞相史公言，昔先正魏王再相日，语吕郎中、石编修曰："某老矣，勉强再来，盖事有未竟者。第一欲起朱元晦，次荐引诸贤。"令二公先以书抵朱文公道此意。未几，除文公守南康，后又尽荐诸贤。今文公往矣，然其所著书，天下诵之。愿丞相更承先志，言于上，取其所著《中庸》《大学》《论》《孟》之说以备劝讲，正君定国，慰天下学士大夫之心。[①]

嘉定四年（1211年）十二月，秘书省著作佐郎李道传正式要求将朱熹的著作列为官办学校的教材。在上奏中，李道传阐述了"故侍讲朱熹"所编辑的《四书章句集注》《四书或问》等，在学者之间流传已久，因此其价值可谓"择之精而语之详者"。因此，希望朝廷可以将朱熹对四书之阐

---

① （宋）真德秀：《真西山先生集》卷41《丛书集成初编》，中华书局2011年版，第2466页。

释、集注"颁之太学",让太学诸生"以次诵习",等到诸生"通贯浃洽"之后,再"次第以及诸经",以求四书之学可以"教育人才""为国家用",并且在其影响之下,让天下士人得以"闻其风节,传其议论",从而"慕而效之"。①

嘉定五年(1212年),刘爚任国子司业,言于丞相史弥远,请以朱熹所著四书之说作为经筵日讲的材料以及日常教育的参考,如此则上可以"正君定国",下可以慰藉天下士人学子之心:

奏言:"宋兴,《六经》微旨,孔、孟遗言,发明于千载之后,以事父则孝,以事君则忠,而世之所谓道学也。庆元以来,权佞当国,恶人议己,指道为伪,屏其人,禁其书,学者无所依乡,义利不明,趋向污下,人欲横流,廉耻日丧。追惟前日禁绝道学之事,不得不任其咎。望其既仕之后,职业修,名节立,不可得也。乞罢伪学之诏,息邪说,正人心,宗社之福。"②

又"请以熹《白鹿洞规》颁示太学,取熹《四书集注》刊行之"。③刘爚的请求均得到朝廷"从之"的允许。

理学著作得到国家的承认,进入官学系统,这是程朱理学获得官学地位的关键步骤。此后,朱熹《四书集注》的其他内容也被列为官学。《宋史·道学传》中记载:

熹没,朝廷以其《大学》《语》《孟》《中庸》训说立于学官。又有《仪礼经传通解》未脱稿,亦在学官。④

嘉熙元年(1237年),理宗又下诏国子监刊印朱熹的《通鉴纲目》,并进讲经筵。可见,在宋末,朱熹的主要著作已经成为官学内容。理学著作开始成为宋代的法定教材,这是程朱理学获得官学地位的重要标志。

在争取正统的过程中,一方面是争取学术的官学地位,另一方面是要

---

① (明)陈邦瞻:《宋史纪事本末》卷80《道学崇黜》,中华书局1977年版,第780页。
② (元)脱脱等:《宋史》卷401《刘爚传》,中华书局1979年版,第19196页。
③ 同②。
④ (元)脱脱等:《宋史》卷429《道学传》,中华书局1979年版,第20368页。

第一章　国祚与道统：南宋社会与程朱学派的发展

求为已故理学家追谥和请祠。宁宗嘉定元年（1208年）十月，皇帝下诏为朱熹议谥。嘉定二年（1209年）十二月，谥朱熹为"文"。此后，朱熹被尊称为"朱文公"。嘉定七年（1214年），特赐号为"宣"。嘉定八年（1215年），赐吕祖谦谥号为"成"。嘉定四年（1211年），李道传重提绍兴时胡安国和魏掞之的建议，要求让周敦颐、二程、张载和邵雍陪祭孔子，并强调这样做的重大意义，即"上以彰圣朝崇儒正学之意，下以示学者所宗，其益甚大，其所关甚重，非特以补祀典之阙而已"，但这次提议，因为"会西府中有不喜道学者，未及施行"。①嘉定九年（1216年），魏了翁上书盛赞周敦颐、程颢、程颐"嗣往圣，开来哲，发天理，正人心，使孔、孟绝学独盛于本朝而超出乎百代"②，请求为周子赐谥，诏下太常定议。嘉定十三年（1220年），南宋朝廷赐谥周敦颐为"元公"，程颢为"纯公"，程颐为"正公"。至此，程朱学派的学术地位终于得到官方的正式承认。

程朱理学最终获得官学地位是在理宗时期实现的。在儒学发展史上，宋理宗在推崇理学，树立理学的官学地位中具有决定性的作用。《宋史·理宗纪》中写道：

宋嘉定以来，正邪贸乱，国是靡定，自帝继统，首黜王安石孔庙从祀，升濂、洛九儒，表彰朱熹《四书》，丕变士习，视前朝奸党之碑、伪学之禁，岂不大有径庭也哉！身当季运，弗获大效……③

宋代以后，历代有考证对于尊孔孟之道，学圣王之治的源流，都认为是从宋理宗开始的。"庙号曰'理'，其殆庶乎！"④

身为帝王，因为对理学的推崇而获得"理"的庙号，可见其对理学的发展有重大贡献。理宗推崇理学并使其最终成为正统，主要表现在推崇《四书集注》和提升理学家进入孔庙，享受从祀地位。

宝庆三年（1227年），理宗特诏封赠朱熹为太师、信国公，并明确推崇

---

① （明）陈邦瞻：《宋史纪事本末》卷80《道学崇黜》，中华书局1977年版，第780页。
② 同上书，第781页。
③ （元）脱脱等：《宋史》卷45《理宗纪》，中华书局1979年版，第1844页。
④ 同③。

39

《四书集注》，言曰：

> 朕每观朱熹所著《论语》《中庸》《大学》《孟子》注解，发挥圣贤之蕴，羽翼斯文，有补治道。①

理宗认为朱熹所做的对四书的注解，集中阐释了圣贤之道的意蕴，并且在语言表达上颇有涵养，对于国家的"治道补救"有着现实功用。

理宗皇帝以自身想要在教育、刑狱之上有所作为，对朱熹的治学、为官所叹服，故而追封朱熹为信国公，并追赠其为"太师"。

淳祐元年（1241年）是程朱理学获得官学地位最重要的一年。这一年理宗连下诏书，诏曰：

> 朕惟孔子之道，自孟轲后不得其传，至我朝周敦颐、张载、程颢、程颐，真见实践，深探圣域，千载绝学，始有指归。中兴以来，又得朱熹精思明辨，表里浑融，使《大学》《论》《孟》《中庸》之书，本末洞彻，孔子之道，益以大明于世。②

理宗认为，孔孟之道统，自孟子之后便得湮没，直到周敦颐、二程、张载时才得以承接。南渡以后，得益于朱熹的存真去伪、精微讲解，对以"四书"为代表的儒家经典进行修订和批注，让孔孟之道在典籍本末的洞悉透彻中在当世发扬光大。有鉴于此，再加上理宗对周敦颐、张载、二程、朱熹论著的研读，感到受益良多，于是诏令列这五人从祀孔庙，以表达他们为本朝文教、崇儒所做的贡献。这就确立了程朱理学一派为儒家道统，地位超越其他学派，并制《道统十三赞》，就赐国子监宣示诸生。《道统十三赞》对程朱理学建构的"道统"中先秦的伏羲、尧、舜、禹、汤、文王、武王、周公、孔子、颜子、曾子、子思、孟子等十三位"圣贤"分别作颂辞，以颂扬他们创立和"心传圣学密旨"之功。③这标志着程朱理学正式成为宋代之官学，理学的显学地位得以确认，理学的道统传承得到官方的弘扬。

---

① （明）戴铣：《朱子实纪》卷9《褒典》，中华书局1965年版，第380页。
② （元）脱脱等：《宋史》卷42《理宗纪》，中华书局1979年版，第1721页。
③ 同上书，第1722页。

在尊崇程朱理学成为正统的同时,以"王安石谓'天命不足畏,祖宗不足法,人言不足恤',为万世罪人,岂宜从祀孔子庙庭,黜之"。①这标志着程朱理学与荆公新学之间的斗争以程朱理学的完全胜利而告终。

在宋度宗时期,程朱理学之代表人物得到了从祀孔庙的待遇,程颢得以从祀东庑,程颐、朱熹以及吕祖谦得以从祀西庑。程朱理学由一种社会学术派别上升为儒家"正学之宗"的显著地位。

在宋理宗时期,理学得以取得政治上的独尊地位,不仅从官方层面赢得了对孔孟道统传承的争夺,更是经由皇帝之手,将朱熹对经典的编纂推崇到了极高的价值地位。理学著作被列入学官教材,理学思想通过教育和考试广泛传播。真德秀在给皇帝起草的《科举诏》中写道:

前者枋臣崇饰私意,渊源纯正之学斥之为伪,忠亮鲠直之言嫉之若仇。由是士气郁而弗伸,文体浸以不古。肆朕更化之后,息邪说以距诐行,辟正路而徕忠规。四海之士,闻风兴起,既有日矣。②

如今的政治风貌将焕然一新,恢复崇尚文治的传统,请有才学之士各抒己见,参与科举,对于真才实学者,理宗将"亲策于廷,以备器使"。③

真德秀又在《劝学文》中,劝学子系统地学习理学,周张、二程、朱熹等人的著作以及"四书"都在必读之列。每月三次"当课之日",于上、中旬时,应当将当前学习的经典中的章句摘下来作为"问目",在研读的过程中兼顾对"诸儒之说"的援引,从而"以已意推明之";于下旬时,"则仍以时文为课"。

理学本来已经在教育和科举中具有广泛的影响,以至于历次对理学的压制都试图消除这种非官方的影响。在政治上获得正统地位,程朱理学的影响力自然而然延伸至教育和选官层面,主流教育开始使用朱熹编撰的"四书"教材,科举考试也以其"章句"为主流。如此盛象,在周密的《癸

---

① (元)脱脱等:《宋史》卷42《理宗二》,中华书局1985年版,第822页。
② (宋)真德秀:《真西山先生集》卷19《丛书集成初编》,中华书局2011年版,第1247页。
③ 同②。

辛杂识·太学文变》中得以一窥：

> 淳祐甲辰，徐霖以《书》学魁南省，全尚性理，时竞趋之，即可以钓致科第功名。

因为徐霖以《书》学专精，崇尚对程朱理学"性理之学"的阐释，从而获得了科举功名，这导致以功利为导向的广大举子，都开始钻研程朱理学的义理，在读书上，更是除《东铭》《西铭》《朱子语录》《四书章句集注》这样的程朱学派著作以外，不再参考别派观点。

按《宋史》卷425《徐霖传》，徐霖"研精六经之奥，探赜先儒心传之要"，故而"淳祐四年，试礼部第一"，且"理宗曰'第一名得人'。其文章体现出崇尚性理之学，理宗皇帝对此"嘉奖再三"，这就是从官方层面进一步点燃了士子们对程朱之学的学习热忱。自此，"而士子场屋之文。必须引用以为文。则可以擢巍科。为名士。否则。立身如温国。文章气节如坡仙。亦非本色也。于是天下竞趋之"[①]。可见，程朱理学的正统地位自政治上延伸至教育和选官层面，程朱之著作成为官方教材，程朱之思想逻辑也成为科举考试的标准。无论在官方教育还是民间教育中，程朱理学的思想都成为主要内容。

由上可见，在宋理宗后，程朱理学先是在政治上获得了官方的尊崇，得以从祀孔庙从而获得了承"道统"的权威认证，继而将这种尊崇延续至教育和选官上，让教材、考试、选举中无不运用着程朱学派之思想，这些都足以说明程朱理学在理宗后已经成为国家思想和教育的正统，程朱理学也获得官学地位。宋末元初，朱熹的弟子黄榦、熊禾、许衡等继续传播程朱理学，朱子之学也彻底摆脱了地域的束缚，自闽传播至全国。并且在朱熹所考订的"四书"成为官方科举的指定出题范畴后，对"四书"的章句诠释亦由朱熹的《四书章句集注》为准，故而南宋程朱学派的发展得以在当世以"世之显学"而画上完美的句号。

---

① （清）王梓材、（清）冯云濠：《宋元学案补遗》卷97《庆元党案》，沈芝盈、梁运华点校，中华书局2012年版，第5769页。

（三）程朱学派的学术影响

程朱学派在南宋的学术影响广泛，从其门人群体得以一窥。

程朱学派以二程和朱熹为代表人物。程颢早卒，程颐在去世时，距离北宋灭亡尚有二十年，故程门弟子多未能跨越两宋，遑论南宋，只有依靠杨时这样极少数的年迈弟子继承传播。程朱学派的脉络，自二程洛学南传入闽，在杨时—罗从彦—李侗—朱熹的传承中形成了程朱学派一系。故而南宋程朱学派的群体，基本上是由朱子门人群体组成的。

关于朱熹门人规模，陆游在《渭南文集》卷三十六《方伯謩墓志铭》有提及"朱公之徒"，虽未明指门人人数，以"数百千人"，当不为少数。继而黎靖德编成《朱子语类》，记录朱熹语录的九十三位门人。《宋史》列传第一百八十九《道学四》则列有《朱氏门人》。

对于朱熹弟子的名录，明代整理著作最多。戴铣《朱子实纪》卷八中列三百一十九位朱子门人。宋端仪著《考亭渊源录》记为两百九十六位门人的史料。朱世泽《考亭志》卷五《及门造士》，尤为详细，辑录朱熹及门弟子共三百三十八人。其中，福建一百四十二人，江苏二十四人，山西两人，河南两人，陕西一人，浙江四十人，江西五十六人，湖广四人，四川六人，广东两人，广西一人，外府县无考者五十八人。各门人的姓名于各县名之后，而对"各门人之字号爵里著述，及文公之与序、文、记、说、诗、铭、书启等事"亦有少许著述。

清代对朱熹门人考证最为精实者当属黄宗羲撰、黄百家续、全祖望补《宋元学案》，朱子门人分见于卷四十九和卷六十九，列有"晦翁学案"和"沧洲诸儒学案"。后王梓材、冯云濠又编《宋元学案补遗》一百卷，其中卷四十九为《晦翁学案补遗》。万斯同《儒林宗派》和朱彝尊《经义考》均有朱子门人名录，以及张伯行改订《道南源委》、李清馥《闽中理学渊源考》。至民国，《紫阳朱氏建安谱》之"朱子门人"项，开列三百二十一人；汪师韩《韩门缀学》卷二《朱学源流》载"朱子集周、程、张、邵之大成其门弟子可考者约五十人"，列举了具体名录。当代朱子学研究者对于朱子门人的数量也各执一词，陈荣捷先生在《朱子门人》一书中记载：朱门弟子四百六十七人，未及门而私淑者二十一人，计四百八十八人。厦门大学高令印先生《朱子学通论》统计为五百零八人，其中福建籍一百七十五人，浙江籍七十五人，广东籍四人，河南籍一人，湖南籍三十一人，江西籍八十一人，安徽籍十三人，江苏籍七人，四川籍七人，山西籍两人，有名而籍贯不可考者一百一十二人。笔者综合各方史料，列出宋代朱子门人应为四百三十八人，详见附表。①

首先，朱子门人众多。

朱子门人由三部分组成，分别为弟子（由朱熹亲授的正式弟子）、私淑（未成为朱熹门人而遥受朱子之学）和学侣、讲友（认同朱子学问而论道）。其中弟子三百六十八人，占总人数的八成以上，是朱子门人的主体；私淑二十二人，学侣、讲友四十八人，同样是不可忽视的组成部分。

朱子门人入仕数量相当可观，共一百八十四人，占总人数的四成左右。具体而言，弟子中入仕者为一百四十八人，占弟子总数的四成；私淑中入仕者为十一人，占私淑总数的一半；学侣、讲友中入仕者为二十五人，占学侣、讲友总数的五成以上。《阙里志》有云，孔子弟子三千，身通六艺者七十二人，若以"通六艺"与入仕做粗略对比，朱门的成才率还是很高的。

其次，朱子门人的地域分布广。

从朱子门人的籍贯分布来看，朱子门人遍布五湖四海，除二十五人籍贯不明以外，籍贯明确者中福建籍门人的总数最多，为一百七十六人；江西次之，为九十人；浙江又次，为七十六人，三个省份共占据了总人数的七成以上。另有江苏、安徽、湖南、四川、湖北、广东、上海，几乎遍及偏安一隅的南宋疆域全境。

朱子门人的来源广泛，也受益于朱熹本人担任地方官和讲学的区域比较广阔。虽然从政的时间较短，但在每一处地方官任上，如知同安县、知南康军时，朱熹都大力推崇文教，开门讲学，建设书院，整顿官学，这是

---

① 本表中所列弟子，私淑，学侣、讲友的分类方法参考陈荣捷先生的《朱子门人》（华东师范大学出版社2007年版）。

官方渠道下的收徒；另外，朱熹政治生涯短暂，在其赋闲居家时，创办了武夷精舍、寒泉精舍、考亭书院和云谷晦庵草堂四处讲学之所，这也是朱熹主要进行学术活动之所在。据《朱熹书院与门人考》考证，这些讲学所接受了大量慕名而来的学子，是朱熹门人的主要组成部分。

朱子门人的身份构成丰富。朱子门人均为知识分子，在南宋时期，得益于宽松自由的政治环境和经济文化各方面的发展，知识分子有着多条可选的发展道路：有的通过参加科举抑或恩荫入仕，成为中央大臣或者地方官员；有的借助宗族势力成为影响一方的士绅；有的著书立说，开门讲学，成为声名远播的大儒名师。虽然所处的社会阶层、身份各异，但是他们始终秉持着程朱学派修身齐家治国平天下的目标，为南宋社会的治理起到了重要的作用。值得一提的是，在朱子门人中，并非都是授学后科举入仕的，同样也有入仕之后再拜师朱熹的，可见朱子之学在精英士人之间同样得到了广泛的认同。

最后，朱子门人积极传播学说。

朱熹的弟子和私塾通过编辑著作传播程朱理学，扩大学术影响力，有蔡沈修撰《书集传》，黄榦与杨复编修《礼书》，张洽修撰《春秋集传》和《春秋集注》，辅广编撰《诗童子问》等；在阐释和发挥程朱之学义理上，有陈淳撰写的《北溪字义》和程端蒙编撰的《性理字训》等；在《朱子语类》中有所提及，记载朱子语录的门人，均是对程朱之学做出突出贡献的重要人物。

朱熹的学侣、讲友则在庙堂之上推荐朱熹及其门人参政。周必大与赵汝愚、朱熹二人颇多政治交往，关系密切，提拔过许多程朱学派士人，如詹体仁、彭龟年、刘崇之、谢谔、曾三聘、吕祖俭等。继周必大之后任相位的留正、赵汝愚，也都积极引进理学派士人，扩大了程朱学派在中央统治者中的影响力。在这些友人的帮助下，朱熹获得"登对"资格，为宋孝宗"论致知格物之道"，孝宗"天颜温粹，酬酢如响"，大大提升了程朱学派的学术影响力。①

---

① （宋）朱熹：《晦庵先生朱文公文集》卷24《中华再造善本：唐宋编集部》，北京图书馆出版社2006年版，第1500页。

程朱理学家们还积极投身于政治实践与社会治理中。除朱熹本人外，真德秀、蔡杭、黄榦、黄震等人都在官场上有所作为，为国家积极提出立法建议，在地方努力实践司法并参与治理。值得一提的是，上述四人都有司法审判案例被辑录入《名公书判清明集》中，有着"名公"之称。

综上所述，在朱熹著书立说、开拓学派的过程中，在其身边形成一个以弟子、私淑、学侣、讲友为主要组成部分的庞大群体——朱子门人群体。这个群体在程朱学派的传播和程朱学脉的传承和发展上起到了重要的作用。从整体上而言，朱子门人围绕理学的思想主干，提出了各项问题、观点，大大丰富了程朱理学的内涵；从细节上而言，朱子门人从自己擅长的领域出发，或阐明义理、或规范学理，通过同门或与其他学术流派的交流、讲学，在已有的思想体系中更新阐发，从各方面拓展了程朱理学的外延，在保持学派整体性发展的基础上，亦形成了诸多后学学派。由于门人众多，不仅形成了巨大的学术影响力，更是有着充足的政治执行力，这也为程朱理学与国家治理体系的建设建成以及实践夯实了根基。

朱熹对南宋思想的清理并非托之空言，而是通过一系列文本的建设完成的，而这些文本同时也构成了朱子学形成的知识基础。这一时段的工作以乾道九年（1173年）《伊洛渊源录》的撰成为重要标志，它象征着朱熹对旧思想进行清理告一段落，理学的道统谱系得到确立，这个谱系事实上也构成了已成雏形的朱子学的正统性依据。此外，朱熹对思想理论的建构，其根本的目标并不在理论自身，而在儒学对现实生活的引导，它使朱熹一生始终处于推行儒学的行动中，其行道并不因自己的用舍而增损。

朱熹在世之时，程朱学派已经有了极高的学术影响力，形成了体系严密的学术流派。虽说朱熹讲学收徒集中于闽，但依然有数量可观的门人弟子遍及诸如江西、浙江、安徽、江苏、两湖等地，他们或是背井离乡专为求学而来，或是机缘巧合下得到朱子亲授，又或是遥为私淑。共同之处在于，当朱熹去世之后，他们自觉地肩负起了学术传承的使命，使得朱子学传播至全国各地。其中很多弟子后来成为经学、理学的名家。后人多有评价：

第一章　国祚与道统：南宋社会与程朱学派的发展

　　昔孔氏之徒三千，而斯道赖以昭著。朱子门下知名之士，如黄（榦）陈（淳）蔡（元定、沈）刘（愉）辈亦不下数十余人。故其著述最富，问答最多，而理学因之大明。①

　　朱子传之蔡西山（元定）、九峰（沈）、黄勉斋（榦）、陈北溪（淳）、李果斋（方子）诸先生，而浦城真西山（德秀），又朱门之私淑也，有宋闽儒甲于天下。②

　　朱熹去世之后，他的弟子遍及全国各地，他们或继承与发展朱熹的思想，或弘扬朱熹思想，但实际上能够在朱熹基础上再作创见的几乎没有，这一点正如王夫之所言："朱子没而嗣其传者无一人也，是可为长太息者也！"③尽管如此，像黄榦、蔡沈、陈淳、魏了翁、真德秀、"北山四先生"等后学弟子都从不同角度进一步丰富完善了朱学体系，尤其是朱学经由魏了翁、真德秀的努力，确立了官学地位。

　　综上所述，南宋社会开明的社会政治环境和对士大夫的优渥政治待遇给以修齐治平为目标的程朱学派理学家们搭建起了大展拳脚的舞台，程朱学派的学术普及为治世的崇高理想搭建了严密的思想体系并提供了丰富的实践场域。

---

① （元）刘将孙：《刘将孙集》卷15，吉林文史出版社2009年版，第526页。
② （清）蓝鼎元：《鹿洲全集》卷6，厦门大学出版社1995年版，第399页。
③ （清）王夫之：《宋论》卷14，舒士彦点校，中华书局2003年版，第583页。

理学的法经纬：
程朱学派法思想体系中之法哲学

02 第二章

程朱学派的法哲学、法礼学、司法学构成了其完整的法思想体系。

在黑格尔的《法哲学原理》一书中，"法哲学"的德语原词被写作"Recht"，有着法、权利和正当三种意义。①"法"之含义自不必多言。"权利"一词，在西方语境中为利益的归属具有指向性，即中国所言"名分"的含义，朱熹曾言礼"以道名分"也，因此，程朱学派的法哲学是从礼出发，"定分"的哲学。

"正当"一词，在程朱学派的语境中有着"循礼守法"的意义。朱熹又有言曰，天下之事，"循理守法，平心处之，便是正当"②。因此，程朱学派的法哲学，以循礼守法的做法追求法的正当性，为法的产生与运行提供哲学上的"名分"。故而程朱学派法哲学主要解决法的来源、天理如何指导法的运行、法"权力"的体现等基本问题及其逻辑思考。

一 "天理"与"国法"

理学家们在看待"天理"与"国法"的关系时有云，"法者，因天理顺人情而为之"③。而这恰好是涵盖了整个理学法思想的核心内容。程朱学派的

---

① 刘建民：《黑格尔〈法哲学原理〉之Recht的翻译问题》，《中南大学学报（社会科学版）》2013年第3期。

② 北京大学《儒藏》编纂中心编《性理大全书》卷68《治道三》，北京大学出版社2018年版，第4442页。

③ （明）薛瑄：《读书录》，团结出版社2020年版，第62页。

理学家们以"因"这一个字就高度概括了在理学构架下的法与理之间的关系。法之一物，就是天下之间理的一种呈现方式。换言之，天理是国法之源，失去了天理的本，国法就成了无本之木、无源之水。因此，国法要顺应天理并且维护天理。将天理与国法以这样的关系呈现，这就解决了法的起源、本质的问题，同时为法的创立、施行找到了正当的理由。所以，理学家的"法"，是要以"理"统领之的。

（一）"国法"源于"天理"

"国法"源于"天理"，是一个关乎法律起源的观点。程朱学派理学家以理、性、气、人、法为要素构建起天理为国法的起源逻辑。

朱熹有言"万物皆只一个天理"，法也是统辖于天理之下的，所谓"天讨有罪""天命有德"，都是"天理自然当如此"的体现。圣人制礼作乐与立法制刑的本质是相同的，都是承接天命（天理）的。因此，任何国法的制定都是天理意志的体现，所以，"国法"源于"天理"，这也为"国法"正当性、合理性提供了有力的保障。

在性与理的关系上，"性即理也"[1]，性就是理，天下万物都是以"气"成形的，都被赋予各自之"理"，而万物被赋予之"理"，都是为了顺应人之"常""德"，这就是"性"。可以说，理是被赋予者，而性是被赋予者的体现，这也解释了为什么性就是理。但是，既然"万物皆只是一个天理"，那么为什么有人畜之分，为何有凡圣之别，为何有善恶之差呢？这是因为性虽相同，但气禀不同，也就有了禀气"过"与"不及"的差距，这是气禀论的解释。换一种表达方式，性就是理，是天理在人性中的体现，即"天命之性"；万物"气以成形"，是气化而生的，即"气质之性"。这就是理学家思想中"天命之性"与"气质之性"的辨析。理学家继承孟子之性善论的心性之说，故而对人的善恶品行要有所节制，因此，法就有了存在的意义：

---

[1] （宋）黎靖德：《朱子语类》卷4，中华书局2007年版，第204页。

……以为法于天下，则谓之教，若礼、乐、刑、政之属是也。①

因此，理学家之法，首先讲的是教化的作用，但教的范畴很宽泛，所以只要是与"礼""乐""刑""政"相关的内容都或多或少有着"教"的含义，发挥着"法"的作用。

理学家是上承孔孟道统的，因此是承"法先王"的政治观的，且在圣人观上，程朱门人以天理衡量圣人。一者，三皇、尧、舜承天理之教，其性是出乎常人而有极大聪明才智的圣人，所以他们也承天之命，要治理万民，治理万民就要法于天下，行教之作用，用来洗涤万民的"气质之性"，恢复他们的"天命之性"。二者，在执法行教的方式上、层次上有所差异：从宏观上来看，尧、舜等圣人设立司徒之官、典乐之职，作为官方行教化之治的官职；从微观上看，根据万民气质的不同，施行了礼与刑的结合，德与政的兼蓄的方法，如：

帝舜以百姓不亲……而使契为司徒之官，教以人伦……又虑其教之或不从也，则命皋陶作士，明刑以弼五教，而期于无刑焉。②

又如：

人之气质……必有礼以齐之，齐之不从，则刑不可废。③

这些都是教之以人伦，明之以刑教的体现。

由天理为本而起源的法，固扮演着维护纲常的礼的内核的作用，更应该是政治的协作者。程朱学派对法的来源的论述，更是其对现实政治诉求的表达方式之一。程朱理学的天理论，虽说在给统治的合理性以一定的解释，且用天理的善恶处理从道德判断的角度对君主起到了一定的约束作用。但不可否认的是，仅靠道德伦理去约束政治决策实在过于天真和理想化，再加上玄佛思想对儒学主流价值体系的冲击，儒家道德伦常的影响力被化消，客观上造成了约束力的减弱。因此，以朱熹为代表的程朱学派理

---

① （宋）朱熹：《四书章句集注》《中庸》，中华书局2012年版，第4页。
② （宋）朱熹：《晦庵先生朱文公文集》卷14《中华再造善本：唐宋编集部》，北京图书馆出版社2006年版，第785页。
③ （宋）黎靖德：《朱子语类》卷23，中华书局2007年版，第1115页。

学家要解决由此而生的两个问题：一是如何恢复儒学主流价值的政治地位；二是如何再一次塑造精神信仰，以达成政治理想。对此，程朱学派理学家做出分三步规划，即先"原道"悟本，然后治学参政，最后实现政治理想。

首先是道统问题。恢复道统的传承是一切的前置要素。朱熹对"道统"作出解释："盖自上古圣神继天立极，而道统之传有自来矣，其见于经，则'允执厥'中者，尧之所以授舜也。"[1]早在唐代韩愈就著《原道》篇表达出这种诉求。韩愈认为："其言道德仁义者，不入于杨，则归于墨；不入于老，则归于佛。入于彼，必出于此。入者主之，出者奴之；入者附之，出者污之。"[2]这种现象导致了后人想要了解真实的仁义道德之说，却不知道怎么辨别真伪。更严重的是，佛老学信奉者口口声声说孔子与佛老都有师生关系，这让儒家学者自己也认为这种说法是正确的，不仅说在口中，更是写到了书里。这种自轻自贱的做法，使真实的儒学被怪诞所裹挟，道统流失而不复存。于是，承接道统是程朱理学家的使命。

程朱理学，就是承接道统之学，因此理学也被称为道学。程朱理学家以理的概念贯通天、性、道、易，通过"天理"与"人欲"的对立辨析，继承和发扬了孔孟儒学的道德价值论，并且通过对玄佛思想中有价值部分的合理吸收，形成更具思辨性和哲理性的新儒学。在学说的构建上，朱熹不断强调以"理"为本的概念。从宏观上来说，"万物皆只一个天理"，是体现宏观层面以"理"为本的绝对性；从微观治理层面来说，朱熹亦言"治道亦有从本而言，亦有从事而言。从本而言，惟从格君心之是非，正心以正朝廷，正朝廷以正百官"。[3]朱熹从理论上给出以"本"治理的优势，这里的"本"，就是以"理"为本，因此在朱熹的学说建构中，"天道"就是"天理"。朱熹是尊孔孟而法先王的，这是传自二程的理想，"先王之世，以

---

[1]（宋）朱熹：《四书章句集注》《中庸》，中华书局2012年版，第104页。
[2]（唐）韩愈：《昌黎先生文集》，上海古籍出版社2013年版，第237页。
[3]（宋）朱熹：《晦庵先生朱文公文集》卷11《中华再造善本：唐宋编集部》，北京图书馆出版社2006年版，第656页。

道治天下，后世只是以法把持天下"。①先王之例证明了以道本治天下的成功性、合理性。需要认清的是，这里所说的"后世只是以法把持天下"，并不是在批评"法治"是不好的，只是在纠正仅仅推行"法治"存在不平衡性。毕竟道是本、是体，法是末、是用，舍弃道而专行法，是治标而不治本。因此，程朱理学家才会说仅以法治天下是不合理的。

其次是精神信仰的问题。儒家的信仰危机除了佛老思想的外部冲击，自身过于依赖皇权也是原因之一。所以，以朱熹为代表的程朱学派理学家们，需要赋予天理以超脱世俗皇权的性质。因此，朱熹说天理是"不为尧存，不为桀亡"的，故而天理的权威性不需要依靠贤主明君才能被承认。也是由于天理的这种特性，理学家才敢于在政治生活中秉公直言，以思想的高度权威凌驾于君权的独断之上。当天理超越皇权，儒者才拥有合理的话语权。

综上所述，以"理"为本的国法，是要分成两个层次看的：一个是国法的层次，需要解决法的来源、性质等问题；另一个是"理"本的层次，朱熹的这个"理"本就是程朱学派的"传家宝"，程颢说"吾学虽有所受，'天理'二字却是自家体贴出来的"。因此，这个"理"本是如何而来的，如何将"理"本塑造为法，乃至政治层面的主流意识，并且重建围绕"理"本的精神信仰，最后达到治国平天下的政治理想，是以"理"为本的法所背负的深层意蕴。

（二）"国法"支撑"天理"

"国法"支撑"天理"，是国法对天理反作用的体现。因为天理本身是高高在上的，天理为国法提供来源，但天理无法直接作用于刑教实践，只能为刑教实践起理论上的指导作用。所以，这就需要国法在具体实践中维护着天理的正统性。法的制定者是人，法的执行者和被执行者也是人，因此，人情也是国法制定和执行中的关键要素。从地位上看，天理从高高在

---

① （宋）程颢、（宋）程颐：《二程遗书》卷1《二先生语一》，上海古籍出版社2000年版，第18页。

上的角度统辖着"国法"与"人情","国法"与"人情"同时从属着天理;从运行上看,天理指导下的"国法"执行中必须顺应"人情",正所谓"律设大法,理顺人情",因为法的作用是教,教化民众,且民众要愿受教化明天理,那就要从"性",从性就是人之"常""德",也就是"法顺人情"的逻辑由来。为了达到法所作用于天理,且顺应人情的目标,就要从法的概念、目标、实际作用三个角度去剖析。

首先,从法的概念入手。朱熹说"礼之为体虽严,而皆出于自然之理"。"法"之一字,与"礼"之一字概念相同,都是"理"之一字。所以,也有学者将程朱学派的理学法思想称之为"法礼学"。当"法"偏向于礼时,就是礼法。"礼者,圣人之法制也"[1],所以法思想本身就包含了礼的特点。礼的特点就是其偏向于教化的温和的规范性。礼法作用于民众,可以"启其善端,遏其邪念"[2],所以礼是出于天理的,礼的执行,与法所作用于天理、巩固天理地位的目的不谋而合;当"法"偏向于刑时,就是刑罚。正所谓"法用则为刑,民犯之则为刑"。刑,是法最直接的实践方式。因此,刑与礼共同存在于法之中,"二者出此则入彼",是在法的实践中根据实际需求进行灵活转化的体现,这展示出程朱理学的法思想比之过去"刑礼相背"的礼刑矛盾、"援礼入法"的地位不平等,有了长足的进步。可以说,在宋明理学的法的概念中,刑和礼是地位相同的。

其次,看法的目标。儒家法的目标从孔子开始就是为了"息讼"。孔子曰,"听讼,吾犹人也,必也使无讼乎"。宋明理学承孔孟之道,自然也有着息讼、无讼的目标追求。要息讼,那得先有讼。理学家是承认诉讼存在的现实性的,因为有法就有讼,这也从讼的角度强调了法的现实性。"讼也者,事势之所必趋,人情之所断不能免者也"[3],诉讼是法行使过程中产生的必然因素,只要有人情存在,诉讼是不能"清除"的,而是转向实际化、妥

---

[1] (宋)李觏:《直讲李先生文集》,上海书店1989年版,第49页。
[2] (明)丘濬:《大学衍义补》,朱人求校,江苏大学出版社2018年版,第233页。
[3] (清)崔述:《无闻集》,国家图书馆出版社2015年版,第31页。

协向、商询口吻的"止歇"。既然讼的产生是因"人情之所断",那么为了息讼,就要从人情出发,做到"情理兼顾",这也符合天理统辖下法的执行中顺人情的特点。

最后,看法的实际作用。从维护天理的相关性来说,其一是明刑弼教的教化作用。在朱熹看来"明于五刑,以弼五教"是"天理民彝之大节",是"治道之根本"。其二是起防患作用,真德秀有言"明事理而为之防者也"。其三是移风易俗的发蒙作用,朱熹说"能知善道而革其非心","发下民之蒙,当明刑禁以示之"。其四是"辟以止辟,以刑去刑"的刑杀作用。当"教之不从",教化手段已无法起到作用时,就要果断以刑督之,是"惩一人而天下知所劝诫"①的行为表达,实为天理的诉求。

(三)"国法"顺应"天理"

国法本身并不是一成不变的,从理论上说,这是因为天理也是变化流动着的。虽然"万物皆只是一个天理",但也是"寂然不动,感而遂通"的。因为"寂然不动,感而遂通"是《易经·系辞》中对"易"的解读,而程朱之易学观是"变易","寂然不动,感而遂通"是出于从道的变易观,程朱门人所从何道?乃是"顺理、通故、尽情"的"开道"。万事万物都是处于循环往复的不断变化中,而天理是不动又感通天下的,结合变易观就形成了"不动而动""不变之变"的理论。从现实讲,虽然"法有定制",但是"事无常理",根据具体个案的内容、环境、权衡、影响的不同,法的行使要进行相应的调整,顺势而为,因时而变,这也是理学法思想灵活合理的表现。

顺势而为,因时而变,也是理学家继承发展孔孟思想的体现。朱熹说:"虽是圣人法,岂有无弊者?"他认为立法必然会随着时代变化而存在弊端,"未有无弊之法",所以"圣人须别有变通之道","必裁酌从今之宜而

---

① (明)丘濬:《大学衍义补》,朱人求校,江苏大学出版社2018年版,第1881页。

为之也"。①孔子曰："殷因与夏礼，所损益。可知也；周因于殷礼，所损益，可知也。其或继周者，虽百世，可知也。"在孔子看来，三代之制有所变化，是可预见的趋势。二程也说"三王之法，各是一王之法，故三代损益文质，随时之宜"。可见二程继承这一观点，并进一步解释为：三王之法，所立的时代、立法者各有不同，所以要根据实际情况进行修改变化。可见这种顺势而为、因时而变的法思想是一脉相承的。

立法稳定、法有定制是理学法思想的又一特点。程朱学派的理学家认为若想"为法于百世"，那就要"当有一定之制"，这里的定制，是偏于量刑定罪的刑书而言的。量刑或轻或重，罪名孰大孰小，是一定要"当其情""明其察"的，要用公正的审判逻辑与明确的情理诉求向被审判者明示，不能有所掩蔽。②这一方面体现出国家律令的整备、严谨，另一方面也警诫人不敢去犯法。

定制除了量刑定罪的公正严谨，也包含审判流程的客观合理。理学法思想是源于天理的，因此在审判过程中是要"求其理所安"的。要做到这一点，就必须"夺于公证"，要兼顾两方面的考量。一方面，公证就是要求审判中的事理情节都要依据现行的律法，违背律法就是"曲法"，更是"违理"；另一方面，公证也是对人情的考量。理学家看到了人情在司法审判中的影响力。朱熹说，"处乡曲，固要人情周尽"，但在法的立场上，就不能"一面随顺，失了自家"③。这是对程颐说"自古立法制事，牵于人情"的阐发，使得法"不能断以大公而必行"④。因此，理学法思想不仅没有被人情所掣肘，反而更加体现了法的公平性原则。

（四）"国法"之治道诉求

根据上文对天理和国法的关系分析可知，在程朱学派的思想中，"理"

---

① （宋）黎靖德：《朱子语类》卷89，中华书局2007年版，第1845页。
② （明）丘濬：《大学衍义补》卷108，朱人求校，江苏大学出版社2018年版，第4027页。
③ （宋）黎靖德：《朱子语类》卷117，中华书局2007年版，第2270页。
④ （宋）程颐：《周易程氏传》，中华书局2011年版，第90页。

是一切事物的本源,"万事皆出于理"①,因此法的一切内容均来源于"理"。对此,从法的性质入手,进而剖析出国法之治道实践。

由法的性质入手,朱熹引程颢之语"法者,道之用也"解释法的性质。这里的"道",也就是"天道"。董仲舒有言"天不变,道亦不变",朱熹认为此"天道"就是"天理",所以法者,也就是天理之用。天理是本,法者是用,"体用一源,显微无间"。因此,程朱学派的法思想就定下了法律起源是以"理"为本的性质。朱熹进一步引之言探讨:"至如言天讨有罪,五刑五用哉……此都只是天理自然当如此,人几时与?"说明了不仅是法的性质本身,法衍生出的有关刑律和相对应的司法执行等,无一不是天的意志,是天理要"讨有罪",这一切最初都是自然应当如此的,和人的意志没有关系。这就将法起源于天理的观点进一步巩固了。

虽然说"天理意志,不与予人",解决了法的性质问题,但由此而来又产生了进一步的问题:是谁认识到了天理意志的法律?又是谁将法律引导使用在了人类社会,并以现在我们认识到的法的形式构造的呢?对此问题,程朱学派理学家给出的答案是上古的明君圣王。朱熹在《近思录》中引"天之生民,必有出类之才,起而君长之……天佑下民,作为君长,使得安定也"用于解释。也就是说,上古时期的那些出类拔萃的人才,起事顺民而称君王,故上天降下意志,承认了君王的地位,以礼、法与其沟通,为了保障君王治下的社会能够安定。在这里,朱熹以天人感应与气禀论结合的方式进行论述解答。虽然人没法主动沟通天之刑法,但天的意志可以主动降至人间的君长之上,君长承天理而进行治理,天理通过君长而群佑了万民。

君主能够治理国家使得社会稳定,至少需要具备两个条件。第一个条件是君王本身必须是出类之才、有德之人,这样天才会选择君王进行沟通。第二个条件是君王必须按照天理的意志进行治理,如颁布适宜的法典、进行恰当的司法审判和量刑定罪等,朱熹引"王者奉若天道,动无非天者,故称天王,命则天命也,讨则天讨也"之语告诫君主,要时刻清楚这是天

---

① (宋)程颢、(宋)程颐:《二程遗书》卷2《二先生语二上》,上海古籍出版社2000年版,第74页。

理的意志，不是君主个人的意志。儒家思想自古以来就是讲求"名副其实"的。"名正则言顺"，王朝社会想要长治久安，那为君者要有其统治正当性的充分依据，让君王的意志上升到为天理的意志执行的地步，那就是最坚实的正名依据。所以君主乐于自称"天子"，具备"天命"，战争是"天讨"，都是相同的道理。当然，为了保证君主不假借天道行不义之事，朱熹循孟子善恶观与儒家伦理观对君主的行为作出辨析："善则理当善，如五服自有一个次第以彰显之。恶则理当恶，彼自绝于理，故五刑五用，岂尝容心喜怒于其间哉？"①面对善者，天理也是会认同其善的，就像五服表现的亲疏等差一样，总有一样有对应的彰显形式；面对恶者，天理是会厌恶的，恶者是自己阻绝了明理的可能性，所以要用刑律去惩戒他。因此，善恶自有天理辨别，不能有个人的善恶情绪夹杂在其中而影响了判断力。这样，程朱理学家就用一个相对完善合理的说法，将法的起源与天理挂钩，通过法的产生和执行，明确了君王统治合理性的标准，并用天理的善恶约束君王个人私欲的滋生，是值得肯定的。

值得一提的是，虽然笔者论述的是程朱学派的法思想，但是理学的主要方面确实不是法律。儒家讲修身、齐家、治国、平天下，所以理学的关注点更多落在政治的其他层面。谈到政治，就不得不说儒家对制度的建立和维系的努力。法是制度的一环，法的作用是与礼相结合的，是制度约束性和道德实践性的结合。对此，程朱理学家也是持认可态度的。朱熹说："盖先王之制也，八议设而后重轻得其宜，义岂有屈乎？法主于义，义当而谓之屈法，不知法者也。"这更直白地说明了法本就是为大义（国家政治）服务的，法可以有所屈折，但不能让大局有所委屈，只要保全大义，那么就不能说是委屈了法，这恰恰是体现了法的价值所在。程颐也说："宁狱情之不得，而朝廷之大义不可亏也。"在程朱理学家看来，政治大义是第一性的，狱情司法是第二性的，宁可司法有所离散，也不能有悖于政治大局。

---

① （明）湛若水：《尊道录》卷5，台湾中华书局印行1966年版，第99页。

二 "理法分殊"

朱熹从本体论角度指出，总合天地万物的理，只是一个理，分开来，每个事物都各自有一个理。然千差万殊的事物都是那个理一的体现。"万物皆有此理，理皆同出一原，但所居之位不同，则其理之用不一。"[①]从伦理角度而言，人物以天地为父母，天地以人物为子女，因此以乾为父，以坤为母，有生之类，无物不然，这是理一；人人各亲其亲，各子其子，这便是分殊。他说："天地之间，人物之众，其理本一，而分未尝不殊也。"知其理一，所以为仁，便可以推己及人；知其分殊，所以为义，故爱必从亲人开始。由此比附至法思想的角度，"国法"贯彻着"天理"的理一，各法有着各法的运行之理，便是分殊。知其"理一分殊"，便能理解为何法之践行有着不同的法条和审判参照。

（一）从"理一分殊"到"理法分殊"

"理一分殊"是理学思想史上的一个重要命题，程朱学派对"理一分殊"命题的提取、构造剖析，最后融入其法思想的内涵中。

"理一分殊"在理学思想中被首次提出，始于程颢对《中庸》的理解。程颢所理解的中庸是"理之至矣"，"中"是理之至，这种至理是"中则不偏，常则不易"的，所以，不偏不倚，就是"中庸"。"理一分殊"命题的正式确立，是程门师生对张载所著《西铭》天地万物观念的探讨中提出的。二程的弟子杨时对张载在《西铭》中所认为的"天地之率""民吾同胞"的"贤秀"观点偏离了儒家正统的"名实体用"观，是"言体而不及用，恐其流至于兼爱"，是倾向墨家的观点，是和儒家相对立的思想。对此，程颐就用"理一分殊"的命题构造去阐述张载之说与墨翟之说的区别。首先，程颐肯定了《西铭》是阐发儒家义理的著作，并且认为《西铭》"扩前圣所未

[①] （宋）黎靖德：《朱子语类》卷18，中华书局2007年版，第827页。

发",具有很高的价值功用,"与孟子性善养气之论同功",是可以和孟子的性善论、养浩然之气的学说相提并论的,这一点来说就是墨子万万比不上的[①]。其次,《西铭》谈的有关"老吾老以及人之老,幼吾幼以及人之幼"是体现了推己及人的"理一",且"人各亲其亲,各子其子"是体现了各人所亲区别的"分殊",与之对比的是,墨子宣扬的"爱无等差",是有天道和人道之本的,故"爱无等差"是"二本"。在天人之间是不分亲疏的,这就是"无分"。因此程颐说"《西铭》明理一而分殊,墨氏则二本而无分"[②],二者是完全不同的,杨时将这两种观念相等同,是失之偏颇的。最后,程颐还补充道,杨时认为的《西铭》"言体而不及用"的想法也是一种误读,张载在《西铭》中说明"理一分殊"的道理,是"欲使人推而行之"的,这就是它的"用"。[③]

在理学的逻辑建构中,天理从来不是具体的命题概念,而是"寂然不动,感之皆通"的具有广泛解释空间的概念,也因此,理学的本分之殊有着根据具体事物事件的呈现而分殊的余地,也就是遵循道之"一"的原则下的分殊。

对此,朱熹在解释孔子"吾道一以贯之"之说时有所论述:

学者只是这个忠推出来乾道变化……又曰忠者天道、恕者人道,天道是体、人道是用,动以天之天只是自然节……夫子曰吾道一以贯之……一贯只是一理,其体在心,事父即为孝、事君即为敬、交朋友即为信,此只是一贯……治国平天下有许多条目,夫子何故只说吾道一以贯之……圣人之道见于日用之间、精粗小大、千条万目未始能同,然其通贯则一如一无之周乎天地之间,万物散殊虽或不同,而未始离乎气之一……如何识得一贯?如穿钱,一条索穿得方可谓之一贯,如君之于仁、臣之于忠、父之于慈、子之于孝、朋友之于信,皆不离于此。[④]

[①] (宋)朱熹:《四书章句集注》,中华书局2012年版,第1030页。
[②] (宋)朱熹:《近思录》卷2,(宋)吕祖谦编,上海古籍出版社2023年版,第82页。
[③] (宋)杨时辑:《二程粹言》,中华书局2004年版,第41页。
[④] (宋)黎靖德:《朱子语类》卷27,中华书局2007年版,第1345页。

从上文表述不难看出，对于治国平天下的道理，孔子为何强调"吾道一以贯之"，朱熹认为这是因为"吾道一以贯之"中包含了对"理一分殊"在社会秩序维系中的价值体系。在社会秩序的维系中，"理一"之"一"，是一个宇宙运转的"自然节"，是天地恒常不变之"一"，又因为"天地之间万物散殊"，所以"自然节"自上而下落在了不同的事物事件中，就存在了"事父、事君、交朋友"的分殊，而这些分殊，必须秉持天理这"一条索"，才能反身求诸天理，达成儒家所提倡之仁、忠、慈、孝、信之节，方为治道。

朱熹还认为："盖为道理出来处，只是一源。散见事物，都是一个物事做出来底。"①在自然界而言，草木的春生夏长，秋枯冬裘；在人类社会而言，人的饥食饮水，君臣父子之间的身份构成，礼乐文明的器物和秩序，其间无一不贯彻着天理的运行，只有对此通透体悟，才能从中看透天理的意蕴所在。如果不得其理，"理会不得"，那么对于人来说，各事是各事，一物是一物，除了自己身边接触到的事务之外，均"不干自己事"。只是这个道理，"有说得开朗底，有说得细密底"，在说得细密的道理中，关于"礼"的讲解具有代表性，因此要"博文约礼"，从而"知崇礼卑"，"知崇"是要在知礼崇礼的学习中"见得开朗"，"礼卑"是要在践行的过程中谦卑恪守。②对"礼"的学与做是一体两面，相伴而行的。再如"克己复礼"一说，"克己"与"复礼"不是"做两截工夫"，而是同时进行的，"就这里克将去"时，即从"这上面便复得来"，就像程颢所言"那克己则私心去自能复礼"，因此虽然没有完成对礼文的学习，但礼意却已得了。③

在上面这段表述中，朱熹是将礼乐器数与一草一木并列，当作因分殊而成就的具体之物。从自上而下、自本至用地构建礼法体系的过程而言，分殊的过程就是一个推仁的过程。比如一个仁可以体现为慈、孝、敬、忠之分殊，父则慈，子则孝，君则敬，臣则忠。一元的价值标准与其在不同

---

① （宋）黎靖德：《朱子语类》卷41，中华书局2007年版，第2035页。
② 同上书，第2036页。
③ 同上书，第2031页。

情况下的分别处理构成了完整的礼法体系。重分殊及对分殊在不同呈现下既能够明晰分殊的不同，又能抓住礼法在理一的贯彻之下秉持中正的稳定就是程朱理学之特点，这种合而为一之理法，与分而为殊之实践构成了程朱理学从思想到实践的完整逻辑。

天理经散殊而演化成定在，理一分殊的自然定在就是生生不息的和谐世界，价值定在就是一元多分的价值体系，礼法的定在就是君臣父子之纲常制度。

朱熹谈"理一分殊"又有言曰：

天地之间，人物之众，其理本一，而分未尝不殊也。以其理一，故推己可以及人，以其分殊，故立爱必自亲始，为天下者诚能以其心而不失其序，则虽天下之大而亲疏远迩，无一物不得其所焉，其治岂不易哉。①

朱熹以太极为意象阐释道："太极"之本是"一"，只是因为万物所禀受各有不同，所以万物都"各自全具一太极"，这样不能用来证明分殊不是统合在理一之下的。正如月悬于当空，"只一而已"，但江河湖海的大小水泊中随处可见对月的映照，但不能因此而说"月已分"。

天地之间，理一而已。但是理一因太极乾坤两道之分，从而"乾道成男，坤道成女"，在阴阳二气的交感之下，万物育焉。但是天生万物，并非完全一致的，万物之间有"大小之分，亲疏之等"，如果没有圣贤出世，又有谁能统合万物之各异，化作天理贯彻下的一同呢？这就是《西铭》其文所要表达的观点。程颐用"明理一而分殊"高度概括了对此的认识，"可谓一言以蔽之矣"。盖以乾为父，以坤为母，有生之类，无物不然，所谓理一也。而人物之生，血脉之属，各亲其亲，各子其子，则其分亦安得而不殊哉？一统而万殊则虽天下一家，中国一人，而不流于兼爱之弊，万殊而一贯，则虽亲疏异情，贵贱异等，而不梏于为我之私。此《西铭》之大指也。诚然，万物之理为理一，但是理一分殊是一体两面的，如果只看到"天下一家，中国一人"，做到对血亲和陌生人一视同仁的爱，就犯了"兼爱"之

---

① （宋）朱熹：《四书或问》，上海古籍出版社2001年版，第774页。

弊,"兼爱"只看到了"理一"而未能贯彻"分殊",用"事亲之诚以明事天之道"只不过是对理一的浅薄认识,如此一来,是无法看清分殊这另一半的道理的。①

从上述论断得出:朱熹所言的理一分殊,是以理一分殊的道理论述现实礼法的纲领性语言。理一必须有"一"的代表,在程朱理学家看来,只有君才是"一"的代表,是法度之所出。礼法的政权模式只能是中央集权的,这就是君道。君虽是国家"一"的代表,有其优越地位,但亦有其应守之道。对于君臣、父子、夫妇、朋友关系中各人应守之分。朱熹认为礼法秩序为天理分殊之定在。

总之,程朱的礼法分殊即在一个统一的价值体系内,一个统一的政权制度下,每个社会成员各得其分,这样就实现了秩序,体现了理一分殊。

另外,定在的礼法既不是理想的也不是永恒的,但这并不妨碍永恒之理就在具体礼法之中。礼法的精神即为生生健动之和谐,礼法之散殊即各得其分之秩序,从而由一理推导出一个有各个侧面的法律体系。此展开过程从内在动力来讲是现实的理欲冲突,从终极目标来讲是致中和,从实现手段来讲是于亲和与攻取之中取其中者而定分。如果再加上天理人心依据的话,从外在依据来讲是无逃之天理,从内在道德基础来讲是仁义礼智。这就是群性与个性的和谐相处、人与自然和谐相处的理想的礼法秩序。如果给这个理想秩序一个精练描述的话,就是生生健动的和谐秩序。

通过对程朱学派"理一分殊"命题建构的剖析,不仅能看到程朱理学承道统对伦理道德认知的方面,还为理法体系的构建给出了循迹的端倪。落实到法的层面,"理一分殊"即普遍性的特殊性的差异统一原则,是谓"理法分殊"。

(二)理法之"分"的产生

因为"理一分殊",故而有"分"。分产生于人面临选择的理欲冲突,

---

① 王孝鱼点校:《伊川先生年谱》卷6《二程集》,中华书局2004年版,第247页。

此冲突又可分成两个部分，一是人们之间的欲欲冲突，二是超出直接欲欲冲突范围的欲望与天理之间的冲突。欲是应该得到满足的，但是分殊又决定了个体的欲望是有所区别，驳杂而万千的，因此如果不能对诸多欲望进行规范，加以引导，那么人际关系就会因为对满足欲望的矛盾、竞争而产生冲突，社会也就因此而混乱。就如朱熹所言，"盖天理者，此心之本然。循之则其心公而且正。人欲者，此心之疾疢，循之，则其心私而且邪，公而正者绕而日休，私而邪者劳而日拙，其效至于治乱安危，有大相绝者，而其端特在夫一念之间而已"。① 礼法的出现，首先是为了解决这种人际冲突。

只有每个人的"分"得到确定，各自的欲望才能得到满足，整个社会才不至于为欲而争乱。礼法秩序为定分而形成，群体生活因分定而可能。

欲本身就包含着二律背反，为了实现欲，那就不能为欲所左右。但当能够对欲实现"允执厥中"的合理控制后，欲之"私"与"害"也就无法呈现，也就达成了调解的理想状态。礼法有着调节人的欲望的功用。从礼法与欲望的关系来看，看似礼法对欲望起到限制作用，礼法条文皆是约束，但实际上礼法的约束是为了欲望的厘清和恰当表达，因此礼法对欲望起的是服务作用。"民之所欲，天必从之，然则理之所在，在不失人心而已矣，故曰无难易之说者，其理也"②。从根本上讲，不是欲望服从于礼法，而是礼法服从于欲望。礼法调整人欲的方法就是定分，就是以统一的标准对个体应得之"分"进行确定，实际上是给予欲望的满足以合理性。同时，并非所有的欲望都能得到满足的，所以在合理性的划分下，对欲望也就有了界限之分，用当代法理语言来说，就是权利义务的分配。人的生活必然有秩序的确认。"日用之间莫非天理之流行矣，虽然天理之微难，明人欲之私易，炽诚思一日存天理者几何，而汩没于利欲者至不可计况。夫讽诵肤浅之时，

---

① （明）黄淮、（明）杨士奇编《历代名臣奏议》卷54《治道》，上海古籍出版社1989年版，第2972页。

② （宋）刘一止：《刘一止集》卷9，龚景兴、蔡一平点校，浙江古籍出版社2012年版，第247页。

文掇拾尘腐之糟粕，圣贤蕴奥日微，义理玄妙日薄，贫贱富贵、得失利害之私，又交怵乎其外，求其至理之不微不可得矣"[①]。从这一点来说，人们是无逃于天理的。

理学的理欲之分超出了欲望与欲望冲突的范畴，还包括欲望与天理之间的冲突。理学家为保持天理的优势地位，强调天理主导下人的法律义务增多。理对欲的优势压制使"分"看起来更像理欲之争。

在程朱学派看来，理法的内容以"分"确定，"分"抽象地说是天理人欲之交界。一方面肯定了天理的普遍性，另一方面把人们日常生活中所遵循的行为规范皆确定为理欲之分，即礼法就是天理的定分。一方面将抽象礼法的层次提升到天道、信仰的高度，另一方面也保持了天理对现实法律制度的批判力，即每个人都可以讲"理"，都能以自己对天理的理解来批判实在法。

理欲之分是礼法展开的枢机，所定的每一个"分"即单个规范，分之全体便是礼法。对理学来讲，法律仅有义的价值原则是不够的，还必须有仁、礼、智。仁者爱也，但爱有等差，意味着不同亲疏远近的人们之间的义务是不一样的，同犯而不同罪，同罪而不同罚这是不合简单正义的标准的。

二 "理"与"法"的"定分"

程朱学派的法哲学，以循礼守法的做法追求法的正当性，为法的产生与运行提供哲学上的"名分"。界定"名分"的方法和准绳，谓之"定分"。因为理学法思想的定分，需要兼顾"天理"的内涵和"国法"的正当性，故而从"理"与"法"两方面展开。

（一）"理"的"定分"

朱熹阐发了"理一分殊"的命题，并以此说明法秩序差等与统一的关

[①]（清）王梓材、（清）冯云濠：《宋元学案补遗》卷62《西山蔡氏学案》，沈芝盈、梁运华点校，中华书局2011年版，第9017页。

系。实际上,这种"理一分殊"的话语和思想很大程度上来源于佛教华严宗、禅宗的启发。《朱子语类》中曾记载朱子对"理一分殊"命题与佛教思想关系的阐述。朱子引用永嘉玄觉"一月普现一切水,一切水月一月摄"的说法,即"月印万川"之喻,对"万物"(万事)与"一理"的关系进行了论述。万事万物中都含有普遍之理,而要想把握普遍之理,必须通过对具体、多样的事物进行格物致知的研究。"格得多后自能贯通",其所推而通者即万"事"之同"理"。这不仅继承、发展了佛教华严宗、禅宗的本体论,汲取了现象与本体之区分的思想元素,而且着重强调了在"事"(现象)中求"理"(本体)的方法论、知识论。就客观经验现象之观察而言,"事"有实然面向,其相应的"理"为"所以然之故"。就主体(人)做"事"之诉求而言,"事"有应然面向,其对应的"理"为"所当然之则"。"所以然之故"和"所当然之则"分别代表了"事"(现象)中求"理"(本体)的两种知识面向,而朱子将二者统称为"理",既明确区分了实然与应然、事实判断与规范判断(价值判断),同时又将二者统一于格物穷理致知的活动之中。顺承此意,程朱学派对佛教"事理论"的消化,正是为程朱理学家在司法实践中的裁判方法奠定了基础——事情与理法的区分、勾连,实即"事"与"理"的贯通。

重视名分、维护尊长,这是朱熹一贯的态度。淳熙十五年(1188年)六月初七,朱熹在论对孝宗的《戊申延和奏札》中指出:

> 臣伏愿陛下深诏中外司政典狱之官,凡有狱讼,必先论其尊卑、上下、长幼、亲疏之分,而后听其曲直之辞。

朱熹支持狱讼之事,但在以事实曲直为审判参考前,要先以礼去定尊卑,分等阶。如果是"以下犯上、以卑凌尊"的,即使所诉之事具有事实道理,在司法中也不会予以庇佑的倾向性;反之,如果在"以下犯上、以卑凌尊"的前提下还不具有实施道理,那就要"罪加凡人之坐"。[①]

如何去发现和确定理欲之分,从人的主观能动性出发,其主要路径

[①] (宋)朱熹:《晦庵先生朱文公文集》卷144《中华再造善本:唐宋编集部》,北京图书馆出版社2006年版,第787页。

就是格物和致知。朱子的格物是向外的，格物的对象是一事一物，所达到的目的是穷极万事万物之理，兼容实践理性和纯粹理性。朱子援引"舜之戒禹所以有人心、道心之别"为例，在穷理的践行中，既要看到"性"与"气"在对格物阐发中的作用。格物，要先具其形，后悟其理。因为"性主于理而无形，气主于形而有质"，所以事物之性是直接连接天理的，性无不善；事物之气是因形而变易的，气有清浊。所以道心是公而向善的，人心是私而有可能发挥出不善之行的。[①]所谓"人心惟危"者，但谓之"人心则固未，以为悉皆邪恶，但谓之危，则固未以为便致凶咎，但既不主于理而主于形，则其流为邪恶以致凶咎亦不难矣，此其所以为危"[②]。因而"故必其致精于此两者之间，使公而无不善者，常为一身万事之主而私，而或不善者不得与焉，则凡所云为不待择于过与不及之间，而自然无不中矣"[③]。它强调每个人的参与，但强调的是道德的参与而不是力量的博弈；它强调圣贤的作用，但强调的是其智慧而不是其地位；它强调人对自身之分的认知，但更强调认知义务而不是权利。

理欲之分与权利义务之分的比较是理学体系范围外的事，中国古代法是道德法，理欲之分以该做的、可做的与不该做的、不可做的为标准，把人的行为划分开；当代法律是权利法，权利义务是以你的、我的为标准，将人的利益划分开。作为解决法律问题的术语，不论是道德上的合理与否，还是利益上的你的我的，都要转换成人的外在行为评判。

理欲之分，自抽象而至具体，包含了对一切人的冲动和欲望的划分。从抽象而言，理欲之分的对象是一切自天理下沉，禀气而生的个体，所以在肯定个体存在理欲的前提下进行定分；从具体而言，人的个体差异极大，所需所求各有不同，因此需要有具体的原则作为划分的标准，在程朱理学而言，即是"仁义礼智"等儒家四端，此四端对应四心，是与孟子性善论

---

① （宋）朱熹：《晦庵先生朱文公文集》卷44《中华再造善本：唐宋编集部》，北京图书馆出版社2006年版，第2933页。

② 同①。

③ 同①。

密不可分的概念。程朱理学承孔孟道统，自然也承接了这一观点。在四端说的准绳下，适用于四端的人之诉求被称为"合理"，不适用于四端的人之诉求被称为"不合理"，即为"人欲"。

若是将理欲之分的对象再具体化，从人的利益诉求，即西方所谓"权利"的定分而言，欲望和欲望会产生现实冲突，而理的存在就是调和欲的冲突，将人的欲望调和理顺，去芜存菁，留下合理化的欲望，并给予其正当性。从这个角度说，理欲之分，其实就是对人的权利的正当性的诠释。

再从具体到抽象，反过来扩大理欲之分的外延可以发现，个体的欲望不止于对眼前蝇头小利的追求，而是更多上升到对群体、阶层、区域、地缘、场域等的权利诉求，那么相对应的，其权利诉求的非正当性，即"人欲"也就随着增多，最终无限接近于天理的层面。但是天理是最高准则，对于天理的敬畏和遵循是第一性的，因此在天理之下，需要有界限的觉悟。个体的权利诉求本身既然不可限制，那就可以用其他个体同等体量的欲望与之冲突平衡，让欲望和欲望在冲突中找到界限。从这个角度而言，理欲之分包含了欲望的界限，但欲望本身是不能穷尽理欲之分的范畴，因此可以从欲望产生的主体——人的角度予以限制。因此，程朱学派法思想在定分上，是强调对人的主体欲望的限制的，如何限制人的欲望，也是贯彻于整个中华法系之中的。

（二）"法"的"定分"

法律的普遍性体现了对一切人的公正和平等，在不同的事实判断中以统一的公正平等去推其理一，"以止私胜之流"，这是"仁之方也"。[1]然而，在某些情况下，法律可能会采取不同的处理方式，以使特定群体或个人能够享受特殊的待遇或权益。这种法律上的特殊待遇或权益被称为法律的特殊性或差异化。在中国古代社会就表现为君臣父子所秉持素养的倾向性各

---

[1] （宋）杨时辑：《二程粹言》，中华书局2004年版，第67页。

不相同,"为君须仁,为臣须敬,为子须孝,为父须慈"①。这也是对程朱学派所言"圣人所以穷理尽性而至于命,凡世间所有之物莫不穷极其理,所以处置得物物各得其所,无一事一物不得其宜,除是无此物方无此理,既有此物,圣人无有不尽其理者,所谓惟至诚赞天地之化育"②的法思想诠释。

法律的特殊性可以正面而积极地体现在对弱势群体的保护上,采取特殊的法律措施来保护他们的权益,若无视这些差异,就犯了"无分之罪,兼爱而无义"③之罪。这些法律的特殊性对于改善弱势群体的地位和权益具有积极的意义,有助于实现社会的公正和平等。

为了正确理解和处理法律的特殊性,需要平衡法律的统一性和差异性。首先,要保证法律的普遍适用性,"万物各具一理,而万理同出一原,此所以可推而无不通也"④,即确保法律的原则和规则适用于所有人,不对特定群体或个人偏离。其次,要确保法律的差异性是基于合理和公正的理由,而不是主观的或歧视性的,即"君君臣臣,父父子子,兄兄弟弟,夫妇朋友,各得其位。父子自是父子之礼,君臣自是君臣之礼。若把君臣做父子,父子做君臣,便不是礼"。⑤另外,法律的特殊性必须基于对社会各阶层利益的综合考虑,而不仅仅是追求个人或特定群体的私利。这就需要法的制定者有着"虽有其位,苟无其德,不敢作礼乐焉;虽有其德,苟无其位,亦不敢作礼乐焉"⑥的觉悟。最重要的是,法律的特殊性应该在法律的整体框架下进行,以避免破坏法律体系的统一性和连贯性。这正是"理一分殊"逻辑下理法体系构建的需求和目的。

因此,在法的语境下,"分"指的都是一个人应该得到的利益,包括身份地位与财产份额。"分"的字义的出现意义非常重要,它意味着通过贯彻某一标准而进行的权利和义务的分配得到了人类全体广泛的认同,从实施

---

① (宋)黎靖德:《朱子语类》卷18,中华书局2007年版,第827页。
② 同①。
③ (宋)杨时辑:《二程粹言》,中华书局2004年版,第67页。
④ (宋)黎靖德:《朱子语类》卷18,中华书局2007年版,第827页。
⑤ (宋)黎靖德:《朱子语类》卷41,中华书局2007年版,第2029页。
⑥ (宋)朱熹:《四书章句集注》,中华书局2012年版,第2025页。

层面和价值层面予以肯定,并且成为划分界限的行为守则。故而法的作用就是按标准给社会成员定"分"。

综上所述,程朱学派法哲学的基本命题为:"法"源于"理",在运行中产生了"天理""国法""人情"三大要素。由于各要素会基于具体"事情"的不同而变化,符合天理运行下"理一分殊"命题的原则。进而将"法"的范畴延伸到"天理"的话语体系之外,从"天理人欲"之分,拓展到"权利义务"之分。

理学的德刑观：
程朱学派法思想体系中之法礼学

第三章 03

法礼学之内涵，其实就是根据德刑观对"礼"与"法"关系问题的回答，是传统儒家礼治与法治相结合的命题之一。程朱学派法思想体系中有着丰富的礼治内涵，并根据礼治和法治的关系、运用的先后、侧重的轻重分出了"德主刑辅""明刑弼教""克己复礼"三条路径。虽然说道德礼治对于社会风尚的维系息息相关，但刑律法治通过强制性、相对客观性的举措，在社会秩序的维系上有着不可或缺的作用。一方面，礼教在儒家政治思想中的重要性被程朱理学家传承下来，认同"为国以礼"①是基础性的；另一方面，刑法通过其源流传递天理、维系政治稳定的作用被重视和发散，礼与法的结合不可避免。

一 教化为先与德主刑辅

以礼为内核的儒家文化是中华传统文化的核心和基础。在程朱学派的礼法观念中，"德"是作为"礼"的基本面存在的，德是对人心积极面的描述，从而无论在任何历史时期和具体环境内，德的基本属性都和"向善"息息相关。

程朱学派理学家所关心的最核心的现实问题始终是社会秩序的维系。又因为理学家认为理想化的社会秩序维系成功的面貌是道德化、伦理化的社会，因此，在社会治理层面，上至中央政府、下到基层民众，理学家们

---

① （宋）黎靖德：《朱子语类》卷29，中华书局2007年版，第1497页。

始终以道德教化为主要手段，促进个体的道德建设。

（一）德主刑辅的治国方略

儒家思想强调德主刑辅的治国方略，这一策略的目的是通过道德教化来主导社会秩序，而在必要时运用刑罚来辅助维持社会稳定。朱熹有言曰，"律所以明法禁非，亦有助于教化，但于根本上少有欠阙耳"，"德主"强调培育民众的德行和品德，使之自觉遵守社会规范；"刑辅"强调对犯罪行为实施刑罚，以威慑和惩罚犯罪行为。这与程颐"治蒙之始，立其防限，明其罪罚，正其法也，使之由之，渐至于化也。或疑发蒙之初，遽用刑人，无乃不教而诛乎？不知立法制刑，乃所以教也。盖后之论刑者，不复知教化在其中矣"[①]的道理相呼应。

在传统儒家的治国策略中，德的重要性超过了刑。德行高尚的人会自觉遵守道德规范。因此，儒家强调培养人们的德行和品德，提倡以身作则，以德化人，注重教育体系的建设，培养广大民众的道德观念，提高整个国家的道德水平。即孔子在《论语·为政》中对"为政之道"阐发为"道之以政，齐之以刑，民免而无耻；道之以德，齐之以礼，有耻且格"。同时，儒家也强调修身齐家治国平天下的理念，在个人层面上培养良好的德行，才能带动整个社会的进步和和谐。然而，在实际治理中，仅仅依靠道德教育是不够的，还需要运用刑律手段来惩罚犯罪行为，维护社会的公平和秩序。刑律不仅有威慑作用，还可以通过惩罚犯罪行为来恢复社会正义，积蓄国家力量，达成"贵德而尊士、贤者在位、能者在职，国家闲暇及是时明其政刑，虽大国必畏之"[②]的理想社会。

（二）德主刑辅的现实需求

理学具有入世的现实功用，因此在以道德教化为目的的思想实践方面，理学家的践行策略始终与社会现实息息相关。

---

① （宋）程颐：《周易程氏传》卷1《上经》，中华书局2011年版，第52页。
② （宋）朱熹：《四书章句集注》，中华书局2012年版，第1033页。

在程朱学派理学家看来，帝王并非社会的统治者，而是承担"天理"所赐予的教化万民的责任，这一责任同样分担在国家机器的其他官吏身上。正是因为当前帝王的教化责任没有凸显，故而需要理学家们自觉承接教化责任。

恶劣的社会治理现状是急需开展德主刑辅策略的现实依据。《尚书》有云：

王泽之竭，利欲日炽，先觉不作，民心横奔，浮文异端，转相荧惑，往圣话语，徒为藩饰。而为机变之巧者，又复魑魅魍魉其间，耻其非耻，而耻心亡矣。今谓之学问思辨而，于此不能深切著明依凭空言，传着意见，增疣益赘，助胜崇私，重其狷忿，长其负恃，蒙蔽至理、扞格至言，自以为是，没世不复，此其为罪，浮于自暴自弃之人矣。①

在儒家思想中，君主是国家的治理核心，他的德行修养对于国家的治理至关重要。帝王治国策略的合理与否，在程朱学派理学家看来是有标准可以衡量的，也就是上三代的圣王之治。

朱熹谈道，"故人主之心正，则天下之事无一不出于正，人主之心不正，则天下之事无一得由于正"。因此，"正心诚意"是君主德行修养之本，然后做到以德服万民，辅以刑法，国家治理才能畅通无阻。当然，理学家们也明白"物有本末，事有终始"②的道理，所以需要治理主体"知所先后"，励精图治，便可"则近道矣"。③因此展开对君主治国策略的批判，这也是对德主刑辅策略开展的辩证。

以道德教化为本是理学家的一贯思路，如果不以德化为本而尚功利之术，是将道学与政术别作二事，于社会治理而言是相当危险的，君主应该践行道德教化，以身作则，"父母天下为王道"，不能推父母之心于百姓，怎能谓之王道？而所谓父母之心是以"视四海之民如己之子"，长此以往

---

① （清）黄宗羲：《宋元学案》卷77《槐堂诸儒学案》，陈金生、梁运华校，中华书局2013年版，第4787页。

② （宋）黎靖德：《朱子语类》卷74，中华书局2007年版，第3555页。

③ 杨朝亮校：《陆子学谱》卷2，商务印书馆2016年版，第61页。

"则讲治之术必不为秦汉之少恩，必不为五伯之假名。巽之为朝廷言，人不足与适，政不足与间，能使吾君爱天下之人如赤子，则治德必日新，人之进者必良士，帝王之道不必改途而成，学与政不殊心而得矣"。①

谈及古圣王之治，程朱学派认为本朝与古代的治理区别在于，本朝尚未学到古代以道德教化为主，虽置刑法而不用的德主刑辅精髓。德主刑辅的精髓在于"善其心而驱之以力"，当下仅仅将法令的威严停留在社会阶层的上层，道德教化没有很好地在基层治理中展现，这导致了偏僻小民因此入罪，又只能以刑法进行惩戒。这与"美风俗，善治道"就相去甚远了。②

在学习古代圣王之治中，朱熹还针对王安石变法托古改制之说，曰：

若真有意于古，则格君之本，亲贤之务，养民之方，善俗之方，凡古之所谓当先而宜急者，曷为不少留意，而独于财利兵刑为汲汲耶？大本不正，名是实非，先后之宜，又皆倒置，以是稽古，徒益乱耳，岂专渺茫不可稽考之罪哉？闲乐不察乎，此，而断然自画直以三代之法为不可行，又独指其不可稽考者而讥之，此又使人不能无恨者。③

朱熹尖锐地指出，如果真的有意于古，应该体现的是古之贤者教化养民之举，而非功利之心。

进而再联系到如今生民之治，治者以功利之心为心，如若继续下去，只会让社会更加陷入"纲纪紊乱、贤不肖混淆而意外之忧，智者有所不能谋，贤者有所不能救，以夫君子小人势不两立而迭为盛衰者也"④的危机中。因此，要学习先王之治、孔子之道，以德主刑辅之策略，借由古之"帝舜虽临下以简，御众以宽"的例子，给出"人而不仁，疾之已甚，乱也"的谏言。⑤

---

① （宋）朱熹：《近思录》卷8，（宋）吕祖谦编，上海古籍出版社2023年版，第234页。
② 北京大学《儒藏》编纂中心编《性理大全书》卷67《治道二》，北京大学出版社2018年版，第4374页。
③ （宋）朱熹：《晦庵先生朱文公文集》卷70《中华再造善本：唐宋编集部》，北京图书馆出版社2006年版，第5096页。
④ （明）黄淮、（明）杨士奇编《历代名臣奏议》卷212《法令》上海古籍出版社1989年版，第11087页。
⑤ 同④。

（三）德主刑辅的本体论依据

从程朱学派理学思想的本体论角度而言，德主刑辅是合理的践行策略。

从德与刑的关系入手：明确了社会对于德主刑辅的迫切需求后，在具体的德主刑辅策略实施之前，需正本清源，明确德主刑辅的建构中德与刑的来源关系。二程坚持"治身齐家以至平天下者，治之道也。建立纲纪，分正百职，顺天揆事，创立制度，以尽天下之务，治之法也。法者，道之用也"。[①]德是治理之道，道是体；法是道之用。这里法的作用，则以刑的形式体现出来，"先王观雷电之象，法其明与威，以明其刑罚，饬其法令"。刑者，来源于法，表现为法令的执行面；刑的执行则是在为德行教化的"明事理"套上一层防护保险，即"法者，明事理而为之防者也"。[②]朱熹则沿着德刑之间的体用关系，以"体用一源、显微无间"之思路进一步阐释，首先要明确，"政者，为治之具；刑者，辅治之法"。[③]政教措施是治理之本体框架，刑法只是起到辅助的作用。然后要厘清"政"与"德"、"礼"的关系，"德礼则所以出治之本，而德又礼之本也"。[④]治理的出发点是本于道德的，而道德同样是礼教的本来之意。因此，从德到礼，从德到治理，德是"体"，刑是其"用"。从具体作用而言，"政刑能使民远罪而已，德礼之效，则有以使民日迁善而不自知"，刑罚只能让民众被动地远离犯罪，出发点是逃避刑罚；道德礼教的治理可以让民众受其吸引而日渐从善，出发点是向善。[⑤]因此，道德礼教是本，刑罚是末。德是刑的根本，"有德礼则刑政在其中者，意则甚善"[⑥]，刑寓于德之中。

程朱理学关于人性论的一个总的趋向是坚持人性善的本源性，性本善的正面预设虽然给予了教化足够的理论支柱，但同时也没有舍弃"如水之

---

① （宋）杨时辑：《二程粹言》，中华书局2004年版，第100页。
② （明）丘濬：《大学衍义补》卷100，朱人求校，江苏大学出版社2018年版，第3681页。
③ （宋）朱熹：《四书章句集注》，中华书局2012年版，第56页。
④ 同③。
⑤ 同上书，第57页。
⑥ 同上书，第257页。

就下"的人性会产生恶的因素以及会处于恶的社会环境,因此,刑法存在的意义,给震慑与惩治留有余地。

一方面,能够以道德教化为先的思考,是站在人性本善的预设立场执行的。程朱继承孔孟之道统,延续了孟子对"人性本善"的论述,成为"教化为先"的理论根基。在儒家道德教化中,人性是一个重要的概念。儒家认为人性本善,人天生具有良善的基本品质。然而,"人性如水之就下"[①],由于环境、教育和社会因素的影响,人的善性可能会被扭曲或遗忘。因此,儒家致力于通过道德教育来唤醒和恢复人的善性,使其成为一个好人。道德教育的目标是培养人的品德和修养,使其成为一个具有高尚道德水平和卓越个人素养的人,即"此心本灵,此理本明,至其气禀所蒙,习尚所梏,俗论邪说所蔽,则非加剖剥磨切,则灵且明者曾无验矣"。通过道德教化,培养人的品德和修养,并规范人们的行为,再辅以所倡导的"修身、齐家、治国、平天下"的理念,强调个人修养和家庭美德与国家和社会的和谐发展密切相关。"天降生民,则既莫不与之以仁义礼智之性矣。然其气质之禀或不能齐,是以不能皆有以知其性之所有而全之也。一有聪明睿智能尽其性者出于其间,则天必命之以为亿兆之君师,使之治而教之以复其性。"[②] 既然万民皆可通过教化找回仁义礼智之性,由此,儒家道德教化的目标不仅仅是个体的道德修养,还包括社会道德的建设和国家文明的发展。儒家道德教化强调培养人的良知和修养,使其实现个人的道德完善;强调教育的重要性,认为良好的教育是培养个人良善品性的关键;教育注重对学生品行的塑造和道德观念的灌输,通过思考、学习和实践,提升个人的道德修养。儒家教育的目标是培养"君子",即道德高尚、有修养、有责任心的人。就可以达到"人皆可以至圣人,而君子之学必至于圣人而后已。不至于圣人而自已者,皆自弃也。然其充与不充,亦在我而已矣"[③]的逻辑所指。

---

① (宋)朱熹:《四书章句集注》,中华书局2012年版,第1532页。
② (宋)朱熹:《晦庵先生朱文公文集》卷76《中华再造善本:唐宋编集部》,北京图书馆出版社2006年版,第5580页。
③ (宋)朱熹:《四书章句集注》,中华书局2012年版,第1050页。

正如上文所言，儒家道德教化的目标不仅仅局限于个人，还着眼于社会的和谐与稳定。人的道德修养不仅可以提升个人的品质，还能够影响和改善社会的道德风貌。儒家倡导君子为人师表，以身作则，以自己的善行来感化他人。通过君子的道德影响，整个社会的道德水平将逐渐提高，实现和谐与稳定的社会秩序。

另一方面，由于"气禀论"的内涵，人后天之性禀气而生，朱熹就曾言曰"都是天所命禀"，为圣贤者，是因为天生禀得"精英之气"，因此他们对于理的贯彻是完备的，是"得理之全，得理之正"者。自圣贤之下，禀得之气就有侧重点的分别，禀得气之"清明"者，便有"英爽"之风；禀得气之"敦厚"者，便得温和之质；禀得气之"清高"者，便有高贵的天资；禀得气之"丰厚"者，便有"富有"的潜质；禀得气之"长久"者，便能延年益寿。另外，还有部分禀得"衰、颓、薄、浊"之气的人，体现在他们身上的就是愚昧、不孝、贫困、早夭的负面影响。因为禀气复杂繁多，所以"一个人出来便有许多物随他来"。因灌注之气的分别，因此不能完全依靠道德教化，还需要辅以刑罚的帮助，"气禀，譬如俸给。贵如官高者，贱如官卑者，富如俸厚者，贫如俸薄者"。[①]

刑罚不仅是对因气质之性的低劣而低劣的人的惩戒，也是对气质之性较为高尚的人避免误入歧途的震慑，即"'君子怀刑'言思刑法而必不犯之，如惧法之云耳"，这是让君子随时有着对刑法使用的能力和素养，使得对刑法的惧怕威慑力得以存在。"无慕乎外而自为善，无畏于外而自不为非，此圣人之事也。若自圣人以降，亦岂不假于外以自修饬"。所以能"见不善如探汤"，"不使不仁者加乎其身"，这是让自身产生对"不善"的排斥感，因为有了认知上的建设从而知道所畏为何。故而"君子小人趋向不同，公私之间而已。只是小人之事莫非利己之事，私也。君子所怀在德，则不失其善。至于刑，则初不以先王治人之具，而有所憎疾也，亦可借而自修省耳"。[②]

[①] （宋）黎靖德：《朱子语类》卷4，中华书局2007年版，第223页。
[②] （宋）黎靖德：《朱子语类》卷26，中华书局2007年版，第1327页。

总而言之，理学家对德主刑辅社会教化策略的强调是弘扬道统下对传统儒家以德治国理念的返新，其目标就是在两宋这一充斥着功利思想和佛老思想的社会现实下，从上、下的教育出发，使国家机器的运行在具备道德素养和承担教化责任的统治者手上继续，使得国家走上"修德治人"的德化政治的道路；通过"体用一源、显微无间"在德刑构建中的来源论证，阐明德刑同源、德刑一体、德体刑用的关系，在坚持道德教化的基础上明确刑罚的震慑作用，为社会教化提供防护保险；通过性善论和气禀论证明人们具有接受道德教化而达成理想目标的可能性，以及同时弥补了过于强调性善而对性恶之端缺少刑法惩戒的不中之用。

二 惩戒为先与明刑弼教

"明刑弼教"一语，源于《尚书·大禹谟》。舜以皋陶执掌刑罚，熟悉刑法条例和处理原则，因此请皋陶"明于五刑，以弼五教"。《尚书孔传》对此的解释为"弼，辅……叹其能以刑辅教，当于治体"，弼的意思是辅助，用刑辅教，是对治理体系的明确。[1]后世将其言总结为"明刑弼教"一词。由此可知，"明刑弼教"所表述的含义为：刑罚的目的是维护统治，手段是利用严惩而使人感到畏惧，是与教化相辅相成的治理方式。这就表示，刑法也可以作为一种手段，在惩戒、威慑的角度调度出人的惧怕、生畏之心，因为畏于犯法所以降低犯法的可能性，也就从逆向思维的角度达到了社会治理、维护秩序的需要。

（一）刑罚的重要性

以刑罚阐释仁义，用仁义评价刑罚，是儒家法思想的重要组成部分。孔子修订《春秋》时，对"公即位"的时隐时现，对兄弟阋墙称"伐"等表述反映褒贬之意，孟子则在进行人物评论时，用"仁"或者"非仁"

---

[1] 杜泽逊：《尚书注疏校议》，中华书局2018年版，第67页。

点明为人的本质属性。这些是儒家道统传承下来的特色，也是儒家法统之中的应有之义。礼义、仁或仁义、天道、天理便是儒家法哲学中的理想法，是儒家之法的价值本体，是他们用来判断现实社会的法律和法制的是非善恶的价值标准。①这与《宋史·刑法志》"言刑以弼教，使之畏威远罪，导以之善尔"之思想不谋而合，恰恰说明了宋代刑罚的儒家内核。

在传统的尊崇儒术的社会治理中，法治思想的最终归宿还是落在了道德仁义和伦理秩序上。所以，秉持着以"德"为理法本心的统治者，在量刑定罪的具体实践中，还是存在着轻于定罪、弱于惩罚的倾向，刑法的存在本就是为了在反方向突出道德教化的优势，故而"明刑弼教"之言应运而生。但是，当社会处于内忧外患、举步维艰的危局中时，果断的刑罚举措是维稳的不二之选。

朱熹一直强调刑罚的重要性。以道德去约束人民，是在认知构建中对犯罪行为的防患未然，不过惩戒于已然的刑罚，同样可以让有着犯罪潜质之人杜绝想要实践的作用。因此朱熹坚持在社会治理中，刑罚是同等重要的手段。朱熹认为"明于五刑，以弼五教"，是古之圣王亦认可并相从的治理手段。刑罚对治理的督导作用在于"辟以止辟"，在于"惩一人而天下人知所劝戒"，因此是以对个人的严惩达到对群体的规劝作用，是"虽曰杀之"，但仁政爱民之心"已行乎中"的。②朱熹认为，教化和刑罚在不同的社会环境中，于治理而言是有着本末之分的，但是朱子也强调，从原则即理法的本体论而言，二者是同等重要的；基于教化和刑罚的同等重要原则，朱子对只重视其中一种手段而忽视另一种手段的非中庸的说法是强烈反对的。

教化和刑罚在治国理政上互为表里。教化和刑罚具有一致的本源——理：

礼字、法字，实理字，日月寒暑，往来屈伸之常理、事物当然之理……除了身只是理，只是不以血气形骸为主，而一循此理耳，非谓身外

---

① 俞荣根：《儒家法思想通论》，广西人民出版社1992年版，第66页。
② （宋）黎靖德：《朱子语类》卷78，中华书局2007年版，第3803页。

别有一物而谓之理也,流于偏差,则非所谓得矣。①

以礼为主的教化和以法为主的刑罚都是理的具象化表现,进而阐发同源的礼法二者,由于执行中礼偏向于温婉精细,法偏向于粗放暴力,则有了精细本末之分,"然其相为表里,如影随形",但是在思想价值上又是"不可得而分别"的。②

因为二者本源一致,互为表里,故而刑中有义,不可以求其生之私心遮蔽刑中之义,失义,反而是害人的行为:

今之士大夫耻为法官,更相循袭,以宽大为事,于法之当死者,反求以生之……虽曰杀之而仁爱之实已行乎中,今非法以求其生则人无所惩惧,陷于法者愈众,虽曰仁之,适以害之。③

故而,社会治理要秉持宽政与严政相协调的治道,朱熹对比古今为政措施,认为"古人为政,一本于宽",今人执政则必须"反之以严"。之所以如此,是因为当今为政在宽的范畴过度放松,导致"事无统纪",对于社会上各项与民众息息相关的事情的处理"缓急予夺之权皆不在我",普通民众无法得到宽政的普惠,反而因为下层治理中"奸豪得志"而"反受其殃矣"。④

朱熹在社会治理的指导思想上,倾向于社会秩序的维系、控制为第一性的原则,而从控制的角度,严格的实现效率明显高于宽松。朱熹认为:诚然,在国家治理层面,君子的道德教化之治对于民心修养有着治本的重要性;但是,社会治理的实践面需要面对更多的是处理犯罪行为和不服约束的现状,并且,在"天理"的分殊范畴而言,教化与刑罚有着相同的"理"之本源,所以刑罚既有在社会治理中执行的合理性,又有面对现实境

---

① (宋)朱熹:《晦庵先生朱文公文集》卷48《中华再造善本:唐宋编集部》,北京图书馆出版社2006年版,第3340页。
② (宋)朱熹:《晦庵先生朱文公文集》卷70《中华再造善本:唐宋编集部》,北京图书馆出版社2006年版,第5097页。
③ (宋)朱熹:《晦庵先生朱文公文集》卷45《中华再造善本:唐宋编集部》,北京图书馆出版社2006年版,第1604页。
④ (宋)黎靖德:《朱子语类》卷108,中华书局2007年版,第5076页。

遇中的必要性，因此还是要以严为本。

朱熹又言道：

号令既明，刑罚亦不可弛。苟不用刑罚，则号令徒挂墙壁尔。与其不遵以梗吾治，曷若惩其一以戒百？与其孰实检察于其终，曷若严其始而使之无犯？做大事，岂可以小不忍为心？[①]

为了在司法实践中让更多执法者明确刑罚的性质和功用，朱熹通过对《舜典象刑说》的分析，自"象刑"切入，回答了儒家所提倡的古之圣王治理中和恤刑、赎刑等相关的一系列问题。

（二）"象刑"与"恤刑"

朱熹关于"象刑"的论述主要有两条。

一是从罪刑的角度出发，朱熹曰："象者，象其人所犯之罪，而加之以所犯之刑。"朱熹又有言曰，"典，常也"。所以"象以典刑"之所以被称为"诸刑之总括"，是因为象刑包含了所有惩戒犯罪行为常用的刑罚。那常用的刑罚是哪些呢？曰"墨、劓、剕、宫、大辟"，合称为"五刑"，人所犯罪虽然各有不同，所受刑罚也不尽相同，但"皆不出此五者之刑"，都是"象其罪而以此刑加之"。[②]

二是从罪刑的画像来看，朱熹有言曰"悬法象魏……画为五刑之状亦可"，这里的象刑，就是将五刑的具体呈现形式（即五刑的画像）呈现。"画象而示民"的作用有二：一者，以具体的状貌呈现在人民眼前，让人能明白五刑是常法，而五刑的具体操作如何，以此震慑民众；二者，因为有了具体的状貌，因此可以在五刑常法之外设立"赎刑"，即"鞭作官刑，扑作教刑，此二者若可悯则又为赎刑以赎之，盖鞭扑是罪之小者，故特为赎法"。使五刑在具体运作之时有得以减免的可能性，起到了"恤刑"的作用。因此朱熹赞叹"乃平正精详真舜之法也"。[③]

[①]（宋）黎靖德：《朱子语类》卷108，中华书局2007年版，第5075页。
[②]（宋）黎靖德：《朱子语类》卷78，中华书局2007年版，第3788页。
[③] 同上书，第3790页。

第三章 理学的德刑观：程朱学派法思想体系中之法礼学

由上述论断可知，如何为象呢？朱熹认为象有两层含义：从"天人感应"的视角而言，象即上天垂视人以达天听的表示；从现实功用的视角而言，象就是形象，是五刑的形象呈现。所谓"象以典刑"，一方面是上天用以警示世人的形象表现，另一方面是执政者用图像的形式展示刑法的形象表现。无论从哪个角度来说，"象以典刑"绝非象征性惩戒的"象"，而是体现惩戒的哲学高度和现实做法的严肃性规定。

由此，朱熹的法思想包含了从严之义。从治理本源上讲，刑罚是不可或缺的。从治理的现实境遇而言，教化为理想内核，刑罚为表面手段，教化和刑罚成了表里关系。从"理一分殊"的本体论而言，作为教化目标的仁义属性同样兼容于刑罚中，教化和刑罚就理法的本体论而言没有主次之分，那么在现实使用上就没有先后之别，需要具体问题具体分析，因此需要执法的宽严相济。

朱熹在论述"象刑"时，引《尚书·尧典》之本，延伸谈及圣人"象刑"之用的另一个层面，即政刑为震慑下的"恤刑"说。朱熹有言曰：

圣人亦不曾徒用政刑，道德礼既行天下既治亦不曾不用政刑。故《书》说：刑期于无刑，初非可废，又曰钦哉，惟刑之恤哉，只是说恤刑。[①]

在这段论述中，朱熹认为"钦恤"缘起于"圣人之畏刑之心"。从"钦恤"的具体手段而言，朱熹认为分为"象以典刑""罪疑惟轻，功疑惟重""怙终贼刑""流宥五刑""扑作教刑""眚灾肆赦""鞭作官刑""金作赎刑"，合八种。从古为今用的实践角度而言，朱熹反对将圣人所言的"钦恤"等同于现实刑罚中的"轻刑"倾向，实际上也表达出了朱熹对于"轻刑"的反对态度。

对于司法实践中，为何会存在"轻刑"的考量以及做法，朱熹认为犯了三方面的错误：一是受到佛老思想的"荼毒"，执法者存在对因果报应之说的偏误贯彻。二是对"惟刑之恤者"的理解流于表面，只能有"恤刑"的做法，而没能秉持"恤刑"应该把握的原则。三是囿于人性角度的同情

---

① （宋）黎靖德：《朱子语类》卷78，中华书局2007年版，第3804页。

心理，但这种同情忽视了受害者所面对的立场和现实，是对圣人"不忍人之心"的错误理解。朱熹以自身所言有感而发：

> 臣伏见近年以来，或以妻杀夫或以族子杀族父，或以地客杀地主，而有司议刑，卒以流宥之法。夫杀人者不死，伤人者不刑，虽二帝三王不能以此为治于天下，而况于其系于父子之亲、君臣之义、三纲之重，又非凡人之比者乎？①

因为轻刑导致的刑罚失当，进而威胁到纲常伦理的秩序构建。

朱熹又说，当下的刑罚体量不足以惩戒所有的违法犯罪行为，这从结果论的角度也证明了"重刑罚"的必要性。所谓"今徒流之法，既不足以止穿窬淫放之奸"，因此朱熹建议用重刑惩戒重罪，给予肉体上的严惩，虽然重刑会"残其肢体"，但是因此而让其杜绝犯罪欲望，是"全其躯命"的仁心表现。并且当其肢体既残，也就没有了再次犯罪的资本，"绝其为乱之本"，就算不能快速起到教化的作用，那也能"使后无以肆焉"。既"仰合先王之意"，又"下适当世之宜"，实乃一举两得。况且"君子得志而有为"，是通过教养使人具备明理守法的能力，如果"以不养、不教为当然，而熟视其争夺相杀于前"，则违背了养民教民的义理。②

受制于轻刑，导致世风日下，有识之君子也摒弃了入世之理想，"不养""不教"，甚至"争夺相杀"于眼前而熟视无睹。

因此，朱熹推崇"深于用法，而果于杀人"的严刑思想，但朱熹之严刑不在刑，而在以刑明理，最终的落脚点还是在教化的根本之上，是为了达成"舜之所谓无刑者有日可期"的未来治理目标。③

经过朱熹对"明刑弼教"相关核心概念的来源解释和义理阐述，"明刑弼教"的治理理念不仅在思想上得到了广泛的支持，也被广泛运用于治理

---

① （宋）朱熹：《晦庵先生朱文公文集》卷14《中华再造善本：唐宋编集部》，北京图书馆出版社2006年版，第786页。
② （宋）朱熹：《晦庵先生朱文公文集》卷37《中华再造善本：唐宋编集部》，北京图书馆出版社2006年版，第2369页。
③ （宋）朱熹：《晦庵先生朱文公文集》卷14《中华再造善本：唐宋编集部》，北京图书馆出版社2006年版，第787页。

实践之中。

（三）严刑与"正名"

吕大防在评价南宋法治时曾说，"唯本朝用法最轻"。同样是对有罪臣子的审判，在前代，则"大者诛戮，小者远窜"；在本朝，则仅仅"止于罢黜"。因此吕大防说本朝之法乃"宽仁之法也"。这确实是宋朝君主"恤刑""宽刑"的思想的体现，但这种宽仁的思想并非适用于一以贯之。对违背纲常伦理的罪刑，程朱理学家则表现出支持重刑主义的思想。朱熹曾劝谏宋宁宗，在用法上要"果于杀人"，通过"惩其一以戒百"的行为"使之无犯"。因此朱熹说，司法要"以严为本，以宽济之"。具体而言，就是对待"以卑犯尊""以下犯上"的违背纲常秩序的犯罪行为要用严刑峻法加以震慑。

不仅是停留在理念上，程朱理学家在听讼之际还十分严格区分等级名分。真德秀指出，"正名分，厚风俗"是"听讼之际"应当秉持的主旨。例如黄榦在对"张解元兄弟五诉墓田"的审理中就认为一个当职的司法官，应当对"小民"和"士大夫"有着不同的诉讼处理方式：小民是愚顽之人，对待愚顽之人就要严格推究实情，依法断决；士大夫是明理之人，那对待明理之人就要用义理予以规劝，"不敢以愚民相待"。在此案中的张解元兄弟二人，兄张解元入仕为官，弟张运干应乡荐为进士，都属于士大夫阶层，因此即使他们为了墓田却丑诋痛讼，互相诋毁，黄榦虽然认为他们有伤风化，败坏礼俗，但还是不愿依法断之，而是劝二人以"同气之义""门户之重""取和对状"，调解解决。① 又有"从兄盗卖已死弟田业"一案，丘萱的从兄丘庄欺凌丘萱之妻阿刘孀居，将本属于阿刘的田产"自立两契为牙卖与朱府"，本案依法来判需要"勘杖一百"，但是胡颖认为"朱府名贤之阀"，通晓义理，不可能做出盗卖的行为，所以不加追究了。② 理学家们在严刑的

---

① （宋）黄榦：《勉斋集》卷39，中华书局2004年版，第1825页。

② 中国社会科学院历史研究所宋辽金元史研究室点校：《名公书判清明集》卷5《户婚门》，中华书局2002年版，第260页。

同时正名分的倾向性，由此可见一斑。

又如胡颖在审理"欲昏赖典主"的赎田之讼中，发现被告人李边在诉讼状中自称"学生"，认为李边是士大夫，就想要免除"勘杖一百"的刑罚。虽然之后胡颖核实了李边乃"以士自名"的健讼"小民"，故而依法严惩，但是前后的思想变化反映出了牢固在胡颖心中的程朱理学家因"正名分"对士大夫的宽仁之心。[①]

为了防止出现对士大夫的误判、错判，程朱理学家在进行诉讼审判中还会采用"当厅引试"之法，确认其士大夫的身份是否名副其实。如胡大发自称是熟习诗赋的士人，于是胡颖当厅引试，命其赋诗一首，胡大发作"终讼凶诗"，胡颖以其诗"粗通"，于是在没有对犯罪事实进行勘断的情况下仅给予"竹篦二十"的处罚。[②]又如吴敏中也自称士人，胡颖亦当厅引试，因其文章"文理粗通"，所以将依律本应给予的"杖罚"改为"竹篦二十"[③]。再如犯人刘涛"出入公门，搂揽关节""把持县官，颐指气使""揆之于法，本合科断"，但胡颖却"念其职在学校，不欲使之裸肤受杖，姑从挞记，以示教刑"。[④]此类事例在程朱理学家司法实践的审判逻辑中并非个别。

从以上案例不难看出，程朱学派的法思想强调在严刑的同时严格区分等级名分的目的，在于实现宽仁治吏，重典治民的宗旨，于理想而言诚然可以理解，但对于司法现实而言，倾向性则过于明显。

---

① 中国社会科学院历史研究所宋辽金元史研究室点校：《名公书判清明集》卷9《户婚门》，中华书局2002年版，第558页。

② 中国社会科学院历史研究所宋辽金元史研究室点校：《名公书判清明集》卷11《人品门》，中华书局2002年版，第724页。

③ 同上书，第728页。

④ 中国社会科学院历史研究所宋辽金元史研究室点校：《名公书判清明集》卷12《惩恶门》，中华书局2002年版，第868页。

三　礼法并用与克己复礼

就礼法并用而言，所回答的是国家治理层面关于秩序、规范、权力的基本问题。程朱学派法思想中所谓"礼法并用"囿于"礼者，天理之节文，人事之仪则"的概念，即"理"模式在法领域的应用。"理"为世界本体，世间万象为理自身的展开。因此理在实践的展现，一方面是作为个体心性修养的善心仁义的来源，另一方面成为人类社会秩序维系中礼法的构建基础。朱熹有云：

礼只是一个序，乐只是一个和。只此两字，含蓄多少义理？天下无一物无礼乐，且如置此两椅，一不正，便是无序，无序便乖，乖便不和。又如盗贼至为不道，然亦有礼乐。盖必有总属，必相听顺，乃能为盗。不然，则叛乱无统，不能一日相聚而为盗也。礼乐无处无之，学者要须识得。[①]

这就回答了第一个问题，曰"秩序"。

秩序是一切存在的必然形式，良好秩序源于人们本性的需要。礼法的外在形式与内在精神的关系为内仁而外礼、内义而外法。法律生活是人们的理性实践，其应然内容是克己复礼，天理通过人的理性实践而回到自身。

（一）礼法并用的"规范"

第二个问题曰"规范"，规范就是秩序的具体内容，就是国家机器运行之要义，谓之"法"。广义地讲，礼法并用就是对法学中既包括法哲学也包括实证法学的回答；狭义地讲，礼法并用就是法哲学，它是对法律基础问题的探讨。

当问题探讨进入形而上的哲学本体范畴时，程朱学派对宇宙本体的阐述"理"就再次被提出。如果说二程对于"理"的阐释贡献主要在于从宇宙运行的高度赋予了"理"之本体地位，那么朱熹的贡献就是进一步阐发"理"

---

① （宋）朱熹：《四书章句集注》，中华书局2012年版，第739页。

之内涵，将事物运行的最高原则、事物发展的关系构建、事物演变的关键内涵赋予了理。由此可见，理是一切事物的本体，一切事物是理的体现，凡存在的就是合理的。理是万物的本源、本体，因此理也是礼法的本体，反过来说，礼法的构建是基于理的，就是说在礼法的关系意义而不在本体意义上而言，理就是礼法关系构建的依据，礼法是理在社会运行中的具体呈现。

人既是理的体现，又不像物那样是理的自在体现，而是能够主动参与理的展开的自觉体现，或者说人不是自然规律的盲目服从者，而是天地之化育的主动参与者。既然不是盲目的，就不是自然而然的；既然是主动的，就不是完全遵守自然规律的。于是，人的行为既可以是对天道运行的赞助，也可以是对宇宙秩序的破坏。人们必须认识到自己在自然秩序中的作用和义务，在政治法治领域主动贯穿理性原则和道德原则，以仁爱来促进和维护系统内的和谐。这也就是程朱学派理学家所认为的当政者需亲亲而仁民，仁民而爱物，存天理，灭人欲，以达到"致中和，天地位焉，万物育焉"的教化万民的目的。

天理人欲之争和致中和是礼法具体内容展开之动力因和目的因，礼法并用的具体内容是围绕着如何界定礼与法，进而用于中和理欲而展开的。

从界定礼而言：在儒家思想中，"礼"占据着十分重要的地位。汉朝立《五经》，《仪礼》即为五经之一。唐代更是分"春秋三传"，加《周礼》《礼记》，合为九经，愈加凸显了"礼"的地位，也暗合了传统意义上"唐律一准乎礼"时，礼法思想于唐朝的影响力。"礼"，从小的方面说，有"俗"的含义，是一种乡规民约的体现；从大的方面说，更是治国理政的施行方略。宋明理学家继承了儒家对礼的重要性的认识，并分为三个角度进行阐述。

首先，礼的产生是顺应天理的，具有必然性。圣人制礼，是循天理之下，君臣父子等之关系，而为吉、凶、军、宾、嘉等礼。具体而言，礼对各项与人有关的行为举止、器物用具都作了细致的规范；宏观而言，圣人制礼、贤者行礼、众人用礼，是循天理的良性社会的状貌。朱熹甚至将衡量国家治理的治乱之标准都和礼的存亡联系在一起，朱熹说"礼治则治，礼乱则乱，礼存则存，礼亡则亡"。从上古到前朝（隋唐五代），虽然礼的细节有所区别，但衡量社会治乱的作用始终如一。

其次，礼在评价历史朝代兴亡中是可靠的参照系。一个混乱衰败的时代，总能找出礼的失落的现象；而一个兴盛强大的时代，也可看到礼的蔚为大观之态。例如：秦代之所以二世而亡，是因为其焚书坑儒，失落了礼的根本。汉代吸取了秦亡的教训，尊儒复礼，因此有汉一代，有见识有气节的高士很多，所以在王莽作乱时，天下高义之士能群起之，守节而助光武帝刘秀中兴汉室。只可惜东汉虽然多有名节的士人，可他们并不知道名节要以礼节之，没有礼的节制，名节只会成为苦节、死节。如党锢之祸，虽然士人皆可视死如归，却无法挽回汉室的倾颓。到了魏晋时期，这种"无礼"的情况进一步恶化，士人"尚浮虚而亡礼法"[①]，所以五胡乱华也是可预见的结果。

最后，礼具有规范身份、等级、秩序的本义。真德秀在《大学衍义》中对"履卦"的阐释有云，"上下之分，尊卑之义"是"理之当也，礼之本也"[②]。可见，拟定上下的分别，尊卑的差异，就是礼的本义，也是天理昭然。"礼"通过对身份、尊卑的划分，将民众分配在其所处的角色中，让他们各司其职，保证社会的井然有序，流畅运转，这也与儒家的理想社会蓝图相契合。所以，礼是一种治国理政的政治方略。

礼的制定离不开人，礼的践行同样离不开人。儒家学说的根本在两点，一曰仁，"仁者，人也"；二曰礼。因此，儒家礼思想中充满了对人的关怀。孔子曰，"道之以德，齐之以礼，有耻且格"，是用人的素质变化展示道德礼治的功效；孟子开"四端说"，认为"辞让之心，礼之端也"，礼是人本心的一种体现。二程一方面继承孟子的"性善论"，认为"仁、义、礼、智、信"都是人的本性使然，因此学者只要能够明人理，明自身之理，就足够了，不必舍近求远。不过二程也认识到，人虽然有善端，正如"目则欲色，

---

① （清）张能鳞：《儒宗理要》，齐鲁书社1995年版，第371页。
② 北京大学《儒藏》编纂中心编《性理大全书》卷67《治道二》，北京大学出版社2018年版，第4359页。

耳则欲声鼻则欲香，口则欲味，体则欲安"①。并且站在天理论的角度，朱熹认为"天下善恶皆天理"，"谓之恶者，非本恶，但或过或不及，便如此"。②天下间人的善恶都属于天理范畴内的本，只不过恶是本对天理体悟的过度或者达不到导致的。因此，在对恶的处理方式上，二程倾向于使用教化作用的礼的一面，而非惩戒作用的刑的一面。因礼是符合天理而定的，而礼又是体恤人情的，故而在礼的教化中会有人性关怀的闪光点。

在礼的人性关怀下，人会从一开始的被动约束慢慢转向主动遵循，体悟天理，将"过"与"不及"纠正为中和，在与天理的契合过程中，是社会也变得和谐友善，政治更加清明从理，这种理想诉求，并非是出于功利目的，而是拔高到了人性超脱层面的。

然而，完全意义上的道德政治是理想化的，仅依靠公序良俗进行社会治理的手段显然是不够的。儒家虽然提倡礼治，但从没有忽视过法治存在的实在性和作用。孔子曰："政宽则民慢，慢则纠之以猛。猛则民残，残则施之以宽。宽以济猛，猛以济宽。"③宽仁的政治社会环境，久而久之会引发民众思想懈怠，产生恶行，败坏社会风气，这时候就要用猛烈的举措纠正这种倾颓的状况。总而言之，如果手段太猛烈，会对民众造成残暴的后果；如果手段太宽仁，又会使民众松散懈怠。因此，要综合两种手段，互相调剂。孔子所说的宽政对应礼乐文明道德政治，猛政对应法治文明严刑明律。到了宋代，理学家对法治在政治生活中的重要性有了更为深刻的理解，给出了礼法并用的现实路径。

朱熹说，"凡为政，须先善法"，这就把法的地位提高到政治的先决条件的高度上了。黄榦也说"法者，道之用也"，而在朱熹对"道"的理解上，"理"对应着"道"，"理不变道亦不变"，认为"天只是以生为道"④，引"生

---

① （清）孙奇逢：《理学宗传》，山东友谊出版社1989年版，第498页。
② （宋）黎靖德：《朱子语类》卷95，中华书局1986年版，第2486—2487页。
③ （唐）孔颖达：《左传注疏》，上海古籍出版社2017年版，第1002页。
④ （清）莫友芝：《十先生中庸集解》卷上，中华书局2017年版，第40页。

生之谓易"去解释"是天所以为道也",①阐明天、易、理、道的一贯性,把法更是拔高到了"理之用"的高度。

虽然朱熹认为善法是为政之先,但是也赞同孔子"不教而杀谓之虐"的理论。因为在法先王的理想道德政治的蓝图中,人性可以通过教化解除后天的蒙蔽,从而引导人民秉持起道德自律的能力。但二程并不是完全的理想主义者,他们也看到了在现实社会中"人之情各有所蔽"的情形,显然在现实中期望"教"之后就能"齐众"的理论无法实现。因此,程朱学派理学家们实事求是地提出"修刑罚以齐众,明教化以善俗"②的看法。内圣外王的君主,在治理国家时,会兼用刑罚和教化,并且二者是相辅相成的。"刑罚立则教化行矣,教化行而刑措矣"③。并且总结道:"虽曰尚德而不尚刑,顾岂偏废哉?"④虽然圣王之治是崇尚道德教化不崇尚刑罚法律的,但是又怎么能因此而在实际治理中对法律有所废弛呢?于是,为了解决如何不"偏废"的问题,程朱理学家们提出了三点在各种情况下如何论刑的主张。

第一,在论刑的大前提下,二程认为只有教化不能的人,才可以用刑去纠正其人的行为。何为教化不能的人?程颐给出的定义是"蒙",即用周易"蒙卦"的义理去形容适合论刑之人。真德秀在《大学衍义》中引程颐对"蒙卦"的阐释"发下民之蒙"时,应当理解下层民众是蒙昧无知的,所以需要"明刑禁以示之,使之知畏",有了刑禁的震慑后,才能施以礼教,"从而教导之"⑤。所以说,论刑是为了"发蒙",让蒙昧的人有所敬畏,有了敬畏之心,接下来就可以进行礼仪教化了,这既符合不使德行偏废的理想,最终回归教化,也不违背尚德不尚刑的原则。

---

① (宋)朱熹:《晦庵先生朱文公文集》卷2《中华再造善本:唐宋编集部》,北京图书馆出版社2006年版,第67页。

② 北京大学《儒藏》编纂中心编《性理大全书》卷66《治道一》,北京大学出版社2018年版,第4276页。

③ 同②。

④ 同②。

⑤ (宋)真德秀:《大学衍义》,朱人求校,华东师范大学出版社2010年版,第39页。

第二，在论刑的轻重严宽上，程朱理学家提倡以具体的行为量刑，而非一概而论，即"始罪小而刑轻"。面对初次犯罪，罪行不严重的人，应该从轻发落"人有小过，校而灭其趾，则当惩惧，不敢进于恶矣"①，当罪人的罪行微小时，施以砍掉小脚趾的刑罚即可，应当以惩戒为辅，以使其惧怕为主，这样就让罪人们避免滑入更深的罪恶泥潭；但面对屡教不改，罪行恶劣的"刚强之人"，就必须深通恶绝，"故致灭鼻而无咎也"②，即施以砍掉鼻子这样的酷刑。这里程颐还补充道，这虽然看起来很残忍，但这种面对不同罪过的人的惩戒手段不同，恰恰是中正之道的体现，用小刑去惩罚有小罪的人，以严刑惩罚屡教不改的人，这并不是不道义的行为。

第三，在论刑的格局上，程朱学派理学家们，乃至在包含遍覆整个儒学发展的长河中，论刑从来就不仅仅是为了论刑，而是通过刑罚的惩戒作用辅以治理天下的。儒家善于总结历史的经验教训，对国家的治理提出宏远的目标。先秦时，子张问孔子"十世可知也？"，孔子回答"虽百世，可知也"。二程亦有对待历史发展的长远目光。就论刑来说，真德秀引"刑罚虽严，可警于一时"③，认为刑罚对于社会治理的作用其实仅能稳定一时，为了延续朝代的发展和社会稳定，一方面要对既有刑罚进行调整，另一方面要明确治理的主次方式和目标。在法先王的原则下故有云"先王制其本者，天理也；后王流于末者，人欲也"④，又引"天下之害，皆以远本而末胜也"⑤。因此，程朱理学家论刑的目标就是"正本"，维系天理而节制人欲。在人欲放纵下，人会逐其末而犯罪行恶，刑的作用就是对这些人给予惩戒，将他们引导回天理范畴，再施以教化。

综上所述，理学法思想中的刑由法而来，一定是和礼相互支持调剂的，是天理论下的治世方式，这体现出理学家对礼法并用中法的认知格局之大。

---

① （清）沈家本：《历代刑法考》，商务印书馆2011年版，第143页。
② 刘大钧：《周易折中》，巴蜀书社2010年版，第162页。
③ （宋）真德秀：《大学衍义》，朱人求校，华东师范大学出版社2010年版，第164页。
④ （宋）朱熹：《近思录》卷1，上海古籍出版社2023年版，第3页。
⑤ （宋）杨时辑：《二程粹言》，中华书局2004年版，第3页。

（二）礼法并用的"权力"

论至此，对礼法并用所回答的前两个问题："秩序"和"规范"都做了详细阐述，接下来回答最后一个问题"权力"。这里的权力，一方面指"天命之权力"，即礼法并用的受助对象——人的自然禀赋的"生命"权力；另一方面指"气质之权力"，即人在人类社会中的"生活"权力。两种权力的解释，实际上是对理在世间的两种展开路径的阐释。

从"生命"权力而言：理展为性，性现为仁。礼法和心性很难分开说，事实上理欲之争已经涉及了心性。理展现为人世生活的秩序就是礼，理展现为人对和谐的追求、协调本能，对秩序的设计、履践潜力就叫性。理学家以仁为善，以善释性。从这个意义上来讲，仁是本体意的，具体的存在没有不仁的，或者说理没有不善的。宋明理学的总体思路便是对仁善的体认和发扬。

一方面，人具有差不多的禀赋，破坏良序必然危害到集体安全，也就必然引起集体自卫，于是有了礼、刑。另一方面，推仁为礼又不仅仅是为了现实的功利，它给行为主体以成圣成贤的肯定。建立秩序的外在行为与成圣成贤的内在超越在此成为一个问题的两个方面，即内圣外王。

从"生活"权力而言：可分为内外两个方面，在内为人性的展开，在外为生活秩序的展开，简言之，外礼内仁。程朱将礼、法、礼乐等同于天理，说礼法是天理，是指礼法是宇宙根本秩序的人间体现者，说乐只是一个和，是强调秩序里面必然包含着和谐。礼法是人类生活规律的制度化、规范化展开，它的内容不是人任性的规定，而是自然法则在人世的落实，有不得不如此的客观性。这样，理就由形式意义上的理过渡到客观规律意义上的礼，又过渡到呈现为具体内容的礼法。

无论"生命"还是"生活"，其代表的天理在世间的最高体现应为社会和谐。社会和谐是通过人的活动来完成的。而和谐还是冲突被程朱理学家在根源上归为"理欲之争"，在行为上归为"克己复礼"。个体欲望的肆张会与其他个体及群体乃至自然环境产生冲突，于是斗争和灾难随之而来。

程朱学派的理学家们所言之"人欲",并非人的自然欲望,自然欲望本身是自然属性的体现,是天理关注与人的呈现,"天命之谓性",这样的自然欲望与其称之为"人欲",更可称之为"人性";而真正的人的私欲,是将自我放纵于社会负面引导之中的堕落行为,这才是存天理灭人欲之人欲。因此,伦理道德的功用就是让人约束自我,克制私欲,维持本我范畴的和谐。

对克己复礼之认识,朱熹从对孔孟之相关论述阐发出两段理解。

朱熹认为,孔子所谈的"克己复礼",就是《中庸》中的"致中和""尊德性""道问学";《尚书》中的"惟精惟一,允执厥中";《大学》中的"明明德"。克己复礼,就是要克服不正的欲望,回归中和,从而明德、问道。

此理既明,则不务立论,而所言无非义理之言,不务立行,而所行无非义理之实,无有初无此理,而姑为此言,以救时俗之弊者。①

又:

孟子更说甚性善于浩然之气,孔子便全不说,便是怕人有走作,叫人克己复礼。到克尽己私复还天理处,自是实见得,这个道理便是贴实底,圣贤他只是恁地了便是圣贤,然无这般癫狂底,圣贤圣人说克己复礼便是真实下工夫。一日克己复礼施之于一家,则一家归其仁;施之一乡,则一乡归其仁;施之天下,则天下归其仁。②

由上述材料可见,朱熹对克己复礼的理解虽然倾向于个人的日常行为规范,倾向于对概念的解释,但落在治理实践之中,还是要在制度建设上得以呈现,"复礼"中仍然包含着强烈的秩序建设冲动,这种秩序建设,最终落在了对礼与法的关系构建中。

礼法并用之谓,通过对秩序、规范、权力问题的解释,落在克己复礼的理欲之争中,进而在"争"的实践中将其间贯彻的天理发散到每一个参

---

① (宋)朱熹:《晦庵先生朱文公文集》卷36《中华再造善本:唐宋编集部》,北京图书馆出版社2006年版,第2260页。

② (宋)黎靖德:《朱子语类》卷124《中华再造善本:唐宋编集部》,北京图书馆出版社2006年版,第5665—5666页。

与的个体内,再从个体到群体,做到制度上的统一,以达到对天理的回归,也是个人价值在社会活动中得以实现的路径。

综上所述,礼是具有差异性的义务性规范,礼所构建出的尊卑、长幼的等级序列并非从外部强制执行的,而是自内部得以自律的。"礼"与"理"的结合,使法从"一准乎理"扩展为"一准乎礼"。在礼与法的结合中,礼的约束力可以借助"刑罚"得以强制执行,而"刑法"的运行又能获得礼的原则指导。民众在认同礼的同时,也就认同了法,再进一步将伦理与政治相结合,让"事父"的伦理秩序和"忠君"的法律约束同质化,构建起了伦理法的统治秩序。

理学的诉讼观：
程朱学派法思想体系中之司法学

04
第四章

现代司法学是指根据诉讼观对司法现实产生具体指导的原理和方法。借鉴于此，程朱学派的司法学，是以传统儒家的"无讼"理想为指导司法的最高标准，在司法审判中蕴含着"义理"精神，并且在量刑定罪中提倡"慎刑"的原则。

一 "无讼"理想

"无讼"是儒家的诉讼理想，这导致了许多学者因此产生了儒家没有关于法的思想的错误观点。然而，"情，犹实也。无实者多虚诞之辞。圣人之听讼，与人同耳，必使民无实者，不敢尽其辞，大畏其心志，使诚其意不敢讼"[①]。儒家不反对法律审判诉讼，儒家认为有诉讼之争，就是因为缺少道德教化，只要人人都能静心诚意，公理自明，争讼也就不存在了，这才是对儒家息讼、无讼观点的正确理解，而非儒家没有法思想。程朱学派理学家承孔孟之道统，在诉讼观上同样秉持着一脉相承的态度。

（一）理学家的诉讼态度

从"无讼"入手，程朱学派理学家认为，无讼在社会治理的实践中包含两层要义：一层是自理想上营造出诉讼不存在的社会存在，另一层是自

[①] （宋）邢昺：《论语正义》，上海书店1986年版，第249页。

第四章 理学的诉讼观：程朱学派法思想体系中之司法学

现实中消灭已经存在了的诉讼行为。因此，"讼"的客观存在性为理学家所认同，需要通过道德的教化来使人们自觉不引发诉讼。

谈及法思想，自然离不开对诉讼的认识。虽然说儒家有着息讼无讼的美好愿景，但儒家是承认诉讼的合理性的。孔子说，"听讼，吾犹人也，必也使无讼乎"。孔子确乎不反对法层面的诉讼审理，但是孔子的终极目标是消除诉讼，而消除诉讼的根源在于消除争讼。朱熹通过对孔子"听讼，吾犹人也"的阐释表达了自己对讼的看法。

子曰："听讼，吾犹人也，必也使无讼乎？"朱熹对此阐释道："犹人，不异于人也。情，实也。"朱熹认为，孔子之所以对听讼持开明态度，是因为孔子作为圣人，能够明辨实情，使虚言诡辩之人"不敢尽其虚诞之辞"，如果听讼之人都能够辨别实情，明晰德礼，那么民众自然为之"畏服"，久而久之"讼不待听而自无"，也就达到了息讼的目的，达成无讼的理想目标了。因此，要明白这句话的本末——"必也使无讼"是本，"听讼"是末。①

朱熹进而阐释道，虽然"必也使无讼"是本，但这都是基于圣人"德盛仁熟"，所明之理皆是"极天下之至善"，因此得以使民众畏服而"不敢尽其无实之辞"，所以达到"无讼"的核心还是圣人"德性仁义"之高尚操守，对天理的明晰，当下如果仅仅以无讼的追求去效仿圣人对"分争辩讼"的执着和执行，以期当下的民众也能因此而趋于无讼，则"亦末矣"。②因此，朱熹认为，诉讼得以兴起的根源还是在于未能"明德"，未能"至善"，其落脚点应放在司法者的德行修养上。因此，当朱熹身为司法者时，就致力于"兴文教，厚风俗"的社会风化，在其所撰写的各篇晓谕、榜文中，都不难捕捉到朱熹将诉讼当成社会风化是否和谐，民风民俗是否朴实的衡量标准的踪迹。

在《知南康榜文》中，朱熹谈道："使之宣明教化，宽恤民力"的根

---

① （宋）朱熹：《四书章句集注》，中华书局2012年版，第1859页。
② （宋）朱熹：《晦庵先生朱文公文集》卷15《中华再造善本：唐宋编集部》，北京图书馆出版社2006年版，第687页。

本目的在于"民淳俗厚""廷少争讼""狱少系囚",通过这一现象,就"足见其风俗之美"。当民众逐渐减少争讼后,也就得以昌明教化,修行"孝、悌、忠、信"之美德:就个人而言,要"入以事其父兄,出以事其长上";就集体而言,要敦厚亲族、和睦乡邻,在社会生活中做到有无相通、患难相恤,这样其风俗之美就"不愧古人"了。①

在《晓谕兄弟争财产事》中,朱熹亦有云"先王制礼,后王立法",都是应当"顺之而不敢违"的。兄弟争财产事,有违礼教。《孝经》有云"凡为人子,不蓄私财",父母尚在之时,于情理是"非自己所能专有"的,于法理是"别籍异财之禁"的。与"兄弟争财产事"相关的刘琚兄弟和陈由仁兄弟,都是"母亲在堂"而擅自分割家产,进而"争论到官",对礼教风俗的破坏简直"殊骇闻听"。应当对这两对兄弟晓之以理、动之以情,让他们"依旧同居",共同"上奉母亲,下率弟侄,协力家务",以呼应"天子敦厚风俗之意"。②

在《漳州晓谕词讼榜》中,朱熹也说:

其间官吏违法扰民事理彰著者即已遵依送狱根治……其余词状亦有只是一时争竞……此邦之俗旧称醇厚……所以感发其善心者……实善良被扰已不胜言……审得见实情予夺之间不至差误……追怀旧俗之本志也……。③

从上述三则榜文可见,朱熹针对地方治理中的狱讼,对于已经进入司法审判程序的,就依照理法审判力求狱清讼明;对于尚未进入审判程序的,就极力强调地方本有的"醇厚风俗之美",同时宣扬"天子敦厚风俗之意",增进民众对统治者的认同,进而达到自觉遵守道德秩序和法律规定,达到无讼的理想状态。

---

① (宋)朱熹:《晦庵先生朱文公文集》卷99《中华再造善本:唐宋编集部》,北京图书馆出版社2006年版,第6997页。

② 同上书,第7007页。

③ (宋)朱熹:《晦庵先生朱文公文集》卷100《中华再造善本:唐宋编集部》,北京图书馆出版社2006年版,第7055—7057页。

（二）理学家的诉讼原则

正如前文所言，无讼的理想，一方面落在杜绝讼的发生层面，另一方面则落在既有之讼的解决层面，也就是息讼。程朱学派理学家在法实践领域仍然不遗余力地做着由息讼到无讼的努力。针对既有的诉讼现实，程朱学派理学家提出了公正、公平的诉讼原则。朱熹对此有着详细的阐发。

从行政治理的公正来看，朱熹认为"公"是一以贯之的为官之道，无论职位的高低、权力的大小，在处事之中都得秉持一个"公"字。如果处事以公为原则，这官便"做得来也精采"，即使是身为小官，也能让民众"望风畏服"；如果处事不公，即使处在宰辅之位，也会落得个"没下梢"的结果。①可见朱熹赞同人民对于官员行政裁决的认可，并不取决于官职高低，而是是否秉公执法。

对于秉公执法，朱熹也有解释："当赏则赏之，当罚则罚之，当生则生之，当死则死之，怨无与焉。不说自家与它有怨，便增损于其间，问如此所以，怨有不雠，德无不报。"②秉公执法，就是要对案情根据实际情况，赏罚得当，不能因为私情的恩怨而做出违背公法的审判。

从公平的原则来看，朱熹认为，具体实践中，为了防止执法官员的奉公执法会因为亲属友邻关系有所顾虑时，那就应当更换执法人员，朱熹以税官举例：当税官遇到"父兄宗族舟船过"，不能因为私情而"直拨放去"，而是应该禀告上级州府，请另派遣其他的官员进行税检，又曰"临事须是分毫莫放过，如某当官，或有一相识亲戚之类，如此越用分明，不肯放过"③，体现了在公法原则遇到亲情牵绊时互相回避的灵活处理。

由朱熹在对"公"的详细阐述可见，公正之心是贯彻在执法官的处事之中的应有之要，贯彻之义，司法官员若摒弃了公正之心，那就无法客观地明辨是非，因此朱熹一再强调在审问过程中的尊重事实，脚踏实地，动有所据的原则。

---

① （宋）黎靖德：《朱子语类》卷112，中华书局2007年版，第5167页。
② （宋）黎靖德：《朱子语类》卷44，中华书局2007年版，第2190页。
③ （宋）黎靖德：《朱子语类》卷112，中华书局2007年版，第5171页。

（三）对"是非"的把握

诉讼的践行把握，就是对所谓"惟其是而已"的理解，朱熹在言及践行时曾有所发挥：

困厄有重轻，力量有大小。若能一日十二时辰检点自己，念虑动作，都是合宜，仰不愧，俯不怍，如此而不幸填沟壑，丧躯殒命，有不暇恤，只成就一个是处。如此，则方寸之间全是天理，虽遇大困厄，有致命遂志而已，亦不知有人之是非向背，惟其是而已。①

在朱熹看来，一个合格的君子必须时刻以"天理"为标准检点自己，在实践当中不该以困厄利害为念，而应"惟其是而已"。此言本是面向普遍道德实践而作的言说，但结合前文的叙述可以推断，这背后实际有朱熹谴责将"非"以作"是"、追问"天下之真是"的诉讼思考和现实诉求。

对于"是非"这个概念，朱熹在诉讼的向善和求真两个维度上分别进行了探索。他说，"若事物之来，当辨别一个是非"②，这就是普遍地要求辨别外物之实虚真假，人事之正邪善恶。那么，从知性求真的方法来说，怎么才能辨别真假善恶呢？朱熹认为，关键是格物、致知、穷理。他说，"'格物'二字最好。物，谓事物也。须穷极事物之理到尽处，便有一个是，一个非，是底便行，非底便不行。凡自家身心上，皆须体验得一个是非"③。这就是强调价值向善需要靠知性求真作为基础，求真"是"的关键乃是求真"理"。但从宏观上来看，他明辨是非的终极目标是向善。如有人提问道："致知莫只是致察否？"朱熹答："如读书而求其义，处事而求其当，接物存心察其是非、邪正，皆是也。"④从价值向善的角度来说，朱熹认为在诉讼中是非善恶的标准在于天理、义理、德礼。如他说，

日用之间，礼者便是，非礼者便不是。⑤

---

① （宋）黎靖德：《朱子语类》卷13，中华书局2007年版，第530页。
② （宋）黎靖德：《朱子语类》卷12，中华书局2007年版，第483页。
③ （宋）黎靖德：《朱子语类》卷15，中华书局2007年版，第610页。
④ 同上书，第608页。
⑤ （宋）黎靖德：《朱子语类》卷83，中华书局2007年版，第4062页。

第四章 理学的诉讼观：程朱学派法思想体系中之司法学

又说：

一言一语，一动一作，一坐一立，一饮一食，都有是非。是底便是天理，非底便是人欲。①

盖天下只有一理，此是即彼非，此非即彼是，不容并立。②

合于义理者为是，不合于义理者为非。③

在此语境下，求善"是"也就意味着求善"理"。

朱熹曾说，"夫天下之理，惟其是而已"。可见，朱熹把"是"字与"理"字对应了起来，从而将寄托在"惟其是"话语上的求真（实然）、向善（应然）两种主观诉求都转化成了"格物穷理"的认知实践活动。他在诠释"格物""致知""穷理"时指出，"致者，推致之谓，如'丧致乎哀而止'，言推之而至于尽也。至于天下之物，则必各有所以然之故，与其所当然之则，所谓理也，人莫不知，而或不能使其精粗隐显，究极无余，则理所未穷，知必有蔽，虽欲勉强以致之，亦不可得而致矣。故致知之道，在乎即事观理，以格夫物"。④这就明确地把所要穷究之"理"分析为"所以然之故"与"所当然之则"，前者指向事物的真实情况、因果关系，后者指向人应该遵循的规范、理则。陈来先生由此认为，"在朱熹的体系中，真善一致，格物穷理既是明善的基本途径，也是求知的根本方法"⑤。这是极有见地的论断，且早已成为哲学史学界的共识。

然而，很少有人注意到朱熹"求是""穷理"思想与其司法原则、裁判方法之间的关联性。后文所列举的，程朱理学家寄托在"事情"维度上的"求事之实"诉求，以及由此而发展的狱情考证方法，很大程度上源于朱熹"格物穷理"思想的影响，其理路即朱熹所谓穷究"所以然之故"。程朱理学家寄托在"理法"维度上的正义良善诉求和思维方式，同样可以视为受

---

① （宋）黎靖德：《朱子语类》卷83，中华书局2007年版，第4062页。

② 同①。

③ 同①。

④ （宋）朱熹：《晦庵先生朱文公文集》卷15《中华再造善本·唐宋编集部》，北京图书馆出版社2006年版，第852页。

⑤ 陈来：《中国近世思想史研究》，商务印书馆2003年版，第167页。

到朱熹穷究"所当然之则"的影响。在朱熹的思想体系中，是非善恶的标准在于"天理"、"义理"，而"法"（国家律令）与"理"（儒经礼义）一样，都是"天理""流行"之产物。正因如此，"法"与"理"在朱熹看来都是"所当然之则"。故朱熹有言："大率天下事循理守法，平心处之，便是正当。""正当"者即良善也。从诉讼逻辑上讲，这是可以顺理成章加以断定的。

二 "义理"决狱

"义理"决狱的核心意义类似于汉代的"春秋决狱"，都是在刑狱之中体现儒家道理。在程朱学派理学家看来，"义理"即理学之教化。因此，程朱学派法思想之"义理"决狱就是把教化寓于刑狱之中，刑狱之准则在于教化之理，强调天理的最高性原则，这符合理学对于"天理"概念的诠释。又因"天理"指导下之国家社会存在着纲常伦理的秩序，因此在刑狱审判之中要践行纲常伦理下的长幼亲疏、尊卑之别。

（一）以义理观为指导

义理观是指导"义理"决狱的思想，在面对具体的司法实践时，如何使正确处理诉讼审判中的贯彻逻辑，分清本末主次，达成程朱理学法思想中"义理"决狱对诉讼实际的正确使用，是义理观所要明确的。为此，朱熹将义理观的内涵分作四点阐述：

第一，在进行诉讼裁决之前，首先要对诉讼双方的地位进行"定分"。这里的地位即程朱理学纲常伦理下的长幼、亲疏、上下、尊卑上的分别，将这一人伦关系作为诉讼程序开展的参考要素。正如朱熹所言，"凡听五刑之讼"，必先"原父子之亲，立君臣之义"，以此权衡参考，然后才可以论"轻重之序"，测"浅深之量"。具体而言，先确定长幼、亲疏、上下、尊卑之后，再"听其曲直之辞"。[①] 如果所讼告之人有"以卑犯尊""以下犯上"

[①] （宋）朱熹：《晦庵先生朱文公文集》卷14《中华再造善本：唐宋编集部》，北京图书馆出版社2006年版，第785页。

第四章 理学的诉讼观：程朱学派法思想体系中之司法学

之举，那么"虽直不佑"；如果情节本就不直，就要加重处罚，"罪加凡人之坐"；在刑事犯罪上，即使其杀人行为是由无辜的动机导致的，主观上可以"虑其可怜"，但在裁决中"不准辄用拟贷之例"。①

第二，以"义理"贯彻"天理"，打破了司法审判的程序原则，用"义理"的"原父子之亲、立君臣之义"代替了司法勘验和事实判断，使"义理"展现出"天理"的先验论的一面，也就是程朱理学家认为，只要违理就可以直接处罚。正如朱熹在对南康军著名的"阿梁之狱"一案的看法中所展现的。由于"阿梁之狱"的事实情节一直纷乱复杂，依律应当"再行推鞫"。但是在朱熹看来，不必进行推鞫，只要"其所通情理亦不可恕……然后可杀也"。朱熹的看法是依据"义理"的，由于阿梁所犯罪行罪大恶极，是"理之所不容……自合诛死"的，因此通过"义理"裁决后，不需要进行司法程序就可以量刑定罪。②从这个角度而言，"义理"决狱替代了司法审判。

第三，除了狱讼裁决之前的判断性、替代司法程序的先验性外，"义理"决狱还是司法程序执行中用于判断事情的根本标准。例如在"其父身死，妻辄弃背与人私通而败其家"条中，朱熹认为，对于继母与人私通败坏家业的事实行为，真伪于"义理"既定，应当严惩，不然"其父得不含冤于地下"。③

第四，司法程序的最后一条是量刑定罪，即在刑罚的执行标准上、程朱理学家在注重法条参考中，同样认为应当参考义理所权变之"八议"。"八议"是对刑罚的权变，一方面作为刑罚，是"缘人之情以制法"，应然具有"义理"之意；另一方面作为权者，也不外乎"亲亲贵贵之大径"。④因而当"八议"为量刑定罪之参考，实为"义理"决狱在司法程序的最后一步中的体现。

朱熹曾有言："天下事最大而不可轻者，无过于兵、刑。"朱熹认为司

---

① （宋）朱熹：《晦庵先生朱文公文集》卷14《中华再造善本：唐宋编集部》，北京图书馆出版社2006年版，第785—786页。
② （宋）朱熹：《晦庵先生朱文公文集》卷20《中华再造善本：唐宋编集部》，北京图书馆出版社2006年版，第1232页。
③ （宋）黎靖德：《朱子语类》卷106，中华书局2007年版，第4988页。
④ （宋）朱熹：《晦庵先生朱文公文集》卷40，北京图书馆出版社2006年版，第2662页。

法审判是和兵戎相当的重要事情，兵戎用于外，刑罚用于内，强调了司法的重要性；朱熹又说"狱讼……其情伪难通"，由于诉讼双方基于本方主观倾向性的讼词，加之每一具体案件的复杂性各异，因此很难辨别其情理真伪，强调了司法的困难性。在此觉悟下，朱熹引"酷吏治狱"，列举西汉的郅都、张汤与唐代的来俊臣、周兴进行对比，认为来、周二人只是"舞文弄法"，突出权力上的放纵，是不可学习的；而郅、张二人，名为"酷吏"，实则具有细究事实、重视证据的严谨精神，朱熹希望司法者可以学习其中"义理"，秉持"鞫狱求实"的原则。

作为程朱理学的再传弟子，真德秀坚持"尤当以正名分，厚风俗为主"①的听讼原则，认同刑罚与"义理"相结合的"义理"决狱的重要性。真德秀的《咨目呈两通判及职曹官》是《名公书判清明集》的纲领，真德秀在其文中以"十害"劝诫同僚，其中有一条就是针对司法官在听讼时的"听讼不审"的劝诫。真德秀指出，诉讼状告之事情原委，"有实有虚"，如果仅凭讼告者的一面之词而听之不审，则容易受其主观引导，"实者反虚，虚者反实矣"，司法官一定要在审判时仔细勘验事实，辨别状词中的虚实真伪。无独有偶，真德秀在《谕州县官僚》中同样有对司法官的劝诫，司法官不能"以己私而拂公理"，也不能"公法以徇私情"。②诚然，"人情"同样是"循礼守法"的理学法思想在狱讼之中的参考要素，但"私情"不是，"私情"是具有强烈主观色彩的事实扭曲。因此，真德秀从事实认定和遵循理法两方面对司法原则进行了诠释，这是对朱熹理学法思想的传承。

真德秀在《谕州县官僚》中还提到：

律己以廉、抚民以仁、存心以公、莅事以勤……豪民巨室有所讼诉，志在求胜，不吝挥金，苟非好修自爱之士，未有不为所污染者，不思廉者士之美节，污者士之丑行……廉吏可珍可贵，孰有逾……己所不欲、勿施

---

① （宋）真德秀：《真西山先生集》卷40《丛书集成初编》，中华书局2011年版，第2390页。

② 中国社会科学院历史研究所宋辽金元史研究室点校：《名公书判清明集》卷1《官吏门》，中华书局2002年版，第21页。

第四章 理学的诉讼观：程朱学派法思想体系中之司法学

于人，其在圣门名之曰恕，强勉而行可以至仁，矧当斯民憔悴之时，抚摩爱育，尤不可缓，故愿同僚各以哀矜恻怛为心，而以残忍掊克为戒，则此邦之人其有瘳乎……①

真德秀认为，对于公事的处理在于官员，而公事的是非是有理可裁决的，对于惩戒的轻重是有法可依据的，因此在公事处理中，既不可以违背是非之理，也不能无视律令而徇私情。真德秀进而阐释道"不思是非之不可易者，天理也，轻重之不可逾者，国法也"，是非判断是天理的范畴，量罪定刑是国法的体现，如果颠倒是非就是违背天理，量刑不均就是罔顾国法。"居官临民而逆天理、违国法，于心安乎？"②

官员的治理施行要秉持以廉抚民、以仁存心、以公莅事的原则，理和法在实践中是相互补充的两个方面。"理"是明辨是非的出发点，也就是客观实在的对错；"法"是判断执行轻重的衡量标准，也就是国家机器运行中正义性的体现。

无独有偶，真德秀在《咨目呈两通判及职曹官》中也说：

为政之本，风化是先，潭之为俗，素以淳古称。比者经其田里，见其民朴且愿，犹有近古气象，则知昔人所称，良不为过。今欲因本俗迪之于善，已为文谕告，俾兴孝弟之行，而厚宗族邻里之恩，不幸有过许之自新，而毋狃于故习。若夫推此意而达之民，则令佐之责也……曰律己……曰公生明私意……谓十害曰断狱不公、听讼不审、淹延囚系、残酷用刑、泛滥追呼、招引告讦、告讦乃败、重叠催税、科罚取财、民间自二税合输之外，一毫不当妄取，今县、吏下乡、低价买物是也物同则价同……③

真德秀进一步补充道，理法之所以适用于刑律之中，是因为为政之本就是为了风化，为了弘扬公序良俗中的善意、孝行。想要达到这一目

---

① 中国社会科学院历史研究所宋辽金元史研究室点校：《名公书判清明集》卷1《官吏门》，中华书局2002年版，第19页。

② （宋）真德秀：《真西山先生集》卷40《丛书集成初编》，中华书局2011年版，第2423页。

③ 中国社会科学院历史研究所宋辽金元史研究室点校：《名公书判清明集》卷1《官吏门》，中华书局2002年版，第13—19页。

103

的，则需要治理者以律己、公私分明为责任，杜绝十害，以身作则，教化民众。

程朱理学家将纲常伦理作为司法之中曲直是非判断的最核心原则，即"义理之所当否"①，虽然对于情节的勘验、诉讼人的利益诉求有着一定的约束作用。但是我们也应该认识到："义理"是一以贯之的准则，虽然在社会的上层、下层，因身份和位置的不同有着上下之分、尊卑之别，但其运用是一视同仁的，当"义理"成为日常行为规范时，其约束性就有着实然的作用，并将之与司法审判相结合，也就是将社会运行中作为实然准则的义理，纳入国家意志中作为应然准则的法律中，二者的强制性是不谋而合的。将"义理"在执行面上升为与国法同样具有执行力度、不可侵犯性、诉讼参考标准的地位，是程朱学派司法学上的创造。

（二）决狱中的"理"与"法"

在朱熹看来："若人心不许舜弃天下而去，则便是天也。皋陶亦安能违天！"

人心是圣人为治的"底道理"，在理与法的考察中，同样也是人心底的问题。只有"合下有如此底心"，理与法才可以发挥"为是权制"的作用。当今之治，如果"合下无如此底心"，即使最初是"从权制去"，也只是一时权宜，不可为长久治道。②

朱熹还引《论语·子罕》篇"可与共学，未可与适道；可与适道，未可与立；可与立，未可与权"解释"权"的含义。权是自"共学""适道""立身"发展到最高阶段的表现，只有学得道理，引入正道，得以立身处世，最后才能"权变"。所以"权"和"经"不是相悖的，"权"是对"经"的理解贯彻后的体现。朱熹又引程颐"自汉以下，无人识权字"，表达了自汉以下，儒者以"反经合道"解释权，导致了对"权变"的错误阐

---

① （宋）朱熹：《晦庵先生朱文公文集》卷38《中华再造善本：唐宋编集部》，北京图书馆出版社2006年版，第2419页。

② （宋）黎靖德：《朱子语类》卷60，中华书局2007年版，第2763页。

发的感慨。①

朱熹的言论包含三层含义。

第一，当"理"指向纲常人伦时，理的主要含义为道德礼义，而"法"就对应着国家制定的政令刑律。这是"理"与"法"的基础关系。

第二，从思辨的角度而言，"理"与"法"之间又有不同的意义。从天理的本体论以及"理一分殊"的逻辑来看，"理""法"皆理，"理""法"都是天理在人类社会的具体呈现形式，只不过形式不同，内涵一致。从现实功用的角度而言，"理""法"皆法，无论是道德教化还是刑律威慑，其目的都是起到维持秩序的作用，秩序维系指向的规范性是"法"之内涵。

第三，遵守理法，从规范性的角度而言，是基于国家机器的管理而言具有强制性的；从正当性的角度而言，基于天理的最高准则而言是具有普适性的。因此，人类社会对于正当利益的维护和对正义的诉求都要围绕理法展开。

由此得出对应的三条原则。

第一，理是天理之理，是法之本源所在，此时的法偏向道德属性，是理的一种表示形式，是理在国家机器执行中的规范性表现。

第二，虽然从体用上讲，理是体，必要的时候可以以理为主，但是程序正义是以法为核心的，因此在权变中要秉持二者，防止出现权变的滥用。

第三，当认可以理为主，是对程序正义的一种权变，那也就意味着承认了程序正义中法的恒常作用。因此，守法、尊法才是日常审判中的规范性准则，于法中求理的合理性，是由现实的需求不违背法的规范才得以展开的。

所谓经权者，经是常在之原则，权是变化之需求。就理法之视域而言，双方并非对立关系，而是基于现实需求的巧妙耦合。

---

① （宋）黎靖德：《朱子语类》卷60，中华书局2007年版，第2743页。

综上所述，朱熹详细阐发的关于理法的体系与关系，在本体论层面具有同样的属性；在形而上层面是以理为主的；在现实功用中以法为恒常规范，但又可以根据需求而权变求理。因此，在理学家的法实践中，充斥着因现实需求而基于法之程序正义的理的审判，即"义理"决狱。

"义理"决狱的最适用场域为涉及人伦关系的诉讼。朱熹认为"刑罚以正孝为本"，孝是人伦之大义，在涉及孝义的诉讼中要以孝义的复归为目标。当亲属双方对诉公堂之时，孝之大义、大节就已经处在崩溃的边缘，再加上伦理之争讼本就难以言情，稍有不慎，就会成为大节崩坏之助力，起到了推动社会秩序离散的反作用。如果将义理关注于诉讼之中，以义理之大节全伦理之大义，晓之以理、动之以情，以教化的形式缓和人伦中的矛盾，既能消弭矛盾，以全人伦，更能在社会上弘扬起尊理守法的正能量。

基于对人伦大节的成全和对纲常秩序的维系，程朱学派的理学家是反对亲属之间的对诉公堂的。就如胡颖曾言，"兄弟，天之所生一失之余，不可复得"。但是，现实中这种情况时有发生，不得不处理。既然无法阻止既有事件的产生，就只能尽可能以"义理"处理亲属之间的诉讼，通过"晓之以理，动之以情"，激发出人性本善对于伦理的醒悟。同时，对未能醒悟之"恶徒"，理学家们主张施以严刑峻法，绝不姑息。当然，亲属间的诉讼还存在一种可能性，就是处于尊长位置的亲属成员有错在先，这种情况，"义理"的教化侧重于让尊长之辈明确自身的身份、位置以及所应担负起的维系伦理的责任，不可"为老不尊"。同时，也让这些长辈明白，无论对错，亲属之间诉诸公堂，是对整个血缘家族的伤害，引导长辈解决亲属家族内部纷争的自治角度思考，也是"息讼"的一种途径。由此可见，长幼失序是存在"长"失序和"幼"失序两种情况的，比附于尊卑之属亦然，"义理"决狱的指向则是共同的，即唤醒亲属对于伦理的觉悟，自觉承担起维护家族秩序的责任，人人觉悟，家家觉悟，争讼行为也就消弭于无形了，也就达到了朱熹所言的对待骨肉亲朋之间的诉讼，应当"喻以恩意，责以义理，反覆详尽"，以恳切的言辞引起内心的善性，从而自咎，使"闻者悔悟感泣，往往失其所争而去"①的理想诉讼处理状态。

（三）决狱中的"人心"与"人情"

"义理"决狱的同时要兼顾"人心"与"人情"。在程朱学派理学家看来，所谓的"人心"和"人情"，是对同一概念的不同表述，这涉及对法律进行变通的问题。法律得以产生、法条得以确立的最根本要素是指向其公正性的。由于社会现实处于不断变化中，对于公正需求的领域、事件也会不断变化，那么旧有的法律制度就无法满足现实需求，因此才需要进行改制和变革。又因为社会发展是人类社会的发展，因此提出公正性需求的最低个体为人，进而为人群、阶层。就两宋社会而言，最广泛地代表着对公正性需求的群体是士大夫和民众。

就这两个群体而言，士大夫阶层由于其接受教育的优势，所以具备比民众更高的法理素养，进而对于法律条文的修改就更具有需求性和执行力。基于公正性的法律条文修改有两层含义：一是由于历史原因，法在制定之初就没能很好地贯彻公正性，故而需要修改；二是由于社会存在的变化，法的公正性不能涵盖所有的新生社会问题，故而需要因循变革。不过，从执行的逻辑而言，肯定是先发现公正性的缺失，再进行法的修改，因此法的公正性肯定是在每个具体时间点存在缺失和滞后性的，那么在解决现实问题时遇到这些问题该如何解决呢？在朱熹看来，法对于现实问题的公正性的缺失和滞后可以靠人心去弥补。因为人心秉持之性是自天理灌注而来，由"理一"可知人心是可以连接"道心"的，天意是可以连接"人意"的。因此，"人情"、"人心"在理论上是具有决狱之功用的。但由于不同阶层的社会教化不同，对于理、法之理解不同，因此会存在矛盾冲突，这时就需要具体问题具体分析，在先秦儒家看来，就是出于礼、入于法，在程朱学派理学家看来，既要区别士大夫与普通民众，又要对二者进行分析。

从社会现实而言，士大夫对于民众在对理、法的学习和理解中确乎不

---

① （宋）朱熹：《晦庵先生朱文公文集》卷97《中华再造善本：唐宋编集部》，北京图书馆出版社2006年版，第6870页。

在同一个维度上。理学家所反对但又层出不穷的亲属间有悖人伦秩序的诉讼也往往出现在普通民众之间。而在案情分析上，理学家们也倾向于民众之间的亲属对诉，并非出自客观上的公正性追求，而是基于个人私欲而违背着纲常伦理。因此，在具体审判方面，从程序上是依法审判，依律判决，表达出对法之公正性的贯彻和维护；而在最终的判定上，还是以教化为主，不会完全依照法条定罪，这也就是对法在公正性上的缺失和滞后性的弥补。

因此，这种基于人伦教化的"义理"决狱，在定罪的标准上还是会以诉讼之人的动机和出发点来评判的，是基于人心的私欲、人性的扭曲，还是基于跳出亲属人伦的利益冲突。如果是前者，那就符合本节所讲的关于"人情""人心"的罪行论述，在这种情况下，审判所弥补的正是成文法在解决具体问题中对涉及"人情""人心"出发点的缺失。

具体而言，成文法所惩治的是人的行为，只要行为符合法条的书写，那么就会依法论罪；而理学家的"义理"决狱所判决的是"人情"、"人心"。冰冷的成文法条不会去考虑诉讼的目的，只会依据现实证据比附律令进行判断，但程朱学派的理学家们会凭借自身的理法素养去调节审判。此外，就公正性而言，法条本身只能体现刻板的公正性，就是保证诉讼程序的公正性；理学家的"义理"决狱则是保证伦理纲常的正义性，也就是为维系伦理纲常而努力。从这一角度而言，伦理纲常未尝不是理学家"义理"决狱的私心、私情。

既然出发点有私，那么实际上"义理"决狱和法条本身存在相同的缺陷，即对于社会存在的变化具有滞后性。封建社会之纲常伦理相对于社会的进步而言又何尝不是一种滞后？当然，这对于理学家而言也是一种学理上的"浪漫"。

基于这种"浪漫"的坚持，程朱学派的理学家们会依据"私情"对从法理层面需要严厉惩处的人伦案件从宽处理。比如对不孝案件的审判，若完全依据法条来审判，处于十恶之一的"不孝"行为会遭受极刑严惩，但是这种做法并不能使父母一方得利，因此还是以教化为主。

士大夫对待不孝尚且如此，面对其他亲属间的诉讼更是如此。因此在处理亲属人伦之间的诉讼时，体现出"义理"决狱的德行教化的"人情"对成文法条的公正性进行的温和弥补。

三 "慎刑"准绳

在儒家经典内，慎刑思想的基础可以追溯到《尚书》。《尚书·舜典》曾有语云："钦哉钦哉，惟刑之恤哉。"非但儒家如此，在中国古代其他学派思想中尊重生命、追求和谐社会的价值观念与慎刑思想亦有着紧密的联系。例如，在道家哲学中，强调"无为而治""慎终追远"的思想，倡导人们保持内心平静，遵从自然规律。这一思想在司法实践中也得以体现，即刑罚不宜过重，希望能通过教育和改造使罪犯重回社会。从法律制度到司法实践，从价值观到哲学思想，慎刑思想始终强调对罪犯的人道关怀和教育，追求刑罚与改造并重的目标。

（一）"慎刑"之义理

南宋以"钦恤"为用刑的所执目标，官方文书中常有提倡"钦恤"之举，阐发"慎刑"义理的言论。例如：

先圣立法明刑者非以为治，将以救衰乱之俗也。然世轻世重因时之弊，齐其非齐杀以止杀，故犯治则重犯乱则轻……至明烛理，盛德图新，总揽权纲，钦恤刑典，法网宜疏略使之易避，禁防宜高峻使之不越风俗，大化属于循吏，号令谨于反复，律文戒于摇动，凡有赦恩无失有罪……如是而推广，则天下之讼必清……其间情状轻重有绝相远者，使皆抵死，良亦可哀，若为从情轻之人别立刑……其间情理轻者，亦可复古徒流移乡之法……令州县考察士民有能孝悌力田为众所知者，给帖付身，偶有犯令情轻可恕者，特议恕罚……①

---

① （明）黄淮、（明）杨士奇编《历代名臣奏议》卷200《法令十一》，上海古籍出版社1989年版，第11047—11049页。

可见南宋"慎刑"之义理构建完备，先是以"先王之治"讲述刑罚的目的不倾向于和平年代的治理，而是为了衰乱年代的救弊。因此要秉持谨慎原则，"钦恤刑典"，以宽松的刑律治国，并且对于犯罪之人，根据其符合情理伦常的积极行为酌情轻判。

除了传世文献，亦有出土碑刻上记载了南宋对于慎刑的秉持，其中以《劝慎刑文》和《慎刑箴》最具代表性。

在《劝慎刑文》中阐述了"君子以明慎用刑而不留狱"的道理，并且指出"国家岁举恤刑之诏，赐天下长吏"，乃是"以恻隐之仁"教化万民，对于礼刑之间的关系秉持"道化之末而及于礼，礼防之末而及于刑，刑以辅政弗获已而用之也"的原则，从而呼应"违古圣钦哉之训"。

在《慎刑箴》中，更是引用《尚书·舜典》中的"钦哉钦哉，惟刑之恤哉"，具体阐释为"与其杀不辜，宁失不经，好生之德，洽于民心"，指出但凡"亲民莅政司刑典狱之官"，如果能做到"明慎深切"，则"仁德之政无出于此"，就能达到"本固邦宁"的治理目标。

（二）理学之"慎刑"

"慎刑"思想是程朱学派法思想中的重要组成部分。"慎刑"思想强调对刑罚的谨慎使用，注重对罪犯的人道关怀和教育，以期达到惩罚和改造并重的目标。这种思想体现了程朱理学中追求和谐社会的核心价值观念。

程朱理学家对于"慎刑"之思考，落在以伦理纲常的维系为目的，对礼法等级构建下。正如朱熹所言，"凡听五刑之讼，必原父子之亲、立君臣之义以权之"，[1] 故而"慎刑"是合理的，并且可以依据纲常伦理之原则进行"钦恤"。但是朱熹也看到了"如劫盗杀人者，人多为之求生，殊不念死者之为无辜"[2] 的"慎刑"现象是不合理的。因此，出于对"慎刑"现实的观察，朱熹认为当今司法官并没有正确理解"钦恤"之说，认为恤刑只是对应有的刑罚进行囫囵的钦恤，甚至于积极主动地寻找可以减轻刑罚的缘由，

---

[1] （明）戴铣：《朱子实纪》卷3《年谱》，中华书局1965年版，第122页。
[2] （宋）黎靖德：《朱子语类》卷110，中华书局2007年版，第5121页。

以此奏裁，这导致对刑罚程度、等级的减轻普遍而刻板，"当斩者配，当配者徒，当徒者杖，当杖者笞。是乃卖弄条贯，舞法而受赇者耳。非谓凡罪皆可以从轻，而凡功皆可以从重也"，律令中也对此予以支持，有着"法所不能决者，则俟奏裁"①的说法。

之所以在慎刑的原则下进行了违背伦理的错误审判，是因为"今人说轻刑者，只见所犯之人为可悯，而不知被伤之人尤可念也"②，所持立场不为中正，所做考虑不加周详。因此，"慎刑"要维持最基本的公平正义，"人命至重，官司何故斩之于市？盖为此人曾杀那人，不斩他，则那人之冤无以伸，这爱心便归在被杀者一边了。然古人'罪疑惟轻'，与其杀不辜，宁失不经，虽爱心只在被杀者一边，却又溢出这一边些子"③，否则就会产生"刑狱不当，轻重失宜，甚至涉于人伦风化之重者"④的消极负面影响。

具体而言，朱熹认为"慎刑"举措是否得当，有以下三方面的衡量标准：

首先，要赏善罚恶。朱熹对于刑罚是持支持态度的，在刑罚的量度上更是主张严格的标准。朱熹从天理的本体论范畴论证了刑罚和教化同样是为了存天理，同样是为了剔除气禀之下因分殊而产生的各种具体的恶端和恶性，仅仅是方法和手段有所区别。从朱熹对"宽""严"的倾向性而言，朱熹提倡根据具体的犯罪行为和恶劣影响性去判断所施刑罚惩戒的轻与重。这里的轻，也并非轻刑，而是恤刑的手段之一。正如前文所说，基于对圣人"不忍人之心"错误理解下施行的轻刑，是对受害者应获得正义执行的错位，极易产生广泛的消极影响。故而"允执厥中"之"中"，是朱熹所倡导的最理想的用刑状态，即赏罚适当，对罪者量刑而论，对无罪者不以滥刑相逼。⑤因此，"听讼"的目标就是达成这一理想的用刑状态。

---

① （宋）黎靖德：《朱子语类》卷110，中华书局2007年版，第5122页。

② 北京大学《儒藏》编纂中心编《性理大全书》卷63《治道四》，北京大学出版社2018年版，第4529—4530页。

③ （宋）黎靖德：《朱子语类》卷110，中华书局2007年版，第5123页。

④ （宋）朱熹：《晦庵先生朱文公文集》卷14《中华再造善本：唐宋编集部》，北京图书馆出版社2006年版，第787页。

⑤ （宋）黎靖德：《朱子语类》卷62，中华书局2007年版，第2877页。

其次，在考虑"慎刑"的时候，不能用简单的功罪相抵的判断标准。朱熹并不反对礼法等级构建下以伦理纲常的维系为目的，体现在量刑定罚中的"八议"原则。在朱熹看来"八议之说"之所以被提及，是因为即使是圣人为政，也不能面面俱到，也需要知人善用，因此在事情处理得"轻重缓末之间"，就有了普通人的裁决权，就需要"缘人之情以制法"，既然谈及人情就要厘清人之情所顾虑的范畴，因而"八议之说生焉"。朱熹同时提到，在进行"八议"之时，还有"功""罪"相议的情节，对此，朱熹反问："先有罪而后有功，不可以相掩，只是论其罪则不须论其功，论其功则不须论其罪否？"毕竟"虽是大节已失，毕竟他若有功时，只得道他是有功，始得。后既策名委质，只得死也，不可以后功掩前过"[①]。要分开独立审视。

最后，"慎刑"所面对的罪与刑要公正，不能区别对待，即"功同赏异则劳臣疑，罪钧刑殊则百姓惑；盖不能处之以至公，则天下不能无疑惑之心也"[②]。对待单一事件的罪与刑的处理是否公正，是涉及群体的看法的。毕竟先王制法，是"与天下公共为之"的，任何刑罚判断都要秉持此原则，"非可为一人而私之"[③]。"慎刑"，也要做到对天下人的公平公正，对官员不能秉持中正，一遇到刑狱重事就想要"望风希旨，变异情节"[④]的情况，朱熹是最为深恶痛绝的。

另外，朱熹在《舜典象刑说》中也提及了赎刑，其意一为普施恩德鼓励立功，彰显君恩厚赏；二为避免刑罚失误，良善蒙冤。这种从轻定罪的刑罚适用原则，是基于司法现实中对被审判双方诉求以及通过司法维持秩序的诉求之博弈中得出的。程朱学派理学家之所以积极阐释诉讼思想，厘清不同情况下的诉讼原则，其目的还是指向息讼、无讼的理想社会。基于

[①] （宋）黎靖德：《朱子语类》卷44，中华书局2007年版，第2179页。

[②] （宋）李焘：《续资治通鉴长编》卷410，中华书局2004年版，第15457页。

[③] （宋）朱熹：《晦庵先生朱文公文集》卷73《中华再造善本：唐宋编集部》，北京图书馆出版社2006年版，第5335页。

[④] （宋）朱熹：《晦庵先生朱文公文集》卷26《中华再造善本：唐宋编集部》，北京图书馆出版社2006年版，第1594页。

此，诉讼审判的合理性指向被纳入审判双方的承受范畴。当审判存在疑虑时，在有罪方的定罪中坚持从严的原则，体现了对受害一方执行正义的需求；当这一需求达成后，接下来在量刑之中从轻判罚，则是对罪犯的"恤刑"关怀，小惩而大诫，这样才能最大限度达到以讼止讼的目的。

综上所述，程朱学派的法思想由三部分内容组成，从"天理"展开，并自上而下灌注于法的存在、法的功用和法的运行之中。无论是理还是法，道德教化还是律令刑法，在程朱学派看来，都是维持社会秩序、达成治理理想的工具，从实用理性的角度抬高了儒家思想中法的地位，并构筑起了法思想体系，为南宋社会浓厚的法治风气提供了理论支持。

理学的法世界：
程朱学派法思想的践行

第五章 05

理学的法思想是否适用于现实治理，需要通过在现实治理中的践行得以检验。理学家法思想的践行场域有二：一是在为官时的司法实践，二是在地方教化中构建乡里社会的实践。

一　程朱学派的司法实践

在司法践行中，理学家以法思想为指导，在整顿吏治、提高狱讼效率的基础上，主要遵循礼律并行、维系人伦的理念，在司法运行中注重事实、兼顾情理，并在处理复杂案情的时候灵活"权变"，引经决狱。

（一）整顿吏治，提高狱讼效率

程朱理学家们认识到整顿吏治是司法实践顺利施行的前提。在司法实践中基层官吏是直面民众，若仗势凌民，则会破坏官民关系，影响狱讼效率和治理质量，危害社会秩序。

真德秀于庆元五年（1199年）进士及第，在出知泉州、隆兴、潭州、福州期间认识到基层管理是政府机关接触平民百姓最为直接、密切的一环，基层管理的优劣关乎一方百姓的生计问题。因此，真德秀结合自身为官经验，对整顿基层吏治提出了三点构思。第一，真德秀主张官员要依法办事，依法治理。真德秀在泉州任上曾发出过官员应当"自勉"的四事，其中就有"依法办事"一条；官员理应杜绝的"十害"，其中的"重征税""断狱不公"以及不能"律己以廉"这"三害"都与"依法办事"、不以私利凌民息息相关。第二,真德秀主张官员要"亲理政事",尤其是在听讼断狱上要亲自躬行。真德秀在"访闻诸县间"看到很多官员将断狱之事"推于吏手",自己仅仅是提供草案"写成草子",令胥吏按照自己给予的草案"依样供写"。胥吏们便仗此权力"出外索钱",对"稍不听从"的民众"辄加捶楚",导致民众怨声载道"哀号惨毒,呼天莫闻"。①故而真德秀强调"为知县者"处理政务"必须躬亲",才能"庶免冤滥"。②第三,真德秀还主张对为官有道的循吏"信赏必罚",尤其是对两袖清风的廉吏。真德秀指出"惟奖廉所以律贪",对于廉吏的奖励其实是对贪吏的约束和吸引,有着"化贪为廉之效",继而"以惠吾民"。③

蔡杭在江东提刑任上,巡视治下州县,也发现了颇多公人、胥吏在狱讼活动中伪造事实、邀求贿赂的现象。如"罪恶贯盈"一案中,州吏黄德"甚至拒天台之命令,玩监司之行移,往来牢狱如私家,轻视狱官如发蒙",利用狱讼职权来"枉法取私""酷虐吊打""因事受赋""恐吓欺骗",最终被蔡杭"断配池州"。再如"违法害民"一判中,弋阳县公吏孙回号称"立地知县","私押人入狱,讯腿荆至一、二百";公吏余信"以迎神为名,擒捉词人",提刑司"累行追逮,拒而不出,方且酣饮娼楼,扬扬自得",二人亦被蔡杭决杖、刺配。④

又如"籍配"一案中,提刑司副吏王晋笼络前任提刑,"威行九州,凌犯纲常,至敢与提刑握手耳语,人皆呼为'小提刑'"。经有司审讯,王晋在私刑枉法的过程中,收受赃款贿赂达到一千六百余贯;在抄家的过程中,除了收缴供出的赃款以外,仍然查获赃银一千二百余两,其余的绫罗绸缎、

---

① 中国社会科学院历史研究所宋辽金元史研究室点校:《名公书判清明集》卷1《官吏门》,中华书局2002年版,第28页。

② 同①。

③ (明)黄淮、(明)杨士奇编:《历代名臣奏议》卷150《用人》,上海古籍出版社1989年版,第7811页。

④ 中国社会科学院历史研究所宋辽金元史研究室点校:《名公书判清明集》卷11《人品门》,中华书局2002年版,第739页。

实体赃物估价超过十万贯,另还有多处宅邸,田产不可计数。最后王晋被判处决杖、刺配。①

蔡杭对贪赃枉法、欺凌百姓的官吏极为深恶痛绝,认为如此大害不能解决,"无以安百姓而培国脉"。因此在司法审判中,蔡杭对于违法官吏的裁决都是极为严苛的。例如在"曲法受赃"一案中,陈闰本为余干县典押,不思秉公执法,反而仗着权力于"尼寺、妓馆"中"酣饮",更是违规收取卓铺支十四的赃款。蔡杭判决陈闰"脊杖十五"并且"刺配二千里州军牢城"。②又如在审理结党害民的吴恭、郑臻、金彬三名胥吏时,蔡杭根据三人收受赃款的多少,对吴恭"脊杖五"并"刺配一千里州军牢城";郑臻"脊杖十七"并"加配一千里";金彬"脊杖二十"并"刺配二千里州军牢城"。③值得一提的是,蔡杭对于帮助官员贪赃枉法的"走狗"也严惩不贷,如在"恣意科敛百姓"一案中,主犯舒济是饶州推官,其心腹吴杰为配吏。蔡杭在严惩舒济时同样不忘审判吴杰之罪,不仅"照已行准条籍没家产",更是判以"脊杖七十"并"于原配州上加刺配一千里"的严惩。④

针对吏治败坏、贿赂公行的现象,蔡杭贯彻严惩不贷的理念。但是受到"恤刑"思想的影响,蔡杭同样认为在决狱之时应当"哀矜折狱",指出由于"死者不可复生,断者不可复续",因此对于受审犯人"虽得其指,必哀矜之"。⑤例如在"卖弄死刑公事"一案中,有官吏王晋收受贿赂,对于其治下死刑的狱断收受贿赂。在审理期间,蔡杭虽然明确了王晋有"滔天之恶""山积之罪"的恶行,并且写下了"备稽其恶""恨不斩之"的念头,但还是基于"哀矜折狱"的理念,"姑与从轻贷死",仅是判处王晋"杖

---

① 中国社会科学院历史研究所宋辽金元史研究室点校:《名公书判清明集》卷11《人品门》,中华书局2002年版,第750页。

② 同上书,第752页。

③ 同上书,第762页。

④ 中国社会科学院历史研究所宋辽金元史研究室点校:《名公书判清明集》卷2《官吏门》,中华书局2002年版,第111页。

⑤ 杜泽逊:《尚书注疏校议》,中华书局2018年版,第285页。

二十"并"配二千里",而且"免拘锁押遣"。①蔡杭对于违法凌民官吏的惩治博得了民众的好感,"阖城民庶无不以手加额,呼天称快"。②

同时,程朱理学家们通过对大量诉讼案件的整理分析,得出提高诉讼效率的解决方法,而对其方式方法进行规范性改革首推黄震。黄震注重对民众诉讼的案件进行整理分析,得出了所涉人群大多是"亲旧邻里",所讼事件也无外乎"户婚、田土之事"。黄震认为,亲邻诉讼的增多,是因当今天下"不重族"导致的。对于宗族意识的淡薄是引发诉讼的一大诱因。黄震有言曰当今天下不重宗族,其直观表现就是"有族而无宗";因为"有族而无宗",所以"族不可合",无法形成完整的宗族系统;又因为"族不可合",导致了"虽欲亲之而无由也",即使民众有亲族的诉求,但是却没有形成亲族的由头,因此"族人不相亲",结成了"数典忘祖"的恶果。当时,亲族之间"不相往来""冠婚不相告""死不相赴",当形成习惯后,"父子异居""兄弟相讼"的现实诉讼生态得以形成,长此以往,"王道何从而兴乎?"③当价值观念逐渐世俗化,利益纠葛凌驾于血缘宗亲之上时,伦理纲常秩序摇摇欲坠,对亲情和正义的观念继而淡薄,普通民众深受影响,"欺凌孤寡……偷搬其财物……收藏其契书……盗卖其田地……强割其禾稻……为利忘义",甚至于"儒衣儒冠,亦有此讼"。④

黄震以此为线索,进一步梳理诉讼种类,大部分事情都是私人为蝇头小利的纠葛,"披阅讼牒,多非紧要"⑤。这些案件为户婚、田土类,也就是涉及个人的物产、财产、继立的纠纷。诚然,这种为了个人利益而争讼的增多确实说明了民众个人权利和财产意识的觉醒,但也从客观上破坏了伦理纲常秩序,这是理学家们所不愿看到的。

---

① 中国社会科学院历史研究所宋辽金元史研究室点校:《名公书判清明集》卷11《人品门》,中华书局2002年版,第751页。

② 同上书,第742页。

③ (宋)吕祖谦编《宋文鉴》卷140,齐治平点校,中华书局1992年版,第1437页。

④ 中国社会科学院历史研究所宋辽金元史研究室点校:《名公书判清明集》卷7《户婚门》,中华书局2002年版,第442页。

⑤ (宋)黄震:《黄氏日抄》卷79《公移五》,中华书局1985年版,第5430页。

值得一提的是，除了这些为了维护个人利益而引起的争讼外，另外还有贪婪无度，侵害他人利益的"妄诉""污诉"。黄震谈到有"小民或杀其儿女""巨室借病死之邻人""客户以诬害所怨之家"三种诬陷他人谋取私利的诉讼情况，而州县官员大都"以为重辟"，详加追证，每每牵连其中"不下十数人"，从而导致"本轻末重"且"枉及无辜"。如果能够"免无辜干连之死"，这些人也就无利可图，故而"风俗可变而厚也"。①另外，黄震也认识到无赖讼棍对于地方治理的破坏，浙西地区有"无赖凶徒名'百家干人'"，他们"楼揽越诉""威夺小民"，将小事闹大，"止因私租而诬以夺田"，或者"本诉户婚而借名被劫难明"。对此，黄震希望执法官员可以"多为考覆拟退"，从而"讼少民安"②。由上述两事可见黄震的最终理想还是理学法思想之"无讼"和地方秩序的构建。

黄震还敏锐地意识到，诉讼案件的冗滥，不能单单归咎于健讼之民，司法官员对于诉讼门槛的把握也是一大诱因。黄震上任江西吉州时，其地颇有健讼之风，早在庆历二年（1042年），就有地方官陆起诉苦，言吉州"诉讼尤多"，即使"率五更视事"，"至夜分犹不能办"。③黄震上任之后，感慨道"岂真吉州人之健讼？"，诉讼之多，乃是"本司旧弊，轻易泛受"，故而"误人于多讼之地"。吉州的健讼根源在于官员的轻易受理。因此黄震注重教化，"使吉州之人各知好恶"，从而"一洗健讼之谤"。④

当然，治狱效率的低下对于官员而言，除了轻易受理导致案件过多外，还有故意拖延审判，谋求贿赂的劣行存在。黄震指出，"旧案千余件"，本就多是"烦碎虚诞不当受理之事"，应当迅速处理。然而，部分官员却以此"所仰赃钱，默有拘碍"，拖延"三年五载不决"，只为了多收赃款。因此黄震执政之时，注重将诉讼旧事"逐日疏决"，从而"上下两安"。⑤黄震不仅

---

① （宋）黄震：《黄氏日抄》卷84《书一》，中华书局1985年版，第5544页。
② 同上书，第5591页。
③ （宋）魏泰：《临汉隐居诗话》，巴蜀书社2001年版，第45页。
④ （宋）黄震：《黄氏日抄》卷79《公移二》，中华书局1985年版，第5432页。
⑤ 同上书，第5428页。

自己能够做到秉公执政，厘清狱讼，更是会弹劾"借讼敛钱"的官员。如黄震弹劾安福县主簿赵必"每断锁一人，取钱五十贯，状一纸，每收钱一贯"，为安福县得以提高治狱效率作出了贡献。①

故而，黄震对受理诉讼的方式方法进行了规范性变革。

第一，黄震规定了诉讼受理的门槛，即"凡无大利害者不予受理"。黄震谈到，当今世道"嚣讼成风"，导致监司、衙门"文案山积，纷不暇决"，逐一受理，是对行政资源的浪费和虚耗。因此，黄震认为应当"择其事关大体、断所当受者"进行严肃处理，这种具有代表性的诉讼受理可以达到"罚一人使千万人惧"的效果，从而"事简刑清"，让"险健者望风避也"。②

第二，黄震以"切公事"为标准，厘清了各类诉讼的轻重缓急，规划了不同类型诉讼的受理次序。黄震规定，当职官员必须在"每日五鼓"之时出厅断案，此时所诉案情，只要并非"避懒之人"的词诉，都需要受理；等到日出"达旦"时，对于诉讼的处理就要排好先后顺序：一是受理"命官犯赃状"，二是受理"豪家把持公事状"，三是受理"其它本司合受事"。"命官"是百姓的"父母官"，命官犯赃，是对百姓血汗劳作的压榨；"豪家"是地方势力，"豪家把持公事"，对小民百姓的利益是有所损害的。可见黄震所谓"切公事"，是以解决百姓利益受损为优先的，体现了理学家实践中对民众的重视。

第三，黄震不仅根据诉讼的种类进行诉讼受理的顺序排布，还会将诉讼参与人的阶层、地位作为受理顺序的考量因素。黄震认为"诉讼次第"，应该按照"国家四民"，即"士、农、工、商"而将词诉分为四项。首先是"点唤士人听状"，"士人状了，方点唤农人"，"农人状了，方点唤工匠"，"工匠状了，方点唤商贾"。并且对四民的尊重度各有不同：对士人，"吏人不得单呼其姓名"，"须称某人省元"；对于农人，黄震认为是"国家之本"，因此"余人不许冒此吉善之称"；对于工匠，称之为"有资民生日用者"；

---

① （宋）黄震：《黄氏日抄》卷76《申明七》，中华书局1985年版，第5279页。
② （宋）黄震：《黄氏日抄》卷84《书一》，中华书局1985年版，第5543页。

最后对商贾，则是无尊称之语。①黄震以诉讼者的身份排列了诉讼顺序，一方面让诉讼的受理有序可用，另一方面将理学法思想所倡导之纲常、阶级观念深入其中，体现了其维持封建秩序的理想。

第四，黄震对诉讼的形式与内容也有着明确的规范。黄震强调诉讼不能越级，需有序而行，即"非经州县次第官司，不受"；不能不接受判决结果，即"非已断不平，不受"；不能违背纲常伦理，即"非户绝孤孀而以妇人出名，不受"、"自刑自害状，不受"；不能越俎上诉与受诉，即"事不干己，不受""事不属本司，不受""一状诉两事，不受"；不接受信息不全的诉讼状，即"不明该年月姓名实迹，不受""匿名状，不受""状过二百字，不受""不经书铺，不受"②，等等。明确诉讼受理和不受理的条目，进一步促进了诉讼效率的提升。

（二）礼律并行，维系人伦

程朱理学家在司法践行中贯彻义理决狱的原则，遵循着礼律并行、维系人伦的理念。

朱熹于淳熙六年（1179年）出知南康军，针对建昌县刘玩兄弟、都昌县陈由仁兄弟"母亲在堂，擅将家产私下指拨分并"的情节，将其斥为"弃违礼法、伤害风教"，并用礼经、律文两方面规范加以责备批判。朱熹将对此案的裁判写入《晓谕兄弟争财产事》榜文中加以阐释。具体而言，一方面以礼义、道理相劝谕，另一方面用刑法条令加以威吓。这里说的"礼经"，乃是指《礼记》中所谓"父母存，不许友以死，不有私财"；而"律文"则是指《宋刑统·户婚律》中所谓"诸祖父母、父母在而子孙别籍、异财者，徒三年"。可见朱熹之政教实践于儒经、法书皆有所本，其敦促民众循理守法的手段兼有以道义劝谕和以刑罚威吓。

这种礼律并行的司法裁判在朱熹施政当中并非孤例。绍熙元年（1190年）朱熹知漳州，当时漳州有人"见居母丧"而不穿丧服、衣着华丽，于

---

① （宋）黄震：《黄氏日抄》卷78《公移一》，中华书局1985年版，第5368页。
② 同上书，第5366页。

是朱熹不仅"开陈礼法,当厅告戒",还把相关的道义、利害写入《晓谕居丧持服遵礼律事》榜文中晓谕民众。他引用《论语·阳货》中孔子之言来论证"三年之丧"礼制的合理性。其次又援引《宋刑统》"听乐从吉"条,说明刑法对于居丧逸乐的惩罚,以显示"礼"与"律"在意旨上的是一致性。此外,朱熹还叙述了孝宗为高宗服丧至恭至孝的故事,以此崇高例证增加老百姓"勉遵礼律,仰承圣化"的信仰和光荣。最后,朱熹依然用刑罚之威来维护规则底线,"如其不然,国有常宪"。

在礼律并行的原则下,为体现"法"的正义性,需对事实情节详加辨析,这是非常必要的,曰明辨是非。

黄榦在知新途县任上审理"张运属兄弟互诉墓田"一案,其中论及裁判逻辑曰:"当职身为县令,于小民之愚顽者,则当推究情实,断之以法;于士大夫则当以义理劝勉,不敢以愚民相待。"从宏观上来说,黄榦主张案件的审理应该是"推究情实",并"断之以法"或"以义理劝勉",这即是强调将"事情"置于"理法"的审视之下,将求真与向善予以勾连。[①]这与西方现代法学方法论"将事实与规范联结到一起"[②]的裁判方法是极其接近的。从内在逻辑看,黄榦在狱讼裁判方法论上的知识总结与朱熹统一求真与向善的"惟其是"思想是一致的。

胡颖在审理"质库利息与私债不同"一案时,提出了关于官府官库财物上的纠纷处理逻辑:对于事实认定,"则凭文书";对于曲直判决,"则依条法",不可以妄加臆断,否则就违背了程朱理学所言的"片言折狱"。"片言折狱"出自《论语·颜渊》篇,朱熹在《论语或问》中亦有提及,指用简单的几句话就能判定案情,强调在事实、法条清晰明了下的判决效率。胡颖指出,官府对于争论财产的诉讼,应该以契约文书等证据为依凭,来考察双方事实陈述的真伪虚实,以国家条法等规范为依据,来剖析判决双方诉求的正当或不正当。假如离开了这两点,只凭臆想来断案那就难以做

---

① (宋)黄榦:《勉斋集》卷39,中华书局2004年版,第1824页。
② 舒国滢、王夏昊、雷磊:《法学方法论前沿问题研究》,中国政法大学出版社2020年版,第7页。

到"片言折狱"。

"人伦之大节"是理学家在司法裁决中极力维护的秩序。当处理亲子、兄弟、亲邻之间的争讼时,理学家们注重"晓之以理,动之以情",以维系案件中摇摇欲坠的人伦。

亲(父母)子争讼。夫妇、父(母)子为人伦之始,然夫妇有义绝之法,父(母)子无义绝之道,因此这里只说亲子争讼。《宋刑统·斗讼律》载,"诸告祖父母、父母者,绞"。可见,子女告父母为法律明确禁止。在此背景下,南宋的亲子争讼主要表现为父母诉讼儿子。但子女因家产等问题与父母发生争讼,程朱理学家一般也是直面纠纷本身,并不以上述法律对子女科罪。

在"子未尽孝当教化之"一案中,彭明乙不孝于父,且盗父牛。蔡杭指出,"子盗父牛,罪当笞。至于不孝一节,本州当有以教化之,岂可便行编管"。前者根据《宋刑统·贼盗律》"窃盗"与"盗亲属财物"两条,不必细说。至于不孝,则据《宋刑统·斗讼律》,"诸子孙违犯教令及供养有阙者,徒二年"。但蔡杭并未死守此法,而是坚持劝勉伦常、展开教化,"仍令日设拜其父,候父慈子孝,即与疏放"。可见,他是以伦常名分之恢复作为减免刑罚的条件,而伦常恢复的关键是维护父亲的尊严。

在"母讼子不供养"一案中,老妇人阿蒋有不孝子钟千乙,在生活上"狼狈如许",既不能独立生存"营求苟合",又不能对阿蒋尽孝"赡其母"。阿蒋贫困潦倒之下,钟千乙还将"其钱妄用",因此阿蒋将钟千乙告上公堂。由于这是一件母子争讼,有违伦常,按照《宋刑统》中"十恶"之罪,"不孝"乃第七罪,并且对"不孝"也有着"别籍异财""供养有阙"等具体描述,和钟千乙的不孝行径相对应,所以对钟千乙"合行断治"。但是司法官胡颖考虑到阿蒋年老体弱,"喘息不保",如果遭遇不测,"谁为之倚"?因此并没有给予钟千乙"实之于法"的判决,而是在严厉谴责其不孝之心,令其悔过下,以"养其母"代替下狱之刑,并且为起到官府对民众的治理温情,还以官府名义给予钱粮,"仍支五斗……且充日下接济之须"。因此,宋代司法官对婚姻之诉,以达到最良好的诉讼效果,维护家庭、社会的稳定为目标。

兄弟姊妹为人伦之蕃息、伸展，再说兄弟争讼。在"兄弟之争"一案中，黄居易兄弟三人因家产分割发生争议，相关文书载明各项家业均为居易"私房续置之产，与众各无干预"。三人前次纠纷，立下"和对状"，黄居易"声说别无未尽积蓄"。蔡杭指出，黄居易的事实陈述不可信，很可能是"以父母之财私置产业"。他劝解黄居易"当思同气连枝之义，绝彼疆此界之心"，周恤二弟，复归和气，"不然，则父母在，无私财，索契送狱，自有条法在，毋贻后悔"，并责令三人立下"无争状"。但其后三人无法达成共识，蔡杭遂判决，"押下本州，请径自从条断遣"。[1]这即是典型的先教以义理，后刑以法度。

在另外一起"兄弟之讼"案中，邹应龙因家产纠纷与其兄应祥、其弟应麟构恶，三人交相诉讼，而祸端始于应龙。胡颖指出，邹应龙"不孝于母，不恭于兄，不友于弟"，尽管应祥、应麟"不欲终讼"，即不愿深究，"但应龙罪恶不可胜诛，难尽从恕"。据《宋刑统·斗讼律》，"诸子孙违犯教令及供养有阙者，徒二年"。胡颖认为，"以恩掩义者，兄弟之至情也，明刑弼教者，有司之公法也，二者不可偏废"，对于邹应龙应在教化宽免与刑法惩罚之间采取折中，"从轻勘杖一百"。"至若分产一节，虽曰在法，祖父母、父母在，子孙不许别籍异财，然绍熙三年三月九日户部看详，凡祖父母、父母愿为摽拨而有照据者，合与行使，无出入其说，以起争端。"[2]可见，在兄弟争讼中，无论是惩恶还是分产，胡颖都是教化与刑罚并举，既注意依法分别是非，也强调兄友弟恭、伦常秩序的恢复。

在"因争财而悖其母与兄姑从恕如不悛即追断"一案中，李三因争夺财产，悖逆其母亲及兄长。对此，胡颖指出，"李三为人之弟而悖其兄，为人之子而悖其母，揆之于法，其罪何可胜诛"。这显然是指李三行为触犯

---

[1] 中国社会科学院历史研究所宋辽金元史研究室点校：《名公书判清明集》卷10《人伦门》，中华书局2002年版，第659页。

[2] 同上书，第699页。

了律典"子孙违犯教令"①的规定。但胡颖并未坚执此法,而是指出"当职务以教化为先,刑罚为后","恕其既往之愆,开其自新之路","特免断一次",令李三回家向母亲及兄长夫妇道歉。同时指出,"若将来仍旧不悛者,却当照条施行"。在此,胡颖明确点出了其指导思想,即"教化为先,刑罚为后,先教后刑",而教化的核心在于维护尊亲属的尊严。②

夫妇、父(母)子、兄弟(姊妹)为人伦之核心,其外为亲族,再次则为乡里。孟子曰"亲亲而仁民,仁民而爱物",将父子兄弟亲爱之道推广至亲族、乡里,此在儒学中亦是为仁复礼之本意。正因如此,在处理亲族、乡里争讼时,程朱理学家也是以先教后刑、维护尊长为原则,强调以伦常名分为导向,以遵循教化、恢复伦常作为减免刑罚的条件。胡颖在审理此类案件时,多在判书开头进行义理阐发。

如在对"安诉田业"一案的判词中,胡颖强调诉讼的消极性和自卫性,批评妄讼、好讼、健讼的倾向。此外,就是强调诉讼所争利益的重要性远不及宗族乡党情谊。在"兄弟侵夺之争教之以和睦"和"乡邻之争劝以和睦"两案的判词中,胡颖均强调,宗族、乡邻以和睦为尚,若有争讼,以劝解、和对为宜。他提醒争讼者,"今日之胜,乃为他日之大不胜"。即是说:宗族、乡邻发生争讼,若必争此长彼短,以利相争,以刑相迫,以法裁决,则往往结下仇怨,伦常情谊难以恢复,由此为日后彼此寻仇起衅、再生争讼留下祸根。③

(三)注重事实,兼顾情理

在厘清司法原则后,就要将"义理"决狱落实到司法裁决的每个步骤中。注重事实判断,兼顾情理。

---

① (宋)窦仪等编:《宋刑统》卷23《斗讼律》,薛梅卿点校,法律出版社1999年版,第642页。

② 中国社会科学院历史研究所宋辽金元史研究室点校:《名公书判清明集》卷10《人伦门》,中华书局2002年版,第649页。

③ 同上书,第695—712页。

第五章 理学的法世界：程朱学派法思想的践行

在"义理"决狱前，需要进行长幼、尊卑等的定分，根据诉讼人在伦理纲常上的实情进行司法审判倾向性的选择，这种逻辑的本质就是在案情审理之前，先弄清楚事实情节，然后再依据国法执行审判程序。因此，当诉讼案件被提交上来时，身为程朱学派理学家的司法官，就会先勘验事实，考证证据，然后参照法条进行判决。

胡颖在对民事财物、土地纠纷的审理上，会凭借契约文书"考察虚实"，然后依据法条"剖判曲直"；蔡杭也认可这种审判逻辑，认为关于民事诉讼"各据道理"，因此要参考契约文本"各凭干照"，看哪一方能拿出合法的证据，"在彼则曲……曲者当惩"，"在此则直……直者当予"。值得一提的是，胡颖还把这种判决逻辑和圣人"片言折狱"联系在一起，所谓"难乎片言折狱"，最简单的逻辑，反而体现出圣人决狱的义理，正是程朱学派的司法理想目标。

黄震在事实鞫谳上做到了事必躬亲，因此黄震对事实情节、人证物证都有所正确把握，故而推鞫案情，进行判罚的合理性也随之提高。在"申台并户部戴槐妄诉状"一案中，原告陈定甫将田"二十六契"典当给戴槐，约定咸淳四年（1268年）赎回。典当到期后，陈定甫并无足够的钱赎回，于是在讼师的教唆下，诈称典当为"官会典者"，戴槐私占其契，便是违法，将戴槐诉诸公堂，要求仅按本钱赎回。此案本属无赖"妄诉"，固被驳回。但陈定甫继续向刑部、御史台越诉，并诬陷本府及漕司办案有向自己索取贿赂的行为。此案交由时任江西提举司的黄震审理时，黄震指出，对于赎买这类的民事纠纷，应当"合照原约"，"原约是钱，只合还钱"，在原约证据确凿之下，向台、部、帅府、运司上诉的行为，只是"空为多事"。于是判决陈定甫照约赎田，高效解决了一桩妄诉案。①

由此案发散至对于民事财务纠纷的审判原则上，在契约双方都按照规定立约执行的前提下，是不会产生纠纷的，如有纠纷，那定是不按照规定，对于契约进行伪造、涂改、毁约导致的，因此关键还是在于物证。即审理

---

① （宋）黄震：《黄氏日抄》卷76《申明七》，中华书局1985年版，第5266页。

"争田之讼"时,应当"先凭干照",如果干照明确,则"须问管业,则条令自有明文"。但是如果"契要不明",或是新开荒的土地,"指挥自有明文";如果是"已耕熟田",就"据两辞所供",并"问及邻保",就能判断出"事之曲直,人之情伪",不允许"执旧契划夺"。① 可见在民事纠纷中,即使案情复杂,但基于事实判断和讲求证据的原则,积极勘察人证、物证,案情真相会在司法程序中得以水落石出。

事实证据的审判逻辑同样被用于刑事案件的审判中。黄震在处理新城县的多起仇杀事件时,并没有只依据仇杀结果的表象进行审判。黄震看到仇杀四起,"日夜相攻、结关相杀",是不符合常理的,且没有相通的证据。经过黄震调查,终于找到了证据——本地县令"创青册扰民",因此才惹怒民愤,民众遂"结关拒违",形成混乱。在混乱之中,县令无法起到维持基层秩序的官府行政效力,失去了行政约束,再加上乡里民众之间本就"自有私怨",故而"仇杀四起",产生了"东耆去劫西耆""上保去趁下保"的混乱。在找到祸乱之源后,黄震坚持,本案应该依法对县令和百姓都进行对应的裁决——此案之本"罪在官吏",因此已经"劾官配吏讫";对于在混乱中犯下凶杀命案的百姓,也依律裁决;至于其余乡民,只是在混乱中"作乱""报怨",而实质性的犯罪行为并未"遽见施行",因此"便合放散",回家"各务本业",并且"给榜晓谕",安抚民心。② 由本案可见,黄震坚持在审案中对证据加以把握,有证据证明官吏犯罪、百姓行凶的,就依律处罚;没有证据证明的,就地放散,最后还公布出《晓谕新城县免仇杀榜》,以榜谕安抚乡里,实现了恢复治理秩序的目标。

面对事实证据不够清晰的案件时,理学家司法官们也会详细勘察推鞫,务必还原出事实真相再下审判。黄震曾说,司法断案需要"以理雪民命为重……以痛革诬诉为急",从伦常逻辑上提取案件的证据信息。例如遇到刑事命案时,首先要审问的是死者的"亲父母";如果死者"无父母"且

---

① 中国社会科学院历史研究所宋辽金元史研究室点校:《名公书判清明集》卷9《户婚门》,中华书局2002年版,第568页。

② (宋)黄震:《黄氏日抄》卷79《公移二》,中华书局1985年版,第5415页。

"未曾生娶"的，就要审问"亲兄弟"；如果"无父母、兄弟"并且妻子亦无，那就属于直系亲属上的"单身"，那就要根据伦常，"次第有服纪"，在旁系亲属中选出亲近的"出名作血属"。对死者来历，由血属"须说"；对伤痕分晓，由专人"证见"，需要各项"体验得实"，方能记录"填入格目"。如果有某血属在被审讯时称对死者"身死不明"，抑或"不知人命着落之类"，都是由"哗徒教唆"，搬弄是非的。①因此黄震提倡对命案的审讯要精确筛选相关人等，审讯内容要有针对性，以便于拨清迷雾，提取有效的证据。

在对"郭刘吉妄诉陈成状"一案的审理中，有郭刘吉状告陈成是遭受过"三经刺配之吏人"。黄震并不急于审讯，而是首先验证陈成是否为经过刺配之人。在宋代，经过刺配发落的人在面上会有发配字迹，背上会留有杖责的伤痕。于是将郭刘吉和陈成唤上堂来"当厅对众视验"。结果经过当众眷视，陈成"面上无字迹"；经过针笔匠勘验，陈成"脊上无杖痕"。在事实之下，郭刘吉又改称陈成面上本无字迹，只是背上有杖痕，如今"被其用药脱去"。面对郭刘吉的狡辩，黄震怒斥道："世有用药脱面上之字者……未有用药脱背上之痕者也……字本无痕……用药尚且有痕……杖本有痕……安得因用药反更无痕？"最终果然审出郭刘吉因私怨而诬陷陈成的事实。②

基于对国法维护天理的正义性的弘扬，程朱理学家在地方司法中同样重视对冤假错案的平反。理学家对冤假错案的评判标准主要依据国家治理是否维系，即地方民众的意愿，以及案情轻重之事实判定。例如黄震在"申提刑司平反王定冤狱状"一案中记录：有王定者，因胡百二之证词被判为"重囚"，此系冤案。黄震之所以认为此为冤案，是因为对此判罚结果的不满，并非只有"王定称屈"，而是"一郡称冤"。因此黄震又详加推鞫审理，为王定平反，将颠倒事实的胡百二定罪，这样的结果为"同郡称快之

---

① （宋）黄震：《黄氏日抄》卷79《公移二》，中华书局1985年版，第5420页。
② （宋）黄震：《黄氏日抄》卷76《公移七》，中华书局1985年版，第5264页。

事",证明了黄震平反冤案的方向正确。①又有旧日抚州治下,有"官率众相斗",所涉及人户众多,"被囚之徒存活者不足半数",但因为此事牵扯尚书省,因此没有官员敢于过问。黄震则秉持着理学家的公正原则,明确指出所谓"率众相斗",当属"结关","结关"者,"犹他郡之结甲也",是地方自治武装,"非作乱",因此不能以"恶逆"下狱,由此"皆释之"。②

厘清事实证据后,司法审判就进入了推鞫的步骤。在此期间,理学家们注重推鞫中的情理兼顾。

《乐县尉绝户业助和榜》中就记录了关于财产分配的诉讼中,理学家司法官对情理兼顾上的恰当处理。有南城县尉乐迪者,并无血脉留存,仅有养子、养女各一人,养子在两岁时早夭,养女也已嫁人。因此乐迪去世后,身死户绝,并无直系亲属可以主持遗产的分配,乐迪的内外亲属、各类僮仆就哄然抢夺乐迪的遗产,由于其中纷争,乐迪的族人就诉诸官府,最后经由黄震受理此诉讼。

在黄震看来,乐迪仅有养女一人,嫁人之女,是不配成为立继之人的,所以乐迪确乎是"孑然一身"。而对于身死户绝之人的财产处理,是有法条可依的,在法,除了在其"店宅""畜产""资财""营葬功德"所需之外,"其余并入官",成为官府之财。但很显然,这样的处理结果是不会为乐迪族人所接受的,不然也不会"忿不可遏",接连"诉于县""诉于州"。因此,黄震进一步考察实情,了解到宗族曾立乐文郁为乐迪之命继人,但是乐文郁本为乐氏宗族的户长子,在法,户长子不可"出继"。因此,黄震首先考察乐氏宗族子嗣们的秉性学识,最后认为乐文炳作为乐迪之命继人,众无异议。但是如果乐文炳一人继承乐迪的全部遗产,于法所违背,于众人之情亦难免不满。综合考量之下,黄震最终裁决,将乐迪之遗产一分为三,乐文炳继承其中一份,乐迪的养女和其他乐氏子孙共分一份,最后一份收归官府,当作为本乡民众渔利之用。由此可见,身为理学家的黄震,在面对复杂的财产纠纷时,既考虑到国法的参照作用,又考虑到体察民情的必

---

① (宋)黄震:《黄氏日抄》卷75《公移六》,中华书局1985年版,第5259页。
② (宋)黄震:《黄氏日抄》卷79《公移二》,中华书局1985年版,第5411页。

要性，在兼顾了国法和伦常后给出了多方均满意的处理结果。对此，黄震总结道"徇人情而违法意，不可也；守法意而拂人情，亦不可也"，所以需要"权衡于二者之间"，做到"上不违于法意，下不拂于人情"，则司法治理就会"通行而无弊"。[①]

兼顾"人情"，是理学家义理决狱的应有之义，尤其是在刑事案件中，冰冷的法条和残酷的犯罪事实，往往给治理蒙上了一层非温情的纱雾，因此理学家在审判这类案件时，往往会兼顾人情，酌情对案件的判罚给出缓和的余地，也是彰显了对理学法思想"恤刑"的理解。例如在"申提刑司可免黄勇死罪状"中，有犯人陈王孙因聚众伤人之罪，被判定"槌折手足之刑"。后陈王孙逃走，由包括黄勇在内的官兵追捕陈王孙，陈王孙暴力拒捕，于是在混乱中将陈王孙打死了，由此，提刑司判"黄勇重杖处死"。黄震认为黄勇打死陈王孙虽然是既定事实，但是其中"人情尚可有审议者"。第一，陈王孙"系是伤人犯罪"之人，黄勇"捕逃申称已死之人"，则"曲在死者"；第二，黄勇是作为官兵"随众承捕"，并非"私斗故杀者"；第三，众官兵也称是"乱伤致死"，应当是众官兵"合与分罪"，不能只重判黄勇一人；第四，在法，对于追捕逃犯中伤及逃犯的行为，"各罪致死者减等"，有着轻恤的国法参考；第五，百姓对陈王孙积怨已深，打死陈王孙后"众皆悦之"，故黄勇是为民"除害者也"，如果处死黄勇，"众必怜之"，因此实乃"众情所在……不可不察"。在黄震的依据事实、国法、人情的阐述下，最终黄勇被免于死罪。[②]

（四）灵活"权变"，引经决狱

需要注意的是，在司法审判的实践中，存在着案件事实中的伦常、法理关系与理论中的并不一一对应的情况。例如纠纷双方的伦常关系复杂，案情事实多端并存，并不能与现有的法条、敕、例相贴合，那就需要理学家们发挥法思想中的"权变"原则；同时在必要的情况下引经决狱，彰显司法裁决

---

① （宋）黄震：《黄氏日抄》卷78《公移一》，中华书局1985年版，第5370页。
② （宋）黄震：《黄氏日抄》卷75《申明六》，中华书局1985年版，第5258—5259页。

中对儒家义理的参照。胡颖对此情形案件审理较多，经验最为丰富。

在"峒民负险拒追"一案中，樊如彬为一方土豪恶霸，近来与罗邦臣、罗四六发生财产纠纷。阿钟为樊如彬之家人，她向官府诉称罗邦臣、罗四六劫夺樊如彬家之财产。然樊如彬非但不来堂应诉，反而潜藏不出，派遣其手下郭念二向府衙下书，声称自己要"即点集四十峒猺丁，去相仇役，斩首申解"，即杀掉罗邦臣、罗四六。樊如彬"负恃险远，招诱逋逃，雄震一方，多行不义"，又抗拒追证、胁迫官司，相关事实都已查证清楚，现府衙奉经略安抚使司衙门之命对其展开抓捕。另一方面，"所有阿钟诉罗四六行却事，此则当予追究，帖押罗邦臣下县，监追罗四六一行紧要人赴府供对"。可见，本案待决的问题有两点：其一，樊、罗两家所争之财产应判归何方；其二，樊如彬一伙"负险拒追"、胁迫官司的行为应该如何处置。①

对于前者，胡颖下令县衙将罗邦臣、罗四六等与案情紧密相关之人送到府衙，以录问口供，查证罗邦臣、罗四六究竟是否劫夺了樊如彬家之财产，判令"樊如彬所占耕陆时义没官田，拘入府学"。对于樊如彬自有己业田产，判令由阿钟"逐一开具地名、顷亩及佃户姓名，赍干照赴金厅点对，帖县为拘收租课，许逐年经安抚司给引，付亲人前来请领。先给据为照，如愿典卖，听从其便"②。

樊如彬派郭念二向府衙送"申状"，胡颖称其"语言悖戾，志在胁持，大不敬也，至冒上也"，"本合明正典刑"，现从轻"决脊杖十五，配潭州"。郭念二"身为省民，辄入溪洞，为其鹰犬，持慢书，造府庭，略无惧罪之意。同恶相济，难从末减。决脊杖一十二，配本城，永锁土牢"③。从结果来看，此处所言"大不敬"，即《宋刑统·名例律》"十恶"第六所谓"大不恭"者。《宋刑统·职制律》"指斥乘舆"载："对捍制使而无人臣之礼者，

---

① 中国社会科学院历史研究所宋辽金元史研究室点校：《名公书判清明集》卷13《惩恶门》，中华书局2002年版，第923页。
② 同上书，第924页。
③ 同②。

绞。"樊如彬、郭念二各自刑罚执行的具体规范依据尚不明确，但将他们"持慢书，造府庭"的行为认定为对捍制使的"大不敬"之罪，这无疑是对既有法条参照权变的结果。

对于樊如彬的狂悖行为，胡颖结合人情事理以及经义进行了分析："原其所以敢于如此者，盖当是时邻郡叛寇之势方炽，此曹将谓官司已莫能谁何，往往欲袭是迹而动，故先张虚声，以相恐喝，官司一或示弱，则必将结党乘机，强弓毒矢，撞搪呼号，以求逞矣。今虽未至此极，然履霜坚冰，所由者渐。若不早为之所，则长此将安穷乎？《春秋》无将之刑，汉法不道之诛，此其类矣。"①可见樊如彬作乱之时正值邻郡叛寇期间，其行为具有较严重的主观恶性和客观危害性。所谓"履霜坚冰，所由者渐"出自《周易·坤卦》，意思是：灾祸是逐渐形成的，必须要防微杜渐。"春秋无将之刑"是指《春秋公羊传·庄公三十二年》所谓"君亲无将，将而诛焉"，其意思即指：对于君国和尊亲，绝不能图谋不轨，如有图谋，必定加以诛灭。"汉法不道之诛"是指汉代法制中的"不道"罪名，主要指危害君国和尊亲的严重犯罪行为。胡颖之所以援引以上经义，其目的在于强调对樊如彬一伙胁迫官府之行为予以依法惩罚的必要性。在此，经学义理的分析与法律推理的结果是一致的。

在"既有暧昧之讼合勒听离"一案中，阿黄为李起宗之儿媳，现今阿黄与李起宗似有"新台②之事"。所谓"新台之事"，是指公爹和儿媳之间罔顾人伦的苟合行为。但是即使怀疑父亲和妻子有不轨之事，其妻诬以暧昧之事并诉诸公堂请求离婚，但是阿黄的丈夫却不愿意和阿黄离婚。在关于亲属之间通奸的处理上，确实是有法可依的，如《宋刑统·户婚律》称之为"义绝和离"，并对于"诸犯义绝者离之"有着"违者徒一年"的判决指导。在《宋刑统·杂律》中，对亲属通奸有着更为严格的刑罚标准，对"诸奸父祖妾、伯叔母、姑、姊妹、子孙之妇、兄弟之女者"，施以绞刑。本案

---

① 中国社会科学院历史研究所宋辽金元史研究室点校：《名公书判清明集》卷13《惩恶门》，中华书局2002年版，第923页。

② 新台，用以喻不正当的翁媳关系。

的问题在于，从案情事实看，所谓"新台之事"只是似有，而非事实，在《庆元条法事类》中明确规定了"诸色犯奸，从夫捕"，需要丈夫举证后才能依律判罚。胡颖所断"夫欲弃，在法，奸从夫捕，谓其形状显著，有可捕之人"。从判词中可见，依法必须丈夫亲自捉奸成双，或有确实证据（形状、踪迹），方能证明奸情事实。在本案中，基于人伦理法，儿子绝不可能举证、起诉媳妇与父亲存在奸私，以上法定证据自然无由获取，而阿黄与李起宗又都没有确实的供述，故本案奸情难以坐实。胡颖认为，如果使用刑讯逼供手段，很可能造成冤狱，使弱女子阿黄"诬服"。此外，基于儒家伦理，像翁媳苟合这种"丑恶之事"，只能遮掩而不应散播，即使查明证实，也只是徒贻羞耻于乡党。因此，没有继续调查的必要。①

由此可见，尽管南宋律法中没有关于"疑似"翁媳通奸的法条，但基于程朱理学对于纲常伦理的重视，胡颖既不能以"疑罪从无"直接判定，又不能"疑罪从有"，施以重刑。因此，胡颖引用"子甚宜其妻，父母不悦，出"的经义为本案的裁判规范，给出"尊卑之间反且如此，纵无此事，亦难复合"的判词，判"黄九二将女别行改嫁，李起宗免根究"。胡颖指出：本案中由于阿黄导致李起宗父子产生间隙，尤其是李起宗无论是否与儿媳通奸，李起宗也会因此厌恶阿黄，都属于"父母不悦"的范畴，阿黄成了家庭矛盾的导火索，因此即使阿黄丈夫不愿和阿黄离婚，都要以"尊卑秩序"为原则，遵从父子之纲，故而判令阿黄与其夫离异；且因通奸这事，没有证据佐证，因此免于对父亲李起宗的追究，这也符合人伦丑事不可外扬的儒家伦理。②

同样引"父母不悦"之经义的，还出现在胡颖的另外一篇关于"妻背夫悖舅断罪听离"之案的判词中。在"妻背夫悖舅断罪听离"案中，阿张主张其夫朱四有"蔡人之疾"（指恶疾），其公爹则有"新台之丑"，要求与朱四离婚，现经官府查明，阿张所描述的事实均不存在。对此情形，胡颖

---

① 中国社会科学院历史研究所宋辽金元史研究室点校：《名公书判清明集》卷10《人伦门》，中华书局2002年版，第699页。

② 同上书，第700页。

同样以"在礼,子甚宜其妻,父母不悦,则出之"之经义为裁判规范,指出阿张诬陷丈夫和公爹,无论丈夫是否可以原谅她(参考阿黄之夫不愿离婚),阿张的公爹对阿张的厌恶是不可避免的了,因此双方的婚姻关系不可以再维系下去了,所以阿张提起的离婚诉讼,自然是得逞,但阿张本人不免因为违背礼教而受到惩戒,所以最后的裁决为"杖六十,听离,余人并放"。这里是把诉讼"新台之丑"解释为"父母不悦"的事由,由此论述人子出妻、解除婚姻的该当性。[①]可见,胡颖在遇到此类户婚疑难案件时,都是援经义之理灵活决狱的。

二 治理基层社会

基于基层社会反映出的现实问题,程朱理学家试图通过适用于乡村社会的具体规范创制和实践来构造有序的乡里"共同体"。值得一提的是,在大多数时间内,理学家在这一场域的行动往往并不十分依赖现实政治权力和官方系统,而更多地显示出在依靠政治手段以外的社会教化行动,来创建稳定的理想的社会秩序。

(一)以乡约和劝谕文为文本载体规范行为

文本是思想的载体,是思维逻辑具象化为行为条目的呈现方式。程朱理学家擅长以著书立说的形式推广学术思想,因此在基层社会治理中,文本同样是思想和实践得以展开的重要载体。在乡村社会的治理中,乡约和劝谕文是最主要的两种文本。

1. 乡约

乡约是士绅群体在进行基层社会治理实践中形成的对宗族乡里的社会行为进行规范和指导的约定,在程朱学派理学家的改造和推广下,乡约中与程朱理学的教化义理相契合的部分被阐释与发扬,是相对于官府的立法

---

① 中国社会科学院历史研究所宋辽金元史研究室点校:《名公书判清明集》卷10《人伦门》,中华书局2002年版,第683页。

与司法之外的秩序构建。

朱熹曾阐发过对乡约的治理意义的看法："《乡约》之书……其实恐亦难行如所喻也"，从理论上来说，完全践行乡约中的行为规劝准则相当困难；但是如果人人都能阅读了解乡约的内容，可以看到"前辈所以教人善俗者"，从而知道自己的个人修养应该从哪些方面展开，也是具有"庶乎其小补"的作用的。① 也就是说，乡约由于并非是具有官方强制性意义的行为规范，对人的约束主要是道德伦理层面的，因此一方面无法令所有人教条地践行，但另一方面也能让人们以此为范本，对自身的道德修养有所裨益。

终宋一代，有史可考的最早的乡约文本是《吕氏乡约》，是由北宋时期的吕氏家族所践行的。《吕氏乡约》主要由"蓝田四吕"（吕大忠、吕大钧、吕大临、吕大防）草拟，又因吕大忠、吕大钧、吕大临三人均师事二程，故而其《吕氏乡约》中本就包含程朱理学的义理所在。

《吕氏乡约》由《乡约》和《乡仪》组成。其言曰：

一曰"见善必行"，即在己"能治其身、能治其家"，且长幼有序"能事父兄、能教子弟"。在外"能救患难、能规过失、能为人谋""能解斗争、能决是非"，且能"居官举职"。

二曰"可为之类"。居家可为者，"事父兄、教子弟、待妻妾"；在外事长者，"接朋友""读书、治田、营家、济物"，以及"好礼、乐、射、御、书、数之类"。除此之外，"皆为无益"。

三曰"犯约之过"。有四点内容，分别是"德业不相劝""过失不相规""礼俗不相成""患难不相恤"。

四曰"遗物婚嫁"，规定了所用之物不过"币帛、羊酒、蜡烛、雉兔、果实之类"，所用之资最多"不过三千"，最少"至一二百"。

五曰"患难之事"，以"水火、盗贼、疾病、死丧、孤弱、诬枉、贫乏"为七事。

六曰"罚过"，面对《乡约》内容，在犯错之后，能够"规之而听"并

---

① （宋）朱熹：《晦庵先生朱文公文集》卷31《中华再造善本：唐宋编集部》，北京图书馆出版社2006年版，第1931页。

第五章　理学的法世界：程朱学派法思想的践行

且及时自省自举之人，"皆免罚"；如若再犯，"不免"、如果"规之不听"，甚至"听而复为"者，一并罚之。

从《吕氏乡约》的具体内容中可以总结出，乡约主要还是落在了"德业相劝""过失相规""礼俗相交""患难相恤"四方面。"德业相劝"，就是偏向于道德教化，将理学的抽象义理具象化为日常行为规范；"过失相规"，就是对违背乡约的情况给予适当的惩罚，并且偏向于"恤刑"，多以悔悟而恤刑；"礼俗相交"，就是将理学之礼教化入乡俗之中，形成于具体的婚丧嫁娶、祭祀交往的规范上；"患难相恤"，就是在教化良善的集体认知和宗族维系的共同信仰的加持下，形成互帮互助、团结友爱的集体，为乡里的秩序构建提供安全感。

朱熹对《吕氏乡约》进行了详细的修订，主要体现在五个方面。

第一，添加了"乡约总纲"。朱熹在《吕氏乡约》卷首加入了对乡约总纲的理解，"一曰德业相劝，二曰过失相规，三曰礼俗相交，四曰患难相恤"[①]。正是上文中对《吕氏乡约》内容的归纳。

第二，修改了"主事"一节，将乡约主事人的数量、身份和职责作了更加详细的规定。在朱熹的修改下，乡约设"都约正"一人，由"有齿德者"担任；设副职两人，由"有学行者"担任，并且再推举一人"直月"，负责监督。[②]

第三，对"罚过"的手段进行了修改。首先，朱熹删除了之前的物质处罚条例，保留并且扩充了以"规戒""诲谕"为主的教化处罚内容。在教化之中，增加了"出约"这项内容，即对于"过失之人"，首先应当各自反省并且"互相规戒"。对于过错小的，可以私下"密规之"；对于过错大的，必须在乡里"众戒之"。如果不听从处罚，那就需由"直月"上告"都约正"，请都约正亲自"以义理诲谕之"，如果此时能够幡然悔悟并改过，那就"书于籍"，观察后续表现；如果依然"争辩不服""终不能改"，就要

---

① （宋）朱熹：《晦庵先生朱文公文集》卷74《中华再造善本：唐宋编集部》，北京图书馆出版社2006年版，第5459页。

② 同①。

"出约",也就是剔除出乡约之中。①由于乡约的对象是乡里集体,"出约"就相当于将其踢出集体之外,对于道德或者生存而言都是极具惩戒力的,由此强化了"乡约共同体"对于"道德自律"的彰显。

第四,针对"礼俗相交"增加了"读约之礼"的内容。按照乡约规定,民众于"月旦集会",并在此时进行"读约之礼"。读约的规范类似于进学,即将至圣先师孔子之像设于乡校的"北壁下",参与读约之人按照长幼排序,依次"拜于东序",其余想要参与之"同约者"就按照长幼顺序"立于门外",听从"都约正"对于乡约的讲授阐发。②朱熹对"读约之礼"的创造,一方面为乡约的实践明确了活动场所之一为乡校,为落实礼教传习提供了可操作性;另一方面,"读约之礼"的规范中强调长幼有序、敬拜孔子,是理学之纲常、义理在乡约中的注入体现。

第五,修改了对"记籍"的定义和内容。在《吕氏乡约》的原本中,对于犯了"约过"之人,如有悔改之意,则"记籍"考察接下来的行为,此时的"记籍"主要体现出对过失者的标记作用,偏向于惩戒。朱熹则扩展了"记籍"的定义,将单纯的惩戒扩充为包含惩恶扬善以及普查的作用。朱熹改道:"置三籍",分三种记录,其一记录"愿入约者";其二记录"德业可劝者";其三记录"过失可规者"。③第二和第三种"记籍"由直月进行纠察,交由都约正"询其实状",如果"众无异辞",便由直月负责记录在籍,直月识读,执事书写,登记完成后"遍呈在坐"。④这种在大庭广众之后记录善性和恶性的"记籍"方式,有助于唤起被记录者的羞耻心和荣誉感,用这种"沉默"的道德教化方式,让入约之人受到自律和他律的约束,使乡约发挥出更佳的效果。

纵观朱熹对《吕氏乡约》的主要修改方向,是在坚持"患难相恤"的

---

① (宋)朱熹:《晦庵先生朱文公文集》卷74《中华再造善本:唐宋编集部》,北京图书馆出版社2006年版,第5460页。

② 同①。

③ 同上书,第5459页。

④ 同上书,第5472页。

实践目的的基础上，丰富了"礼义教化"内容中的理学内涵。同时，朱熹期望对乡约的应用不能停留在思想领域，集结礼义教化的共同意识，而是要将思想和实践结合起来，创造出可以实际呈现教化内容的具体活动和活动场所，让受到乡约教化的民众得以在行动中深化认识。

张栻认为乡约的撰写和推广需要谨慎的考察，考察的内容应设计对于入约人的选择、"约规"的制定等问题上。在张栻看来《吕氏乡约》确实"甚有益于风教"，但只要愿意入约的人都一概接收，"难于拣择"。因此要详加选择，否则融入了"甚败度者"，就是一大"害事"，但如果选择，就容易"便生议论"，因此，对于"约规"上要详细注明。对"约规"的注明，其作用不止于对入约之人的选择，对于"罚者可行否"也是重要的衡量。并且张栻也认同朱熹对乡约的道德教化、礼俗规劝的定位，认为推广乡约的目的就是使乡里民众在"闲居行得"中"诚善俗之方"。[①]由此可见，张栻对于乡约的修改建议在于对其规范作用和规范效力的强化。虽然乡约组织是自愿组成的教化共同体，但既然是组织，就应该有明确的规范，这一规范，正是保证组织稳定性的定盘星，也是教化偏向于法的规定明确范畴的体现。

李大友作为朱熹的私淑弟子，不仅得到了朱熹所修订的《吕氏乡约》和《乡仪》文本，并且将之"用刊诸梓"，广为传播。不仅如此，李大友还身体力行《乡约》中的内容，"正旦率乡之大夫、士"，按照《乡约》《乡仪》的内容，模仿古代"乡饮酒礼"并且讲解，用于"风示学者"和"习俗用劝"。[②]

朱熹的再传弟子阳枋与其友人向从道、黄叔高等五人共同推行乡约，"从约之士八十余人"，起到了"维持孝悌忠信之风，一乡化焉"的积极作用。

由此可见，南宋乡约的起草者、推广者和参与者是有着共同治理理想的士绅们，程朱学派的理学家们在其中起到了重要的作用，由于他们有着

---

① （宋）张栻：《张栻集》卷22，杨世文点校，中华书局2015年版，第524页。
② （明）王鏊等：《姑苏志》卷42《宦迹六》，上海书店1990年版，第2404页。

极高的理学素养和治理理想，因此为程朱理学在基层社会维持秩序、整合宗族、教化民众提供了重要的范本价值。在南宋理学家的乡约实践中，这种实践主体对道德教化的认识和自觉推广，和朱熹所言美风俗、善治道的治理理想相契合。

2.劝谕文

劝谕文，又称"示俗文"或"谕俗文"，是一种地方治理中用于教化民众所张贴的文体。劝谕文根据劝谕对象，可分为对官吏和对民众的劝谕两种类型，并且根据内容在实践中的呈现形式，劝谕文不仅是非官方的民间治理载体，亦有成为官方地方司法的呈现载体的作用。

郑至道的《谕俗》是有文献可靠的宋代最早的劝谕文，时文出自北宋地方官郑至道之手。郑至道，字保衡，郑叔明子，莆田广业人。元丰二年（1079年）进士。元祐二年（1087年），以雄州防御推官调知天台县。爱民众，为政宽简，专务教化，深受百姓爱戴。《谕俗》即是郑至道在天台任上所书。①

郑至道在文章中指出：身为一方县令，职责在于"承流宣化"，因此"于民为最亲"，如果民不知教化，就是县令之罪。郑至道上任以来，观察到民众"日以争讼，来至于庭"，而争讼的源起和讼词，主要是"违理逆德"的内容，包括"不孝不悌""凌犯宗族""结怨邻里"，在婚姻上"多事苟合""殊无恩义"，对待宗族服纪"全然不知"。郑至道认为，这些问题"皆由风俗鄙陋，教道未至，兼修学从宦之家少，小人无所观法"所导致，如果不解决这个问题，仅仅是简单用司法裁决，"不晓告而加之罪"，这是"罔民而刑之"。因此地方的治理不仅仅在于地方司法，更在于司法外的教化上，于是"采诸经传、择其文理易明而可以感动人之善心者，为谕七篇"，希望民众可以"各以此更相训教，率而行之"，长此以往，"礼义之风必从此始"。如果还要"反予教言，恣意任情"，那就必须诉诸"刑禁"了。②

---

① （元）脱脱等：《宋史》卷205《艺文四》，中华书局1979年版，第9554页。

② （宋）陈耆卿纂：《赤城志》卷37《风土门二》，中国文史出版社2004年版，第1189—1190页。

郑至道之文已具备劝谕文的几个特征,一是开宗明义宣扬教化息讼的属性,是为了辅佐"承流宣化"的官员职责;二是指明现实问题,之所以风俗鄙陋,是因为教化未普及,民众不能够理解律法规定,因此民虽有罪,但是主要在施政者身上,"若不晓告而加之罪,是罔民而刑之也";三是根据需求,给出劝谕的具体措施。"为谕俗七篇,百姓各以此更相训教,率而行之"。

朱熹曾就劝谕文的写作规范进行过详细阐发。从文体上来说,朱熹谈到劝谕文的作用应该是适应地方教化,因此在结构上和古之"典谟之书"没有本质上的区别;就内容来看,囿于劝谕文的传播对象是地方小民,并不具备过高的文化修养,因此劝谕文的内容,只能是对儒家伦常思想和秩序规范的最简单、直白、具体的呈现,其劝诫字词、规范要求、罗列条目都务必简化,所以属于"小学"的范畴。从语言上来说,朱熹再以"典谟之书"举例,认为当今所传经典"恐是曾经史官润色来",因此具有当今的官话表述特点,如若真是"使古人闻之",可能"亦不知是何等说话"。[①] 所以劝谕文的语言一定要符合被劝谕地方百姓的语言习惯,所以应当以地方方言为参照,达到劝谕一方的实用价值。

朱熹又补充道,正如学术思想的传播,在二程未出之时,"如胡安定、石守道、孙明复诸人说话",观之言语,虽然"未尽精妙",但表达上"却尽平正"。因此进一步强调,劝谕文的语言应当"极为平正简易",正如人之胸襟,平坦宽阔,但"见他一个胸襟尽包得许多"。[②]

正如上文所言,劝谕文本就是在宣传程朱义理教化的地方实践上的文本载体,为了让程朱理学的义理为更多的基层百姓所熟知和接受,因此劝谕文不仅在语言措辞上要"平正简易",在实用性上也要可以随时"风教一方",更具大众普及性。另外,过往的劝谕文一般采用张榜告示的方式传达给民众,朱熹认为这种途径过于单一,传播效率过于低下,因此建议除了官方公告,还要在村落、乡校等民间集会场所"粉壁告书",另外还需刊行

---

① (宋)黎靖德:《朱子语类》卷78,中华书局2007年版,第3751页。
② (宋)黎靖德:《朱子语类》卷129,中华书局2007年版,第5870页。

成册，广为发布。地方官员、士绅还要去各宗族乡里进行普及宣讲，让基层民众可以通过最广泛、最直接的途径接受劝谕内容并付诸日常生活之中。

正是因为对劝谕文的书写有着如此真知灼见，作为理学集大成者的朱熹，秉持着劝谕文对地方治理的重要作用，每至一地，都要因地制宜地颁行相对应的具有实用价值的劝谕文。例如朱熹在知南康军任上所颁行的《知南康榜文》与《劝农文》，就是根据当地民风问题主要出在"孝悌不行、农耕不力"上。在《知南康榜文》中，朱熹大量援引《孝经》的内容，并进行通俗化的阐释，辅之以《示俗》篇，将对南康军民众的劝谕核心落在了以"劝孝"为中心的修缮家庭伦理秩序之上。在《劝农文》中，朱熹不仅以具有使用价值的农业生产规范指导乡民的农桑活动，同时在劝农中依然渗入"劝孝"的义理，将勤恳务农作为"养父母""尽孝道"的物质保障。为了让民众在更加真实的案例中认识到"孝道"的重要性，朱熹还颁布了《晓谕兄弟争财产事》，以南康军下的都昌县与建昌县都存在的"慈母在堂"而兄弟二人却"别籍异财""争财"的事件为反面教材，以儒家之孝道解决了这两起纠纷，并以此为基点，将民众对孝道的良心体悟出来。又如朱熹在知漳州任上，针对漳州地区治理难度大、所需劝谕类别多的现状，颁行了"劝谕十条"，以程朱理学法思想之"定分"原则，将应受劝谕人群分为男女、士人、官户、宗教等，给出了针对性的劝谕条目：针对官吏扰民的现象，有针对官吏的《龙岩县劝谕榜》；针对宗教兴盛，影响世俗婚嫁伦理的现象，有针对宗教的《劝女道还俗榜》等。① 在知潭州任上亦有"约束四十四条"。除此之外，朱熹还兼顾对过往具有价值的劝谕文的阐释，例如就以《揭示古灵先生劝谕文》对陈襄的劝谕文进行阐发和传播。② 在劝谕文的实践中，朱熹做到了身体力行，为程朱学派理学家的劝谕实践作出了表率。

在朱熹的示范作用下，程朱学派的理学家先后投身以劝谕文的形式补

---

① （宋）朱熹：《晦庵先生朱文公文集》卷100《中华再造善本：唐宋编集部》，北京图书馆出版社2006年版，第7048—7059页。

② 同上书，第7050—7070页。

充进地方治理的教化力量的实践中，真德秀是其中的代表。真德秀曾在多地为官，在各地也留有数量可观的劝谕文。如知泉州时的《泉州劝孝文》、知潭州时的《潭州谕俗文》等。除了自己撰写劝谕文外，真德秀还为其他的具有劝谕作用的文本作序、跋，将这些文本在民间刊刻传播，增加了其中对于忠孝伦理秩序的道德教化作用。真德秀的劝谕文主要包含了以下几点内容。

第一，弘扬孝悌。孝悌之道，是儒家伦理中最基础的善端之一，所谓"百善孝为先"，因此真德秀的劝谕文内容也是以弘扬孝悌之道为首的。真德秀在《谕俗三事》中有云，"古者教民者"，必先以"孝悌为本"，并且指出国法刑罚也都是以"不孝不悌为先"的，之所以如此，是因为"人禽之分"的根本就在于人是有"父子之恩""长幼之义"的。真德秀二次知泉州时，在《再守泉州劝谕文》中也阐释了孝悌之道的重要性，认为"凡为人子"，在家要有双重的伦常操守，需以"孝敬为先"，然后做到"友爱、协和兄弟"。真德秀在行文中以"慈乌反哺"为喻，指出乌鸦犹知报父母之恩，人如果不孝，"乌雀不若"。除了对父母尽孝外，真德秀还谈到了"兄弟之爱"的内容，将兄弟比作"手足"以进行阐发，手足者"实同一体"，是人"痛痒相关"之必需品，因此告诫兄弟之间要互相友爱。[①]为了进一步弘扬孝悌之道，真德秀专门颁行了《泉州劝孝文》，指出先前《再守泉州劝谕文》所劝谕的三件事，"首及孝悌"，然后用多个孝行典故，如吴祥取肝救父、黄章取肝救母，补充了在孝敬父母的孝行中，兄弟和睦的重要性，将孝与悌结合起来劝谕。另外，真德秀还以反例彰正理，举出吴良聪因不孝而受罚之反例，给予不孝之端以震慑。在知潭州任上，真德秀的《潭州谕俗文》别具特色，开始引儒家经典作为孝行当施的缘由，如以《诗经·小雅·蓼莪》中"父兮生我，母兮鞠我"之言讲述父母的恩情，用"欲报之德，昊天罔极"诉说"子欲养而亲不待"的遗憾，表明了父母在时，不可不尽孝道的立场。对于孝道如何践行，真德秀亦引经典，以《孝

---

① （宋）真德秀：《真西山先生集》卷40《丛书集成初编》，中华书局2011年版，第2416页。

经·纪孝行章》进行规范指导，指出孝行有五者——"居、养、病、丧、祭"，父母居家时，则"致其敬"；供养父母时，则"致其乐"；父母生病时，要"致其忧"，父母亡故后，要"致其哀"；祭拜父母时，需"致其严"，体现了朱熹所倡导的，劝谕要有其实践指导价值的意义。

第二，宗邻友爱。孝悌之道，对应的是血脉关系最为亲密的父母兄弟，而比父母兄弟稍远一些的亲密关系，则是落在了宗族、邻里的相处之中。真德秀劝谕文的第二个重点内容就是教导民众如何做好与宗族邻里的妥善相处。真德秀首先以宗族邻里于己之恩情开头，让民众理解宗族邻里的重要性。真德秀认为"宗族之恩"是"百世不绝"，即使相隔甚远，但是同宗之间"血脉相通"，是不容"闲隔"的；"邻里乡党"，虽然在血缘上相较于宗族而言是疏远的，但是日常生活中在"患难相救""疾病相扶""有无相资""缓急相倚"上，所给予的情义之重，是不可忽视的。[①]因此，真德秀在《再守泉州劝谕文》中对"族属""乡邻"的情义认定为"人道大端"。因此，提出了应当"崇宗族之爱""厚邻里之欢"的指导思想和指导方法，即在日常生活中，应当以"恩义浃洽"，如果产生了些微矛盾，"小小乖忤"，还需"务相涵容"，不要因宗族、乡邻的小矛盾就告上公堂，"轻起讼端"。

第三，官民关系。官方政令的执行力如何，除了政令本身的合理性以外，还需要兼顾官民之间的关系。如若官民矛盾频发，不仅不能妥善处理基层治理问题，甚至会引起民变。因此，真德秀同样注重在劝谕文中教导官吏和民众，调和官民关系。在《谕俗三事》中，真德秀首先将官民利益绑定在一起，认为官民之间"谊同一家"，彼此的"休戚利害"，应当"合相体恤"。因此，为官者不可"以非法扰民"，民众也不能"以非理扰官"。当然，在官民关系上，官吏始终处在强势的位置，因此真德秀更倾向于官员应当履行其职责，尽责地进行劝谕。如在《福州劝谕文》中，真德秀指出官员应当"以安抚一道为职"，循吏之能，在于可以使"民安"，"民安而

[①] （宋）真德秀：《真西山先生集》卷40《丛书集成初编》，中华书局2011年版，第2398页。

后盗息",基层社会之风化礼俗自然得成。

第四,劝课农桑。农业是传统中国的本业、本道。因此在对于劝课农桑的阐述中,真德秀延续以"天之道""人之道"劝谕"孝悌""义理"的逻辑,将劝课农桑和"用天之道"以及"因地制宜"的原则联系在一起。真德秀以"用天之道"阐发在一年的耕作中应当遵循"春勤于耕""夏勤于耘""秋勤收敛"的天道运行、万物生长规律;以"因地制宜"解释了在地势高的田地"宜麦"、地势低的田地"宜禾"的土地利用合理性。这不仅具有思想上的劝谕作用,更具有在实际的农业生产中给予民众指导的作用。①

由此可见,真德秀的劝谕文行文通俗易懂,逻辑明白晓畅,并且字里行间阐发出理学之义理,因此实践价值极高。这种符合普通民众所需的文体形式,反映出真德秀以"权变"传播理学法思想,以笃行投身于社会治理的实践中。

另外,黄震也曾在地方治理中采用劝谕文的方式进行实践。在国家贫弱、时局艰难之时,黄震"尝出晓谕",为了与百姓"息心省事""祈天乞命",教导百姓减少争讼,安分守己,一切以祈祷国家顺利抵御外敌、社会平稳为重。黄震在劝谕文中以内外之困为例:在朝中,"圣君、大臣,方忧劳于其内";在边关,"边臣、战士,誓奋死于其外",我们这些官、吏、士、民应当"自立",体恤朝廷。在国家富强安稳之时,百姓为了自身利益争讼告官,是人之常情,但是到了"艰难时节"的时候,最关键是要"保全自家性命",其他的事情都是小事,又"何足计较",以至于"暇于讼也"。②在这篇劝百姓息讼保家的劝谕文中,我们能够看到黄震身为程朱学派理学家,对家国利益的把握,以及对治理信仰的践行。

综上所述,以程朱学派理学家为代表的地方官把劝谕文作为加强地方政府与基层社会联络的手段途径,目的就是要加强政府与基层社会的联络

---

① (宋)真德秀:《真西山先生集》卷40《丛书集成初编》,中华书局2011年版,第2437页。

② (宋)黄震:《黄氏日抄》卷80《公移三》,中华书局1985年版,第5468页。

与沟通。将推行国家政令于民间作为自己的职责,对宋代地方政治权力深入民间促成基层社会与主流社会认同方面起了积极作用,并且宋代的劝谕文为元明清统治者所继承,对元明清时代的基层社会治理产生了相当大的影响。

(二)化"义"为"利",推行礼教

移风俗,美教化,是理学家乡村社会治理的理想状态。程朱理学家化"义"为"利",开展基层教化的思想建设;进而推行礼教,作为构建基层秩序的纲目。

对义利观阐释是开展基层教化的思想建设。程朱理学家们在地方教化中主要面对的对象即是庶民。缺乏优遇和教化的庶民更容易好"利",而庶民也有可能通过读书科举获得士大夫身份,因此他们也有着好"义"的物质性、精神性基础。实际上,程朱理学家已充分认识到,君子之"德"与君子之"位"、小人之"德"与小人之"位"并非必然统一。"君子小人有二等"[①],上流社会的衣冠君子中也有道德卑劣的小人,底层农工商贾仆隶之小人中也有德行高尚的君子。基于这种认识,程朱理学家在治理庶民的时候,就需要对这两方面的人性心理予以把握。

朱熹《论语集注》解"君子喻于义,小人喻于利"曰:"义者,天理之所宜;利者,人情之所欲。"又引杨子之言曰:"所喻者义而已,不知利之为利故也,小人反是。"[②]这里说的"君子""小人"多少带有社会阶层的意涵,但其主要意思却是就道德理想层面来说的:简言之,好"义"、遵"天理",学为"君子",这是庶民所当努力的方向;而好"利""人欲",沦落"小人",这是庶民所应改变的现实处境。基于以上判断,朱熹将美化风俗之方法也分为两个层面:劝以道义,这是待民众以"君子"之道,希望其能以好"利"之心好"义",转人欲为天理;威以刑罚,这是正视百姓作为"小人"的社会特征,利用其趋利避害的心理,以强制性的方式敦促其遵守

---

① (宋)袁采:《袁氏世范》卷2《处己》,刘云军注,商务印书馆2017年版,第80页。
② (宋)朱熹:《四书章句集注》,中华书局2012年版,第157页。

规则底线。由此，在半诱导、半强制的氛围下，朱熹试图把理法规范内化到百姓心中。

从上文朱熹教民榜文对遵守"理法"规范之该当性的论证和说明中，可以看到朱熹非常在乎民众内心对于规范的信服程度。然而，问题的难点在于：尽管宋代阶层上升通道大为开放，庶民读书做官的可能性极大提高，但阶层差别是现实存在的，庶民阶层本身的受教育程度和认知能力相对有限，他们可以轻易地认识到现实之"利"，如规避刑罚之害的必要性，但却很难明白循"义"或遵理守法的好处。正如朱熹所言："民心不得其正，眼前利害犹晓不得，况欲晓之以义理哉！"[1]因此，要想使民众对理法规范心悦诚服，必须把理法背后精微的儒家义理转化为百姓能够理解的、具象化的语言，即遵守"理法"有什么现实的利益。换言之，通过化"义"为"利"，使民众信服理法，从"免而无耻"，上升到"有耻且格"。正是基于这一逻辑，朱熹及其后的南宋理学士大夫特别重视在教民榜文中宣讲遵循儒家德礼、义理的利益。

朱熹知南康军任上的《示俗》与知漳州任上的《揭示古灵先生劝谕文》二文，反映了他对礼教义理的宣讲中推究词句。《示俗》一文乃是对《孝经》"庶人章"正文五句的解释，而《揭示古灵先生劝谕文》则是对北宋陈襄劝谕文的阐发。《孝经》按照施教对象的不同，依次设置有天子、诸侯、卿大夫、士、庶人等章，而朱熹《示俗》榜文仅就"庶人章"展开，可见其教化庶民的针对性和自觉性。

两个榜文的内容都是教导民众践行儒家道德理想，但却并不是展开抽象的义理论说，而是把礼教义理化约为"谨身节用""以养父母""父义""兄友""弟恭""子孝""夫妇有恩""男女有别""子弟有学""乡闾有礼"等具体简明的行为规范，并予以进一步阐释。这自然方便了老百姓对于儒家礼教的理解。此外，朱熹将"孝经庶人章正文五句"与"佛号佛经"相比较，宣称念佛是"无益于身，枉费力也"，并奉劝民众"逐日持诵，依

---

[1] （宋）黎靖德：《朱子语类》卷111，中华书局2007年版，第5125页。

此经解说,早晚思惟,常切遵守",这正是暗示践行儒家礼教、遵守"理法"规范乃是真正的、合理的利益所在。理学家的化"义"为"利",其目的在于引导民众以好"利"之心好"义"。"理法"规范获得了民众发自内心的信服和尊重,"依条旌赏""依法究治"的政令强制才能顺利地发挥效用。

《示俗》和《揭示古灵先生劝谕文》两篇榜文得到了广泛传播,与此同时,朱熹化"义"为"利"、贯彻理法的思路深刻地影响了其后程朱理学家的教化思路。

朱熹弟子陈宓在《安溪县到任劝谕文》中说:"今取古灵先生为仙居令教民之训以示之曰:'为吾民者父义……则为礼义之俗矣。'"此处所引述的"古灵先生为仙居令教民之训"与朱熹《揭示古灵先生劝谕文》所载正文基本相同,仅个别文字微有差异;此外,陈襄原文"父义"后有"母慈"一项,而朱熹、陈宓所录俱略去。由此可推测,陈宓对陈襄榜文的援引很可能是直接录自朱熹漳州《揭示古灵先生劝谕文》。①在《南剑州劝农文》中陈宓又再一次提到了"古灵陈先生劝谕文",并详细陈述了遵循理法的好处,即将遵循理法与"和气熏蒸""时和岁丰"的利益联系起来。这可以视作化"义"为"利"、收服民心的典范。而其《安溪县到任谕俗文》结尾也是通过劝以道义、威以刑罚来说服老百姓遵守理法。

朱熹弟子真德秀的《潭州劝谕文》《再守泉州劝谕文》《福州劝谕文》三篇教民榜文中也存在其从"有何好处"的角度进行教化的内容。真德秀在《潭州劝谕文》中说,知州职责并非仅限于"有司常务而已",还包括"布宣德化、导迪人心"。因此以三事劝谕民众:其一是"以孝为本";其二是"和协亲族,济里间";其三是"非法之事勿妄作""无理之讼勿妄为"。他把民众所须遵守的理法规范以简明的方式开列了出来。而为了使民众信服,真德秀既点明了奉法循理的好处,也明确指出了非法无理的恶果,即循理召福、违法获刑。这也是将理法之义转化成了百姓易于理解的关于利

---

① (宋)曾镛:《复斋先生龙图陈公文集》卷20《宋集珍本丛刊》第73册著录,线装书局2004年版,第1068页。

害的语言。

类似的例子还有其《再守泉州劝谕文》以及《福州劝谕文》。在《再守泉州劝谕文》一文中，真德秀把"弭灾召和"当成是遵循理法的善报，这与陈宓所谓"礼逊兴行，时和岁丰"，方大琮所谓"人事既尽，时和自应""人事既尽，天报必丰"如出一辙。在《福州劝谕文》一文中，真德秀援引儒家经典，从正反两方面指出了民众所应遵循的规范。"尔民所当戒"三条分别出自《论语·颜渊》《周易·讼卦》《孟子·离娄下》。"尔民所当勉"两条皆出自《孝经》，且第一条即朱子《示俗》榜文所阐发的"庶人章"。以上文字全部围绕孝亲而展开。敬爱父母乃是人除自爱以外最基本的私利心，但也是人伦道义的始基。有子曰："孝悌也者，其为仁之本与？"即是此意。在此榜文中，真德秀以人人共通之孝亲私利心为出发点，论述了"爱身寡过，务本著业，毋喜斗，毋健讼"等规范的合理性、可接受性。结合三篇榜文来看，真德秀的教民言行既是对朱熹《示俗》榜文的阐发和运用，也顺承了朱熹化"义"为"利"、教化民众"奉法循理"的基本思路。

同样受到朱熹影响的还有方大琮。方大琮在《将邑丙戌劝农文》中宣称"今再以朱文公注解孝经庶人章并刻示汝"，"汝能服行，受用无穷"。此处所谓"朱文公注解孝经庶人章"显然指朱熹南康军《示俗》榜文。方大琮认为，只要农民遵守理法，自然能获得"时和自应""仓箱盈止，室家宁止"的利益。同年秋，在《将邑丙戌秋劝种麦文》中，方大琮将丰年"乐岁"之原因归结为对理法教谕的遵从，这既是为了说明"义"与"利"的关联性，也是为了引导"利"归"义"，即用"受用无穷"的结果反证民众"服行"理法的该当性。类似的例子还有其《永福辛卯劝农文》，以及《广州丁未劝农》。此二处援引《左传》中子产与子大叔论政之语，将民众、官吏"奉法循理"皆比作"农之有畔"，官民皆须各守"界分""行毋越思"。所谓"人事既尽，天报必丰"方大琮乃是把"和气""丰年""久久受用"归为官民"奉法循理"的结果，这在思路上与朱熹、陈宓、真德秀很是一致。

在做好思想建设后，就需要通过推行礼教构建基层秩序的纲目。礼教的推行，不仅局限于宗族之间，更是要发散推广到整个地方治理的实践中。程朱学派理学家明确礼教对于伦理道德、风俗养成的重要意义，为了让礼教在民间的普及度增加，理学家们不仅阐释礼教条目，而且通过对礼教的恢复和举行，让民众对礼教有着更加生动的理解，得以让理学礼教之风更广泛地落实在基层治理之上，并且培养民众向善、笃学的价值观念。因此，理学家们无论是为官还是为学，都致力于在乡间推行礼教，想要以礼教作为支点，构造出理学法经纬下乡村治理的理想社会。

朱熹曾在同安县学开讲经典，并且还与往来学生一同考释乡饮酒礼的条目，厘清之后进行乡饮酒礼的践行。无独有偶，朱熹在南康军任上亦曾整顿军学，增加其中的礼教内容，并且颁布了《政和五礼新仪》，对其中谬误之处进行修改，上呈朝廷，作为礼书编修的参考。①

朱熹门人在朱熹及其他师长的号召下，多有将礼教践行在相邻活动之中，从而以此官方之外的方式来实施礼教，传播理学，让民众在长幼尊卑的伦理示范下得以敦厚风俗。如胡泳就在南康军举行乡饮酒礼，被黄榦评价为有"古人礼教之遗意"。黄榦之弟子赵师恕亦与友人在余杭乡间举行乡饮酒礼，撰成礼条传播，黄榦为其作序，称赞赵师恕"官不达而忘其贫"，在其讲肆中与"乡之有志之士"复举乡饮酒之礼。"礼成，予犹恐观礼者，习其数而不明其义也。"②可见整个程朱学派与礼教之践行之貌。

其中，絜矩之道是推行礼教的重点。

絜矩之道是《礼记·大学》中谈及的概念，《礼记》既言"君子有絜矩之道"，是指君子在治国平天下的实践中，敬重尊长以期在民间兴孝道，尊重兄姊以期在民间兴悌道，体恤孤幼使得民皆有所养。因此，絜矩之道的实践面落在人伦上。程朱学派在法思想的治理实践中认同并

---

① （宋）朱熹：《晦庵先生朱文公文集》卷68《中华再造善本：唐宋编集部》，北京图书馆出版社2006年版，第5001页。

② （宋）黄榦：《勉斋集》卷16，中华书局2004年版，第802页。

践行着絜矩之道,将对人伦的观念传播和塑造放在对个体的认知上,重视个体在规范和度上对人伦的把握,同时推己及人,明确人与人之间的伦理规范,由一及二,由二至三,进而在整个基层社会范畴内达到人伦秩序的建构。

朱熹对此有云:"盖絜,度也。矩,所以为方也。"因此,絜矩就是指"以己之心度人之心",这样的做法是了解到"人之所恶者不异乎己",由此才能不敢于"以己之所恶者施之于人"。在朱熹看来,如果人人都能互相体会,那么人与人之间就能做到物我的平衡,彼此就能"各得其分""各就其中""不相侵越",就让人和人的权利和边界"皆平均如一……截然方正",填充圆满"无有余不足之处"。能做到以上的理想,也就是"所谓絜矩者也"。①

通过对《大学》之中"絜矩之道"的剖析,朱熹明确了絜矩之道就是教化民众要在既定的原则和范围内把握自己的言行。朱熹还强调,作为深明礼教的士大夫,是谓"上者"或"施教者",需要以身作则的教化姿态,秉持"絜矩之道"所言方正、平均的规范和统一的"度"。如"欲民兴孝悌",那么施教者自己"必要为孝悌之事";如果要民众"不生悖逆之心",那么施教者就不能"以己之恶施于民"。可见,"絜矩之道"就是在规范下彰显道德示范在教化中的重要作用,这种规范,也就是理学家所谓之"礼"。理学家们通过将"不下庶人"之"礼"下沉到民间大众之中,为乡约、为族规、为榜文,等等。理学家之教化,需要在"礼"的规范下,依照人伦规范与人相处,斟酌言行,这样才会在民间构建起和谐的人际关系,对于基层秩序的整合也会更加顺畅。

黄榦继承和发挥了朱熹对絜矩之道的认识,在撰写《袁州萍乡县西社仓絜矩堂记》时,黄榦阐发了絜矩之道与日常乡村治理中道德行为判断的关系。

黄榦曰:"絜,度也,矩,所以为方也。"絜矩之道,就是在"处己接物"之中做到"度之而无有余不足"。以"社仓之制"为例,在乡里之间,

---

① (宋)黎靖德:《朱子语类》卷16,中华书局2007年版,第767页。

富裕之民得以"田连阡陌而余粱肉",贫困之民却"无置锥而厌糟糠",这就不是"方"的状态了。因此,创办社仓得以用"此之有余济彼之不足",从而达到"絜矩之方"。黄榦进而谈到絜矩之礼教,是"君子之道"。"君子之道"是"必度而使方者"。因为天生万民,均是"禀天地之气"、"受天地之理"而生的,故而天下"生民"均"未尝不方也",而"方"者是"人心之同然",就如"恻隐之心人皆有之",均是"人之同情也"。①

黄榦将絜矩之道与社仓之法联系在一起,将理学家将社仓交予民众自行管理的行为理解为"民胞物与"的具体呈现方式之一。民众通过社仓管理参与到了与自身和乡邻息息相关的事件中,得以激发民众的道德自觉,让"君子之道"氤氲至普通庶民之中。

(三)以息讼为目标的纠纷调解

相较于劝谕文在对基层整体民众的教化而言,调解主要针对民众之间产生的矛盾纠纷而行的一种基层治理手段。虽然有乡约、劝谕文、文教等多重手段教化民众遵从伦常秩序,维系基层社会的稳定与乡里和谐,但是民众之间产生矛盾以至于诉诸公堂的事件时有发生。虽说在程朱理学法思想的践行下,身为程朱理学家的地方官在地方司法的诉讼审判中能够保持狱清的质量,但是本着息讼的美好愿景,若能在进入司法审判程序之前就止讼平争就再好不过了。基于此,在基层纠纷中优先调解的治理手段广为程朱理学家所应用。在调解的思路上,程朱理学家们对于父子相争,就"劝以孝慈";兄弟相争,就"劝以爱友";宗族乡邻相争,就"劝以睦姻任恤"。②这种以动之以情、晓之以理为侧重的调解,看似与国法的方式相悖,似乎与程朱理学支持国法审判正义性的理念不相符,但是这其实更贴近于"义理"的说教,对于地方治理而言是更为温和的手段。调解运用于民众纠纷,是在官府主导下的,主要分为四种类型。

---

① (宋)黄榦:《勉斋集》卷17,中华书局2004年版,第729页。
② 中国社会科学院历史研究所宋辽金元史研究室点校:《名公书判清明集》卷10《人伦门》,中华书局2002年版,第650页。

一是基层官员主导下的调解。以程朱学派理学家为代表的基层官吏不仅通晓经术，更是昌明法律，善于在矛盾纠纷中找到符合基层治理目标的平衡点。在调解诉讼纷争时，援理引法都只是调解的跳板，最终落在了使矛盾双方通晓血缘家族、宗亲连理间的重要性和责任心，从而完成自人至家庭再到家族中伦理道德秩序的重构。有着理学家身份的基层官吏们之所以孜孜不倦地将调解寓于情理之中，是想让受到调解的多方明晰人伦感情，唤醒心底善性，达到"闾阎小人，无不翻然悔悟"①的理想目标。

例如在对"俾之无事"一案的处理上，本应采用诉讼裁决，但因为本案所涉及的事件是程若沔状告程若泾、程若庸争夺家产，要求追讨并且重新分配，本质上属于兄弟三人之间的家庭内部矛盾，所以在程序上，身为程朱学派理学家的蔡杭并没有依法或依理进行审判，而是在以"特从所请"和"乞行免追"后，于公堂之外进行调节，用"同气之亲、鹡鸰之义"谆谆教导，劝三人以手足兄弟之情为重，莫要听信小人"教唆之言"，引起伤风败俗的诉讼。最终调解成功，兄弟三人并"无争状"，于公堂外化解了诉讼。②

二是官员、宗亲共同参与的调解。调解是为了息讼，是为了达到亲属伦理上的和解与再认同，官员只不过是达到此目的的沟通桥梁。故而，如果能直接找到宗亲尊长进行调解，其效用是事半功倍的。因此，官民同调体现出了官员在处理伦理秩序纠纷中的义理智慧，以及重视乡间自治的手段和作用的正确认知。

例如在"因其财而悖其母"一案中，有犯人李三，因觊觎家中钱财，私自盗取，为其母和其兄所获。胡颖在审判此案前指出，李三的罪行有悖人伦，泯灭孝悌，身为儿子"而悖其母"，身为弟弟"而悖其兄"，按律、

---

① 中国社会科学院历史研究所宋辽金元史研究室点校：《名公书判清明集》卷7《户婚门》，中华书局2002年版，第384页。

② 中国社会科学院历史研究所宋辽金元史研究室点校：《名公书判清明集》卷10《人伦门》，中华书局2002年版，第661页。

依理，皆"当以重惩"。但是本着程朱理学法思想"教化为先"而"刑罚为后"的指导，胡颖请来李家宗族尊长，一起对李三晓之以"孝于父母"之情，动之以"友于兄弟"之理，用纲常伦理打动李三；并对李三的母亲和哥哥予以宽慰，认为李三尚有可造之处，未来浪子回头，"未必天理不还"，于是将李三押回家中，并且还请来"邻里相与劝和"。[①]在官员和宗亲、邻里的共同调解下，一件诉讼未经司法审判即被消弭，可谓近于无讼矣。

三是官府授权民众的自行调解。官府授权民众调解对于地方社会治理的多元主体而言是个多赢的局面。相对于调解中由于血缘、地缘、风俗之隔，官方的调解总会呈现非人情化的"说教"，基于官府的国家机器性质，调解在民众看来，相对情理，更多法理。因此官府也乐得地方精英自主解决问题。就地方精英而言，调解找到自己，即是彰显了官方对自身在地方影响力的认可；自己前往调解，有着官府的批准，则更有制度上的支撑，对于今后自己在地方威望的提升有所帮助。就被调解方而言，一来免去了直接面对官府的压力，二来成为地方精英彰显自身影响力的契机，同样是有百利而无一害的。因此，多元主体的利益交汇，彰显出官府授权民众调解独特的魅力。

例如在"兄弟争葬父"一案中，有兄弟二人，因父亲为官时对自家子弟的处置"轻重失中"，因而对父亲心怀怨恨。父亲死后，又因遗产分配问题致使兄弟二人反目，并且诉诸公堂。更重要的是，因为这两件事，导致兄弟二人都拒绝承担起安葬父亲的责任。蔡杭在得知案件原委后，首先认定，为人子者"父死不葬"是"灭人伦"的离经叛道行为，但一方面基于息讼的意愿，另一方面也因为兄弟二人之父曾为官知府，当是"仕宦之家"，理应蒙受天理教化，只是此刻遭受蒙蔽，还有教化的可行性。基于此，蔡杭请来兄弟二人的六位亲友，请此六人"各持公论""极力调护"，以"葬亲大事为念"。最终，兄弟二人醒悟过来，不再争夺遗产，"急办葬亲"，经

---

① 中国社会科学院历史研究所宋辽金元史研究室点校：《名公书判清明集》卷10《人伦门》，中华书局2002年版，第649页。

亲友的合力调解，二人终全"天伦之爱"。①

又如在"赁人屋而自起造"一案中，蒋邦先与李茂森本为娘舅亲戚，李茂森租住蒋邦先之房屋已久，突然被蒋邦先以未经业主同意而对房屋"撤旧造新"告上官府。胡颖接手此案后，根据李茂森翻新房屋已久而蒋邦先之诉状"姗姗来迟"的矛盾，识破了蒋邦先想要以此勒索李茂森欲"裁减钱数"的不轨用心。此案若经审判流程，本该清晰高效，但胡颖考虑到蒋、李二人有亲属关系，因此决定先施以调解，请来两人的邻里朋友"从公劝和"，最终在"乡党耳目之下"，两人矛盾化解，"得其情"。②由上述两个案例可见，相对于官府的调解，有了宗族邻里的参与，形成的调理合力更为贯彻，对息讼、维护社会秩序的帮助更加春风化雨。

值得一提的是，由于官方授予宗族邻里调解权进行的调解，是所有调解手段里唯一没有官方直接参与的一种，因此，出于对此方式的监督，官方有着明确的调解时间限制和调解质量准绳。从调解的时间限制而言，有着五日的最高时限规定，"官司当以五日为期，坐待回报"③，如果五日之内，民间无法向官府反馈调解结果，那这一案件就自动转回官方的司法审判程序之中。从调解的质量准绳而言，只有调解到双方达成了"无争状"或者"无词状"的共识，并且签字画押后，此调解才能算成功，类似"详辨合同文字及无争状"，或"取无词状"。④另外，如果当时调解成功，后续反悔又争讼的，会将此调解状作为罪加一等的证据，以"罪罚状入案"。⑤由此确保在官府没有直接参与下的调解的效率和质量。

---

① 中国社会科学院历史研究所宋辽金元史研究室点校：《名公书判清明集》卷10《人伦门》，中华书局2002年版，第677页。

② 中国社会科学院历史研究所宋辽金元史研究室点校：《名公书判清明集》卷9《户婚门》，中华书局2002年版，第602页。

③ 中国社会科学院历史研究所宋辽金元史研究室点校：《名公书判清明集》卷10《人伦门》，中华书局2002年版，第679页。

④ 中国社会科学院历史研究所宋辽金元史研究室点校：《名公书判清明集》卷6《户婚门》，中华书局2002年版，第369页。

⑤ 中国社会科学院历史研究所宋辽金元史研究室点校：《名公书判清明集》卷10《人伦门》，中华书局2002年版，第661页。

四是国法压力下的调解。一般来说，调解是相对于司法审判而言的，因此调解以义理教化为主，很少有国法的参与，因为如果诉诸国法，倒不如直接进入司法审判程序更加正规。但是这二者之间依然有个"中间带"，也就是当伦理道德的规劝不足以感化被现实的利益所吸引的人时，就需要通过国法展现出如果不服从调解，就要接受国法审判的压力。也就是如果没有"官司按法而行"的压力所在，那么继续"如此委曲劝谕"，这件纠纷"几时是了"？[①]因此，用威严的国法压力，恰当填补上由于人伦道德所不能全面覆盖现实利益纠葛吸引力所产生的漏洞和"中间带"，可以极大提高调解的效率，是为国法压力下的调解。

如果说"义理"决狱是在审判程序的执行中将国法与天理的融合，那么在国法压力下的调解就是在审判程序的执行前将国法与天理的融合。程朱理学法思想中的"德"与"刑"的调和在二者中展现得淋漓尽致。相对于司法审判程序中的"义理"决狱，国法压力下的调解更加适用于现实，因为比起狱讼与执法，教化说理才是更平和的息讼。在国法的坚实后盾下，受调解的双方更能意识到如若不接受调解会面临什么后果，鉴于双方在调解中犹豫不决的诱因是现实利益，那么国法这一现实惩罚就更能促进其作出符合利益的决定。

例如，在"女家已回定帖而翻悔"一案中，谢迪之女与刘颖本有婚约，刘颖手书婚帖，谢迪也已回定亲帖。但谢迪旋即反悔，于是双方将此事诉诸公堂。婚姻大事，本应尊崇礼教伦常，诉诸公堂本非善事。因此，胡颖先是以调解的方式尝试让双方撤诉，完成婚约，但是谢迪坚持称定亲婚帖并非出其家之手，胡颖只得先将此帖送去书铺进行辨别，经过鉴别，此定亲帖确实是由"谢迪男必洪亲笔书写"。于是，胡颖开始对谢迪加以国法的压力，向谢迪道明：在法，如若"女家已投婚书"，但因为单方面原因"约而辄悔者"，需受"杖六十"的律文。谢迪由此

[①] 中国社会科学院历史研究所宋辽金元史研究室点校：《名公书判清明集》卷9《户婚门》，中华书局2002年版，第594页。

而生畏，果撤其讼。①在这个案件中可以看出，谢迪之所以在回定亲帖后反悔，违背礼教，显然是受到了现实利益的蛊惑，因此，单纯的调解无法让其悔悟；基于此，胡颖搬出了法条，道明谢迪会因此受到六十杖刑，谢迪果然撤诉。体现了在两难之间，国法的压力对于诉讼方尽快作出决定的推动作用。

再如"董党诉立继事"一案中，有董党者，其养父生前将其立为继嗣，待其父亡故后，其养母赵氏却剥夺了董党的立继身份，并驱逐了董党，因此而诉诸公堂。蔡杭接受此诉讼后，认识到这是一件"母子人伦"之间的矛盾，因此倾向于以调解解决，对赵氏晓之以情理，以董党养父健在时董党"并无不孝破荡之迹"为由，指出赵氏驱逐董党在情理上的错误。见赵氏依然没有悔改之意，于是搬出国法，说明虽然在立继权的归属上，法条有说明"夫亡从妻"，但是也有"父在日所立不得遣逐"的法条存在，因此赵氏的行为是违法的，如果真的进入审判程序，赵氏会受到法律的严惩。在情理劝谕和国法的双重调解下，赵氏果然悔悟，重新收董党为子，由此在司法之外得以息讼。②

当然，以上两个案例中，搬出国法之后，就得调解的情况还是偏理想化的，因此在调解中，官员会加上一些"威胁""严厉"的语言，例如"定当重置""必将无理之人重置典宪"等。表达出在国法的压力下，定要将调解顺利完成，达到"当人情""合法理""绝后患"的理想结果。③

在程朱理学法思想的影响下，具有程朱理学家身份的基层官员们，面对基层好讼的情景，在努力做好司法审判的基础上，也在探究着以调解息讼的可能性，并且在使用中有着比司法更加优先的位置。无论是司法审判中的"义理"决狱，还是调解中官方、官民、民间以及国法压力下的多种

---

① 中国社会科学院历史研究所宋辽金元史研究室点校：《名公书判清明集》卷9《户婚门》，中华书局2002年版，第606页。
② 中国社会科学院历史研究所宋辽金元史研究室点校：《名公书判清明集》卷10《人伦门》，中华书局2002年版，第679页。
③ 中国社会科学院历史研究所宋辽金元史研究室点校：《名公书判清明集》卷7《人伦门》，中华书局2002年版，第436页。

途径，其目的都指向程朱理学法思想中的息讼和无讼理想。在纲常伦理的价值取向下，对秩序的维系是进行地方治理的重要准绳，也使得地方官员在治理实践中探索司法的"理法兼容"以及跳出司法体系而解决争讼的可能性。

情、理、法：
程朱学派法思想的特点及影响

第六章 06

程朱学派法思想在高扬孔孟儒学礼法、伦理传统的同时，有着崭新面貌。理学的伦理本体论体系包含着政治哲学和法哲学的内容，使中国传统的本位文化和法文化得以续存。从法文化特质上说，理学的法思想依旧是伦理的法思想。但有所不同的是，"理"是理学思想体系的最高范畴，涵摄了先秦儒家的"礼法"各要素，成为立法、执法和司法的最高指导原则，成为评价法和法制最高价值标准，具有了更为抽象的法哲学理论形式。"人情民心""天理天道""刑礼法德"是理学法思想中最重要的因素，同样也是中华法系的构成要素。[1]理学法思想以"天理"为核心，完善了中华法系情、理、法要素间的结构。

程朱学派法思想的影响在南宋时期，重点落在程朱学派法思想对南宋司法审判的影响上。伴随着程朱理学的发展与演变，程朱学派法思想的学术特征被掩盖，实用价值被提升，影响着明清官箴中的治理思想和狱讼状的书写。宋元之际，程朱学派理学法思想是通过程朱理学进而指导法的实践，主体在理学，在官方。到了明清时期，程朱学派法思想已经脱离程朱理学的限制，融入了情理法于一体的诉讼观念和诉讼实践中，主体在法思想，在民间，虽不知其体，但践行其用矣。

---

[1] 参见俞荣根《礼法中国：重新认识中华法系》，孔学堂书局2022年版；张中秋《传统中国法的道德原理及其价值》，《南京大学学报（哲学·人文科学·社会科学）》2008年第1期；范忠信等《情理法与中国人》，北京大学出版社2011年版；等等。

一 程朱学派法思想的特点

程朱学派法思想改造了传统儒家伦理法思想，纳"理"入"礼"，对传统儒家伦理法中伦理的价值、法的适用解释作出新的阐发，完善了中华法系的"情理法"内涵，超越了传统"情理法"结构，呈现以下两个方面的新型结构关系。

（一）纳"理"入"礼"，改造传统儒家伦理法

理学法思想是被包含于儒家法思想的体系之内的，是儒家法思想在宋代的呈现状貌。在理学法思想体系中，"伦理"是其重要要素，因此儒家之法又被称为"伦理法"。在传统儒家之法的体系中，伦理是可以凌驾于法律之上的，一切立法条文和司法审判的原则都可以以伦理为转移，"春秋决狱""八议"原则、"唐律一准乎礼"都暗含了这一要素。但是直截了当用伦理"代替"法律，就让伦理与法律的界限模糊了，原本法的出发点和执法原则都是掌握在统治者手中，现在变成了伦理掌握在儒家士大夫手中，这必然是统治者所不能容忍的。

理学家们把"理"纳入"礼"的体系之中，作了重新注释：

礼者，理也，文也；理者，实也，本也；文者，华也，末也。①

礼者，天理之节文，人事之仪则也。②

理是本是质，礼是末是文；礼是理的外在的程序，规定人们等级和行为的"仪则"，而这种"仪则"完全与"天理"符合，是"天理"的体现。这样，礼就获得了符合"天理"的权威论证，进一步确立了其社会、国家、政治的根本法则和人们行为规范的地位。

---

① 北京大学《儒藏》编纂中心编《性理大全书》卷66《治道一》，北京大学出版社2018年版，第4315页。

② 北京大学《儒藏》编纂中心编《性理大全书》卷37《性理九》，北京大学出版社2018年版，第2565页。

第六章 情、理、法：程朱学派法思想的特点及影响

自汉儒开始，礼的根本法则被概括为"三纲五常"。理学家们用"天理"的理论对其作了更为精致、系统的解释。二程说：

父子君臣，天下之定理，无所逃乎天地之间。①

朱熹说的更多更详：

亲亲之杀，尊贤之等，皆天理也。②

所谓天理，复是何物？仁义礼智信岂不是天理？君臣、父子、兄弟、夫妇、朋友，岂不是天理？③

"三纲五常"通过"天理"之氤氲，成了天理在人间治理中的"条理"，因而具备了天理的恒常性、绝对性以及践行中的普遍性，成为君主政治下礼法社会的主轴。

这就是所谓的"以言《诗》《易》，非朱子之传义弗敢道也；以言《礼》，非朱子之《家礼》弗敢行也"。

理学把这种以"三纲五常"为轴心的礼法秩序理论概括为"天理"和"人欲"的对立，宣称人只要存一个天理。④

灭私欲，则天理明矣。⑤

天理存，则人欲亡；人欲胜，则天理灭。⑥

人只有个天理人欲，此胜则彼退，彼胜则此退，无中立不进退之理。⑦

这样，理学家就把礼法秩序植根于人的灵魂自我净化过程中，外在的礼获得了内在的伦理自觉的保证。这对于重建儒学信仰至关重要。

---

① （宋）程颢、（宋）程颐：《二程遗书》卷5《二先生语五》，上海古籍出版社2000年版，第161页。

② （宋）朱熹：《四书章句集注》，中华书局2012年版，第1977页。

③ （宋）朱熹：《晦庵先生朱文公文集》卷59《中华再造善本：唐宋编集部》，北京图书馆出版社2006年版，第4270页。

④ （宋）程颢、（宋）程颐：《二程遗书》卷18《伊川先生语四》，上海古籍出版社2000年版，第425页。

⑤ （宋）程颢、（宋）程颐：《二程遗书》卷24《伊川先生语十》，上海古籍出版社2000年版，第625页。

⑥ （宋）黎靖德：《朱子语类》卷13，中华书局2007年版，第496页。

⑦ 同上书，第497页。

这里有三点应当注意。

其一，绝对化的倾向不是理学"存天理，灭人欲"论的全部内容。理学家们也并未把人的一切物质欲望统统斥为"人欲"，朱子谈到"革尽人欲，复尽天理"的同时，也指出："虽是人欲，人欲中自有天理"，"饮食者，天理也；要求美味，人欲也"。①饮食虽是人欲，却是人欲中的天理；如果食必求美味，乃至于损人而肥己，便是人欲了。饮食男女这些正当的必需的物质和精神生活，以及男女情爱、生儿育女，虽是人欲，却合理，是人欲也是天理，天理即在人欲之中。

其二，"革尽人欲，复尽天理"是一个涵盖全体的命题，并非只针对庶民百姓，也包括治国为政的统治集团在内。实际上，主要是劝诫统治者们的。儒家"正君"的办法是伦理。理学家"天理""人欲"之论正是循着孔孟儒学的这条路，朱熹有言：

人君之学与不学，所学之正与不正，在乎方寸之间……盖格物致知者，尧舜所谓精一也；正心诚意者，尧舜所谓执中也。自古圣人口授心传而见于行事者，唯此而已。②

他们劝君主学儒家经典，修身以存天理，走"内圣"而"外王"的路线。

其三，理学的"天理""人欲"之论旨在提升知识分子人格、涵养士大夫的民族气节。"革尽人欲，复尽天理"的话，首先是对士人学者说的：

学者须是革尽人欲，复尽天理，方始是学……读书须要有志；志不立，便衰。而今只是分别人欲与天理，此长，彼必短；此短，彼必长。③

未知学问，此心浑为人欲。既知学问，则天理自然发见，而人欲渐渐

---

① （宋）黎靖德：《朱子语类》卷13，中华书局2007年版，第498页。
② （宋）朱熹：《晦庵先生朱文公文集》卷11《中华再造善本：唐宋编集部》，北京图书馆出版社2006年版，第640页。
③ （宋）黎靖德：《朱子语类》卷13，中华书局2007年版，第498页。

消去者，固是好矣。[1]

这里将"存天理，灭人欲"看作是读书人立志的表现。把学问与立志、做学问与发现天理统一起来，这正是中国古代知识分子完善人格的传统模式，它无疑是一个含有积极价值的优秀模式。"为天地立心，为生民立命，为往圣继绝学，为万世开太平"[2]，更把这种人格理论和责任感激扬到了辉煌之极。知识分子承担着发展社会文化和体现社会良心的重任，应当具有"无恒产而有恒心"的高风亮节，这是理学法思想的特点，也是其对儒家法的价值弘扬上的贡献所在。

理学的伦理本体论体系包含着法哲学的内容。它从理论上论证了《大学》"格物、致知、正心、诚意、修身、齐家、治国、平天下"的"内圣外王"之学和"家国同构"的宗法伦理政治的合理性，把"三纲五常"提升到"天理"的高度，重新垒起以宗法伦理道德为基石的精神堤防，借以整顿伦常秩序。由是，在思想理论上回归原始儒学的"轴心价值"，弥补了前代儒学理论思辨贫乏不够精致的缺陷。从而在治理实践上，适应了帝制社会后期加强中央集权政治体制和传统礼法秩序的需要。理学结束了思想领域内儒、释、道三教并立的局面，成为儒学新的理论模式，登上了正统思想的宝座。理学法思想体系使中国传统的本位文化和法文化得以续存，并发展出了一些新的品性。

从法思想特质上说，理学的伦理本体论体系仍是传统儒学的伦理统摄政治与法的致思路线。理学的法思想依旧是伦理的法思想。"理"是理学思想体系的最高范畴，也是理学伦理法思想的最高的价值准则和逻辑起点。"理"涵摄了传统儒家的"仁""仁义""礼义"等范畴，也替代了这些范畴，成为立法、执法和司法的最高指导原则，成为评价法和法制最高价值标准，具有了更为抽象的法哲学理论形式。然就其法的价值论和思维方法论而言，仍是以宗法伦理评价代替法律评价，以伦理价值作为法的价值。照理学家

---

[1] （宋）黎靖德：《朱子语类》卷13，中华书局2007年版，第498页。

[2] （宋）张载：《张子全书》卷14《拾遗》，刘学智、方光华编，林乐昌注，西北大学出版社2015年版，807页。

的解释,"理"作为一个本体是超然于万物的绝对精神,用朱熹的话来说是"无情意,无计度,无造作"的,这就与上古那种"天"能直接赏善罚恶的"天命论"和墨学中的"天""鬼"论划清了界限,也超越了董仲舒粗俗的"天人感应"论和"天谴"说。

显然,"理"已具有某种外在性和至上性。理学家又认为,"理"能逻辑地派生万物,理一分殊,月印万川,"理"不在天上,不在身外,不在彼岸,就在此岸,就在万物之中,在人的生命之中,在日用之中,饮食男女中即有"天理",构想了"天理"与"人欲"的对立,而这种对立即存在于主体自身,在主体的心中。通过"修身"践履道德即可以"复尽天理",达到"内圣"。于是"理"又降到尘世,化于人心,成为每个个体内在的评价是非善恶、罪与非罪的标准和行为准则。"理"又是往圣传承下来的"道",与"道心"同一。因此,"理"是"先王之法"的价值核心,是现实社会的君主应当也可以直接遵行的。这种"天人合一"、古今同"理"的思想体系抹掉了"理"的外在性与人的世界之间的张力,从而远离了自然法学说的天人分离天人对立的二元论思维方式和价值论。"理"在理学法思想中既是理想法,同时又是世俗法、实在法。这一切,都是过去儒家伦理法思想形式中未曾出现过的。

(二)以"天理"为核心,完善情理法结构

中华法系是指中国古代的法文化精神和治理实践的总和,是以礼法结合为根本特征的。对传统社会政治法律秩序构建影响最大的是儒家,儒家的价值与理想也深深浸润在中华法系的传承之中。

朱熹有言:

唯天下至诚,为能尽其性;能尽其性,则能尽人之性;能尽人之性,则能尽物之性;能尽物之性,则可以赞天地之化育;可以赞天地之化育,则可以与天地参矣。[1]

---

[1] (宋)朱熹:《四书章句集注》,中华书局2012年版,第2003页。

第六章 情、理、法：程朱学派法思想的特点及影响

因此，中华法系精神的核心是宣扬人的重要性。人是社会生活的主体，法是社会生活维系的要素。法律的制定和执行应该以人为本，符合人情。法律应该服务于人民，而不是让人民为法律而存在。如果法律与人情相悖，就失去了作为法律的道理。

在古代中国，法律在很大程度上是由人们根据生活经验和道德准则制定的。但这不意味着中国古代的法理是"习惯法"，而是明确了强调人的主体地位，认为法律应该以人为中心。这意味着法律不能脱离人的生活实际，而是要根据人的需求和现实情况来制定和执行，因循变革。法律的目的是维护社会秩序、调控人际关系并保护人的权益。因此，法律不应该是一种僵硬的规定和束缚，而应该是一种具有弹性和适应性的工具。法律应该能够适应社会的变化和人的需求。如果法律过于僵化，不符合人的生活实际和道德理念，那么它就失去了存在的意义。

程朱学派法思想对中华法系精神的补充和完善主要是对"情理法"的完善，就是阐明了"人情""天理""法律"的概念以及三者之间的关系问题。

首先，程朱学派法思想强调以人情为依据制定法律。人情即人们的情感、道德观念和习俗，是社会生活中的重要组成部分。

> 大抵立法必有弊，未有无弊之法，其要只在得人。若是个人，则法虽不善，亦占分数多了。若非其人，则有善法，亦何益于事。[1]

程朱学派法思想倡导将人情纳入法律制定的考量范围，追求法律与人们的实际需要相适应，有利于增强法律的可行性和公正性。

其次，程朱学派法思想强调以天理为根基制定法律。天理是指符合自然秩序和道德准则的原则。程朱学派法思想认为，法律应当遵循天理。

> 圣贤千言万语，只是教人明天理、灭人欲。[2]

> 克得那一分人欲去，便复得这一分天理来；克得那二分人欲去，便复

---

[1] （宋）黎靖德：《朱子语类》卷108，中华书局2007年版，第5058页。
[2] （宋）黎靖德：《朱子语类》卷12，中华书局2007年版，第465页。

163

得这二分理来。①

盖三纲五常，天理民彝之大节而治道之本根也，故圣人之治，为之教以明之，为之刑以弼之。②

因此，法律的制定和执行应当符合天理的要求，注重伦理价值和道德考量。

最后，程朱学派法思想强调法律的权威和稳定性。程朱学派法思想认为，法律作为治理社会的工具，其权威性和稳定性对于社会秩序的维护至关重要，主张执法从严，反对滥用轻刑。

号令既明，刑罚亦不可弛。苟不用刑罚，则号令徒卦墙壁尔。与其不遵以梗吾治，曷若惩其一以戒百？与其检察于其终，曷若严其始而使之无犯？做大事，岂可以小不忍之心。③

今人说轻刑者，只见所犯之人为可悯，而不知被伤之人尤可念也。如劫盗杀人者，人多为之求生，殊不念死者之为无辜，是知为盗贼计，而不为良民地也。④

因此，法律的制定和执行应当以稳定为前提，注重法律体系的完备性和一致性。

在论证天理、国法和人情的关系中，程朱学派通过其法思想和实践透析出三种不同的关系。

第一，三角形的结构。天理、国法和人情三者之间相互作用，形成一个三角形的稳定体系，其中天理作为顶点，是法律的最高原则；而国法和人情则分别是两个底点，作为立法依据和司法裁判依据。

在这一套理论体系中，天理、国法和人情三者其实脱胎于"天""天

---

① （宋）黎靖德：《朱子语类》卷41，中华书局2007年版，第2032页。
② （宋）朱熹：《晦庵先生朱文公文集》卷14《中华再造善本：唐宋编集部》，北京图书馆出版社2006年版，第785页。
③ （宋）黎靖德：《朱子语类》卷108，中华书局2007年版，第5075页。
④ （宋）黎靖德：《朱子语类》卷110，中华书局2007年版，第5121页。

第六章 情、理、法：程朱学派法思想的特点及影响

子""民"三者。①

天在儒家话语体系中，可以是具有唯一性的自然神，"天何言哉？四时行焉，百物生焉，天何言哉！"；也可以是完善道德体现的人格神，"天者，百神之大君也"；等到其定义变为自然运动之恒常规律时，"天之道，有序有时，有度而节，变而有常，反而有相奉，微而至远，踔而至精，一而少积蓄，广而实，虚而盈"，这里的"天"就很贴近"天理"之谓了。故而从"天"到"天理"，是儒家话语体系创造的最高政治、哲学权威，以此约束君主，一者产生权威来源合理性，"天子受命于天"；二者产生权威约束性，"天人感应"。"天理"之顶点，法律之最高原则即被安置。

天子，即君主，在儒家学说中，天子是人间的至高统治者，"礼乐征伐自天子出"，但天子之权力来源于天，是天在人间的代行人，"天降下民，作之君，作之师"②，代行之人并非只有"君主"，"天地君亲师"均为万民祭祀的对象，共同构建其伦理法的要素与合理性。并且天子受制于天，"国家将有失道之败，而天乃先出灾害而谴告之，不知自省，又出怪异以警惧之，尚不知变，而伤败乃至"③，导致天子在这一体系中并不能和"天"（"天理"）处在同一层次，而是作为维系国家社会的基点，"国法"同样延续了这一属性。

民，是儒家话语体系中和君共同构成天之统合下维系人间社会运行的政治实体。天意不仅可以下达君主，也能下达民听。

天聪明，自我民聪明。天明畏，自我民明威。④

天视自我民视，天听自我民听。⑤

---

① 俞荣根：《天理、国法、人情的冲突与整合——儒家之法的内在精神及现代法治的传统资源》，《中华文化论坛》1998年第4期。
② （宋）朱熹：《晦庵先生朱文公文集》卷69《中华再造善本：唐宋编集部》，北京图书馆出版社2006年版，第5069页。
③ （宋）真德秀：《真西山先生集》卷2《丛书集成初编》，中华书局2011年版，第265页。
④ 徐正英等译：《周礼：中华经典名著全本全注全译丛书》卷3《地官司徒上》，中华书局2014年版，第195页。
⑤ 同④。

由此可见，在社会关系中，天子受命于天，统辖万民，并非指万民低于天子，统辖万民是天之意志，天子只是其代行，只是支撑的其中一个基点，另一个基点则是民。民是可以将其意志反馈于天的，"民之所欲，天必从之"，如果天子有忤逆天之行为，表现为对万民统辖的失职，那么民就可以弃天子而去，国便会衰亡。夏桀、商纣之所以失去天下，就是因为失去了人民的支持，失去人民支持的本质是失去了民心。只有顺应天道，方能得民；得民，方能得天下，"得其民有道，得其心，斯得民矣"。

综上所述，天理、国法和人情三者脱胎于"天""天子""民"三者，在程朱法思想中"天"的最高权威蜕变为"天理"，"天子"受命于天，制定国法，"民"反馈民意，形成人情，共同构建起"情理法"的这一关系结构。

第二，高低阶位结构。天理高于国法，国法高于人情，三者之间存在着高低阶位的关系。在这种思想中，人情是基础，国法是保证，而天理则是标准。

人情是基础，即法的设立要以人情为基准。此处的人，非"贤人"，而是"俗人"，即世俗人民所能理解的道德水准和所欲所能。当法的设定超出了世俗人民所能理解和承受的范畴时，就成了"必违之法"，"设必违之教，不量民力之未能，是招民于恶也，故谓之伤化；设必犯之法，不度民情之不堪，是陷民于罪也，故谓之害民"[①]，是于民有害的失败的国法。

到了宋代，亦有"立法常至于沮而不行者何也？是其立法非人之情故也。何谓非人之情？夫天下之所共恶者而时轻之，天下之所共恕者而时重之，不当恕而强为之仁，不必恶而过为之罚。凡此者，天下之情所不安也"[②]的看法。可见，法的制定如果不以人情为基础，则无法顺利执行。

国法是保证，即天理自上而下灌注人间，执行赏罚、维持社会长治久

---

① （汉）荀悦：《申鉴》卷2《时事》，国家图书馆出版社2009年版，第22页。
② 丁放、武道房等选注：《宋文选》卷25《张文潜文》，人民文学出版社2014年版，第551页。

安的工具或手段。"上无道揆，下无法守，君子犯义，小人犯刑，此见为上而不遵先王之法者，故曰'上无礼，下无学'"[①]，一方面，国法需要具有强制执行性来保证这一"重器"的权威；另一方面，将法和刑相绑定，保证了法的现实功用。

> 法不执而多为之岐。夫民之所以畏法者何也？非畏法也，畏刑也。法不用则为法，法用之则为刑；民不犯则为法，民犯之则为刑，是以畏之也。有法而不用，不如无法。何则？无法则民未测其罪之所当；有法而不用，则民知其法之不足忌。有法而民不忌，是故布之"号令"，不曰"号令"，而曰"空言"。垂之"简书"，不曰"简书"，而曰"文具"。法至于"空言""文具"，是无法贤于有法也。古之法始乎必用而终乎无所用，今之法始乎不用而终乎不胜用。夫法不求民之入，而拒民之入者也。[②]

天理是标准，意味着国法所定，人情所发，都是在天理的标准之下生成的。即：

> 是以明于天之道，而察于民之故。是兴神物以前民用，圣人以此齐戒以神明其德夫。是故阖户谓之坤，辟户谓之乾，一阖一辟谓之变，往来不穷谓之通，见乃谓之象，形乃谓之器。制而用之谓之法。[③]

"天之道"，即为天之意志，随着历史进程逐渐演化为抽象之"天理"。朱熹更是用"法者，天下之理""礼者，天理之节文，人事之仪则"二句，一方面统述了"礼法皆理"，另一方面也阐明了法就是天理的呈现形式之一。因为天理是"寂然不动，感之皆通"的，没有定型定性，因此需要国法依据天理抽象的标准去填充实实在在的内容。

这就是朱熹所说的"天理只是仁义礼智之总名，仁义礼智便是天理之件数"[④]"盖三纲五常，天理民彝之大节，而治道之本根也。故圣人之治，为

[①] （元）倪士毅：《四书辑释》，天津古籍出版社2018年版，第1869页。

[②] （明）黄淮、（明）杨士奇编《历代名臣奏议》卷200《十三法令》，上海古籍出版社1989年版，第11158页。

[③] （宋）程颐：《周易程氏传》卷7《系辞传》，中华书局2011年版，第518—519页。

[④] （宋）朱熹：《晦庵先生朱文公文集》卷40《中华再造善本：唐宋编集部》，北京图书馆出版社2006年版，第2699页。

之教以明之为之、刑以弼之,虽其所施或先、或后、或缓、或急,而其丁宁深切之意,未尝不在乎此也"①所表之意。

第三,并列结构。天理、国法和人情被视为并列存在,没有高低先后的关系。这意味着在诉讼裁判过程中,可以分别以天理、国法或人情为依据,或者根据具体案情自由选择哪一条路径。

律意虽远,人情可推,古人有言视其所以,观其所由,察其所安人焉。②

法意、人情,实同一体。徇人情而违法意,不可也;守法意而拂人情,亦不可也。权衡于二者之间,使上不违于法意,下不拂于人情,则通行而无弊矣。③

可以调护,知县非和对公事之人,照已判监索缣帖,一日呈。再判:定帖分明、条法分明,更不从长评议,又不费出缣帖,必要讯荆下狱而后已,何也?再判:公事到官,有理与法,形势何预焉?④

祖宗立法,参之情、理,无不曲尽。倘拂乎情,违乎理,不可以为法于后世矣。⑤

从上述材料可知,天理、国法、人情并列存在是有其理论依据和现实实践的,但天理、国法、人情的高低之分确实存在,不能选择性忽视。总体上而言,虽然古代的司法审判案例中确乎存在运用国法、天理、人情作为裁判依据的表象,但其背后蕴含的合情合理之本末、应用倾向之高低,是不可忽视的。换言之,不能因为某项判决体现了天理、国法、人情三者的其中一者的独立依据,从而认为该案情只有这唯一独立依据

---

① 北京大学《儒藏》编纂中心编《性理大全书》卷69《治道四》,北京大学出版社2018年版,第4525页。
② 赵义山:《元曲选》,上海古籍出版社2008年版,第4766页。
③ 中国社会科学院历史研究所宋辽金元史研究室点校:《名公书判清明集》卷9《户婚门》,中华书局2002年版,第625页。
④ 同③。
⑤ 中国社会科学院历史研究所宋辽金元史研究室点校:《名公书判清明集》卷12《惩恶门》,中华书局2002年版,第809页。

的合理性。

总之，程朱学派法思想影响下的法治理念和实践案例，其文化、文本为中华法系的补充和完善起到了重要的参照。

二 程朱学派法思想对南宋司法审判的影响

在程朱理学家的观念中，儒家的伦理道德在法制审判中占有重要的地位，这种伦理道德化为司法活动中对下层民众合法权益的重视与维护。这种观念影响了南宋司法审判秉持的理念，主要体现在以下三方面。

（一）以"经权"原则改善司法中的尊卑秩序

宋初对于尊卑秩序的看法相对固化，在其所颁行的律令中也得以体现，如对于"诸告祖父母、父母者"，判处绞刑；对于"诸告周亲尊长"的，及时经过核验得出所告属实的，也要判处两年的徒刑。[①]诸如此类的法条体现出尊卑之别在法律适用中的绝对偏向性。然而，法律的制定是为了适应社会的需求，宋代"因循而变"的立法修改，同样体现在法律适用上，也就是"经权"原则的体现。

朱熹弟子陈淳对经权的使用有着深刻阐发。陈淳认为：从经与权的本末关系而言，是优先用经的，经有不及之处，再"用权以通之"。从经与权的使用者而言，对于权的使用只有"地位高方可"，这里的地位并不是指经济、政治地位，而是对于理法的熟稔程度而言的，只有"理明义精"才可以权之，并且达到"用权处亦看不出"的效果。在前文的论述中已经阐明，经和权并非相悖的，而是相通的，"权者，所以达经也"，只是在经达不到的领域，才需要以权相济。陈淳还举例揭示权的使用价值。一是君臣之义，是经，但如夏桀、商纣这样的暴君、独夫，就不必用君臣之义对待；汤武革命，是权。二是男女亲疏有别，是经，但对于鳏寡孤独的异性

---

① （唐）杜佑：《通典》卷165《刑三》，王文锦、王永兴等点校，中华书局1988年版，第5753页。

体贴照顾,是权;"危邦不入,乱邦不居",是经,但圣人欲往之以教化民风,是权。①

因此,虽说"经"是亘古不变的常理,但"权"是与"经"相通相济的。诚然,在"经"而言,"君为臣纲,父为子纲,夫为妻纲",故而不可以下犯上,以卑犯尊,以幼凌长,这是"经"所适用的范畴;但是,当君不守君义、父不作表率、尊长没有起到典范作用时,就是自上而下地违背了"经"的原则,就需要以"权"自下而上予以纠正。体现在理学法思想的实践中,就是教条的义理与刻板的法条不是司法审判的唯一标准,甚至不具有参考价值,因此在其影响下,南宋司法中有着对传统伦常中占有弱势地位群体予以肯定和庇佑的裁判抉择。这看似是对理学法思想的逆反,实则是对理学法思想的灵活应用。

在"叔不认其为侄"一案中,叔侄二人产生了家族财产纠纷,为叔者不认可为侄者的血缘亲属关系,还想要霸占侄子的财产,侄子为此提起诉讼,因为事实上的血缘关系得不到反正,故而此案在义理上和法理上都找不到合适的审判角度。于是司法官李若谷就令侄子回家后殴打叔叔,叔叔被殴打后果然将侄子告上公堂。于是案情的裁决就明了了:如果叔叔认可侄子的身份,那么叔侄关系成立,之前侄子所讼叔叔霸占其应得财产的事情就合理,叔叔应当返还其财产;如果叔叔不认可侄子的身份,那么叔侄关系不成立,之前叔叔对侄子财产的霸占就变成了非亲属间的民事纠纷,那么按律也应当归还其财产。最终,果得"正其罪、分其财"的正义结果。从这一审判流程可以看出:虽然侄子殴打叔叔是违背伦常的,但是这种做法是为了厘清伦常关系,逆伦常是为了正伦常,给予案件事实正确的判断,体现了"经权"影响下"义理决狱"的灵活性和实用性,是面对"以卑告尊,以幼告长"的社会现实的结果。②诸如此类判决精神散见于《名公书判清明集》的各条,如"叔伪立契盗卖族侄田业"条、"卑幼为所生父卖业"条等。虽说这些司法官并无程朱理学家身份,但在义理决狱和经权原则的影响下,

---

① (宋)陈淳:《北溪字义》,熊国祯等点校,中华书局1983年版,第153页。
② (宋)吴曾:《能改斋漫录》卷12《记事》,山东人民出版社2020年版,第603页。

其判词中的"固当以法断""许其不以年限陈乞"等都体现出了受此影响的实用价值。

（二）保护孤幼与女子等弱势群体的权益

在程朱学派法思想的实践中，对于孤幼人群的体恤和关怀体现出了教化民众、维持社会秩序、美化风俗的功用。故而在其影响下，南宋司法官对保护孤幼的重视程度极高。在《名公书判清明集》中，"孤幼""归宗""争业""立继"共同成为"户婚"门的组成部分，对其重视程度可见一斑。在"财产为其侄谋夺"一案中，"检校通判"家中仅有幼孙寡妇，遗产被侄子侵夺，司法官的判词中着重强调了对幼孙寡妇的同情，"过者见之，犹为不忍"，认为保护孤幼是"天下之大义"，并将侵夺其财产的行为称为豺狼虎豹的恶行，如"入豺虎之口"。如果官方不能给予孤幼保护，那么在有心人的环伺下，孤幼方的处境如羊入虎口，无所生养。因此，在官方的帮助下，对于夺回的遗产，除了"准备丧事支遗"外，其余的都用来"买田"和"日用"，以此"活其孤幼"。①

有了官方的支持，理学家们在司法实践中将保护孤幼的原则呈现得更加明显：

在"叔父谋吞并幼侄财产"一案中，司法官以叔李细不仅侵占侄李文孜的财产，还对抗官府的拘察工作，"悍拒于弓手追捕"，罪行恶劣，"若不痛惩，何以诘暴！"，给予"脊杖十五，编管五百里"、其子李少（亦为帮凶）"勘杖一百"的刑罚。针对李文孜孤幼无依，"不能侍养"的情况，请"一老成士友"教导、养育侄李文孜。②这些都体现出了司法官在理学法思想影响下兼顾依法判决和保护孤幼、美化风俗的审判结果。

保护女子，也是关心弱势群体在诉讼纠纷上的处境的表现之一。在传统社会中，女子的社会地位较低，理学中更有"在家从父，既嫁从夫，夫

---

① 中国社会科学院历史研究所宋辽金元史研究室点校：《名公书判清明集》卷8《户婚门》，中华书局2002年版，第514页。

② 同上书，第520页。

死从子"①的纲常教条。但实际上，当涉及婚姻纠纷、立继权、财产纠纷等案情时，秉持着维系秩序这一伦常的根本要义，理学法思想的影响表现在了对维护"定分"下女子应有的合法权益的保护之上，对寡妇合法权益的保护也是其中的重点内容。

首先，司法官承认寡妇基于人的合理诉求的一切权益，"再适"是其中的重点。纵观南宋历史，对于夫妻离婚或者寡妇再嫁、三嫁都有诸多记载，认为这是社会正常现象，其本质是因为维系了社会秩序，这是理学法思想的最大现实意义。在此影响下，司法官们对于"再适"有着宽容的态度，并认为"孤嫠者皆为婚嫁，无一人失所"②是伦常礼教运行的正面反馈。寡妇不仅有"再适"的自由，也有拒绝"再适"的自由，这一原则在对"阿区再嫁"一案的判词中体现得淋漓尽致：

阿区是"三易其夫"的寡妇，在她第二任丈夫去世之后，阿区准备改嫁他人。此时，阿区首任丈夫的弟弟李孝德将阿区讼上公堂，阻止其改嫁。面对这一伦理纠纷，司法官虽然认为阿区"三易其夫"在纲常教条中是失节的行为，"失节固已甚矣"，但是李孝德并没有阻止她改嫁的权利，阿区再嫁后与其已无事实上的亲属关系，作为前任小叔无"得以制其命"，阿区嫁或不嫁在其自择。显然是肯定了寡妇对于"再适"的自由，驳回了李孝德的讼状。③

其次，对于寡妇合法财产的保护也是保护女子权益的重要方面。在南宋，寡妇的主要财产，一方面来自其嫁妆，另一方面是承接丈夫宗族分给本家的财产，即"妻承夫分"。按照宋律规定，"寡妻无男者"，得以"承

---

① （唐）杜佑：《通典》卷90《礼五十》，王文锦、王永兴等点校，中华书局1988年版，第3248页。

② （宋）杜大珪：《名臣碑传琬琰集》中集卷11《张恭安公存墓志铭》，北京图书馆出版社2003年版，第575页。

③ 中国社会科学院历史研究所宋辽金元史研究室点校：《名公书判清明集》卷9《户婚门》，中华书局2002年版，第619页。

夫分"；如果有子嗣，则要"同一子之分"①如果寡妇没有子女，或者子女年幼时，可以得到夫家财产的继承权；如果子女长大，寡妇改嫁的话，那么财产则与子女共同分有。这是依据情理，看到了孀居寡妇在生活上的艰难，给予其财产继承的权利。当寡妇改嫁后，有了依靠，则需要将继承的财产分给原夫家的子女，这也是保障了原夫家子女的生存。这一原则也在司法实践中得以体现。

最后，寡妇的立继权同样受到官方的认可与保护。血脉延续是宗法社会中的核心脉络，是纲常伦理中的重要组成部分。当丈夫去世且没有直系血缘的男性后代时，宗族会从相近的亲属中选取男子继承此家的香火，谓之"立继"。南宋关于"立继"的纠纷中，官方承认了寡妇对于"立继"权力的掌握。

在"命继与立继不同"一条中，司法官对"命继"与"立继"作出了严格的区分和解释。如果在家庭之中，夫妇均已身亡被称为"命继"，丈夫身亡但妻子仍在，被称为"立继"，命继者只能依靠宗亲族长去选择，而立继者的选择权"当从其妻"。②这就在司法原则上认可了寡妇对立继权的掌握。

不仅是在司法原则上肯定寡妇对立继权的掌握，南宋司法官们更是在司法审判中践行着这一原则。如在"争立者不可立"一案中，丈夫张迎去世后，张迎的母亲刘氏和妻子陈氏尚未行使立继权，张迎的族人张达善自以为作为血缘宗亲，有着继承的权利，因此讼告刘氏和陈氏，要求将自己立继。司法官对此认为依照律例，关于立继的选择，首先应当"从祖父母、父母之命"，如果这些直系亲属均不健在了，那才得以"从亲族尊长之意"。现如今"祖母刘氏在堂，寡妇陈氏尚无恙"，如果想要立继，她们自然"自能选择族中贤子弟"，最后判定，驳回张达善的讼状，并且强调由于如今仰

---

① （宋）窦仪等编《宋刑统》卷12《户婚律》，薛梅卿点校，法律出版社1999年版，第357页。

② 中国社会科学院历史研究所宋辽金元史研究室点校：《名公书判清明集》卷8《户婚门》，中华书局2002年版，第487页。

仗刘氏"抚育子孙",因此立继的决定权在刘氏,"愿不愿悉从其意"。[①]在司法实践中充分保障了寡妇的立继权。

又如在"当出家长"一案中,有刘姓男子身亡,其妻子李氏选择刘恢作为继嗣,这一决定已有十余年之久。但是刘氏宗亲刘宾伙同宗族尊长,议立刘宾的儿子刘明孙为继嗣。因其纠纷,故而讼之公堂。司法官对此认为,当李氏的丈夫去世后,李氏就是本家的家长,"立继当出家长",既然李氏早已立刘恢为继嗣,那么其他宗亲尊长的决定就没有参考价值;另外,刘宾对李氏诬以"老病昏昧等语",是出于宗族"群党之私计",不可以此否定李氏的立继选择。[②]由此可见,即使是丈夫的血缘宗亲与寡妇在立继选择上有所分歧,司法官还是坚持以寡妇的选择为准,充分保护了寡妇的立继权。

除此之外,在关于家产的分配上,女子的权利也得到了极大的提升。虽然女子具有一定的立继权,可身为女性,不具有宗族谱系上的血脉继承资格,但是,对于财产的继承分配,还是有着一定的权利的。在"江瑞、江禧争继"一案中,江齐戴无后,其妻室所剩唯有诸女,于是作为宗亲的江瑞和江禧就因争夺继承江齐戴的财产而讼上公堂。在此案中,虽然根据法条,室女得以继承的遗产只有"减男聘财之半"[③],也就是仅有今后嫁人之时一半的聘财数量。但是在此案中,对于江齐戴的"绝户财产","在室诸女"可以分得"全户四分之一",[④]可见具体执行上为女子对家产继承的合法性、占有率提供了保障。

[①] 中国社会科学院历史研究所宋辽金元史研究室点校:《名公书判清明集》卷7《户婚门》,中华书局2002年版,第390页。

[②] 中国社会科学院历史研究所宋辽金元史研究室点校:《名公书判清明集》卷8《户婚门》,中华书局2002年版,第458页。

[③] (宋)窦仪等编《宋刑统》卷12《户婚律》,薛梅卿点校,法律出版社1999年版,第357页。

[④] 中国社会科学院历史研究所宋辽金元史研究室点校:《名公书判清明集》卷8《户婚门》,中华书局2002年版,第488页。

（三）在血缘宗亲和同乡人的争讼审判中兼顾人情

在程朱理学的影响下，"人情"属于人的精神情感反映出天理的自然本性的范畴，在对"人情"的规范上则有着孝、悌、忠、信、礼、义、廉、耻的"八德"之称。"孝道"是八德之首，所谓"百善孝为先"，"孝"成为在程朱理学的义理影响下司法官进行判决的重要情理依据。在"执同分赎屋地"一案中，毛永成的兄弟毛汝良将自家田宅的一部分卖给了陈潜，如今陈潜之子陈自牧想要拆毁屋梁重新建造。基于此，毛永成想要将自家田宅赎买回来，但陈自牧认为产生买卖的田宅是毛永成与毛汝良分家之后属于毛汝良的一部分，毛永成无权赎买，因此而产生争讼。在司法官看来，首先，要明确财产是否为分家之后产生的，由于毛家和陈家均不能提供此处田宅是分家之后的凭证，所以这一拒绝赎买的理由不成立；其次，站在毛永成的立场上，陈自牧所拆房屋，其房梁与毛永成家同属一根，拆之则两房俱毁，毛永成便会落得流离失所的境地，于理而言，毛永成应当赎买；最后，也是最为关键的是，毛汝良所卖的田宅土地之上，有毛家的祖坟，如果不允许赎买，那毛永成就要承担不肖子孙的骂名，于"孝道"相违。于是，最后判定毛永成得以赎回田宅。此判决可谓"法意人情，两不相碍"。[①]

在具体的司法判决中，除了彰显法理并且体现情理外，还会出现法理和情理互相违背的情况。在这种情况下，程朱理学家倾向于以情理为原则，以法理为参考，以程序正义为审判步骤，在不违背伦常的情况下兼顾司法裁决的正义性，这样的逻辑影响着南宋司法官的相关诉讼审理。在"兄弟之争"一案中，作为长兄的黄居易和两位弟弟争夺父母遗产。在司法官看来，黄居易本就家境殷实，两位弟弟家境"贫薄"，想来是父母在时也偏爱黄居易，且两位弟弟所诉黄居易在父母在时就"以父母之财私置产业"证明了这一点。在法，黄居易违反了"父母在，无私财"的法条，理应受到

[①] 中国社会科学院历史研究所宋辽金元史研究室点校：《名公书判清明集》卷6《户婚门》，中华书局2002年版，第298页。

法律裁决，但是兄弟之争本就违逆人伦之大节，如若因此受刑入狱，则兄弟之情"再难全也"。因此司法官对此案"以情而论"，黄居易也因情触动，主动放弃了此次诉讼，并且以钱一百贯"惠二弟"，妥善解决了此事。对此，司法官也评价兄弟之争，应当"息讼以全天伦"，表达了在国法与伦理冲突的时候，以伦理人情为基准，达到息讼的妥善结果。①

除了"正名""定分"以外，程朱理学所坚持的纲常伦理也是南宋司法官处理夫妻关系和婚姻纠纷中的重要参考标准。三纲五常之中的"夫为妻纲"是指做丈夫的要当好妻子的表率，这并非意味着妻子要无条件服从丈夫，而是要学习其榜样作用；相反的，妻子如果行为不轨，丈夫也有权对其进行规劝、训诫，而在审理因此产生的诉讼纠纷时，南宋司法官们也会以此纲常为参考。在"妻以夫家贫而仳离"一案中，黄桂以经商为生，因为经营不善导致家道中落，黄桂之妻丘氏因此而有嫌弃之意，在其父丘教授的撺掇下离黄桂而去，并逼迫黄桂写下休书，带走了丘氏所生的女儿。因此黄桂将丘氏诉诸公堂。司法官认为，在事实情节上，黄桂在婚姻中并无过错，而反观丘氏则因嫌贫爱富而背离丈夫，显然是"夫有出妻之理，妻无弃夫之条"；另外，丘氏之父丘教授身为宿儒，当明纲常伦理，竟然撺掇女儿背弃丈夫，与理法背离，有违教化，鉴于丘教授早亡，乃是受此所累。因此，司法官最终判决：首先，要将黄桂的女儿归还黄家；其次，让黄桂与丘氏复合，但也考虑到经过此讼，二人感情恐怕破镜难圆，因此权变为，如果二人不愿意复合，那么丘氏就要出钱帮助黄桂另觅佳偶。②这样的判决，既彰显了正义，教化了风俗，又保全了父女人伦，也给予丘家应有的惩罚，可谓顺天理而应人情。

关于男女婚姻诉讼中法条与情理相违背时遵循情理的司法实践也存在于对婚姻事实判定的司法审判中。在"诸定婚无故三年不成婚者听离"一

---

① 中国社会科学院历史研究所宋辽金元史研究室点校：《名公书判清明集》卷10《人伦门》，中华书局2002年版，第660页。

② 中国社会科学院历史研究所宋辽金元史研究室点校：《名公书判清明集》卷9《户婚门》，中华书局2002年版，第621页。

第六章 情、理、法：程朱学派法思想的特点及影响

案中，刘有光的义女魏荣姐原本与陈鉴有婚约，但刘有光将魏荣姐嫁给了毛六秀为妻，于是陈鉴将刘有光诉诸公堂，要求刘有光执行婚约。在此案中，按照南宋法条：已经订婚但是"无故三年不成婚者"会自动解除婚约的，在婚约订立后五年，陈鉴都没有迎娶魏荣姐，按律合当解除婚约，但问题落在"无故"上。经过陈鉴的陈述，原来在这三年婚约期间，陈鉴经历了丧父之痛，而丧父守孝三年，是伦常所系，因此才拖了五年之久。因此陈鉴的上诉虽没有法理上的"故"，却有情理上的"故"，应当准诉。但是又考虑到魏荣姐已经嫁作人妻且毛六秀尚健在，俗话说"一女不事二夫"，强行执行婚约也是违背纲常伦理的；并且还要考虑到，陈、刘两家因为此次诉讼已经结怨，如若结为亲家，只会使得未来矛盾不断，不利于家庭稳定和社会秩序的维系。基于以上情节考虑，最终判定刘有光将陈鉴三年前已下聘礼悉数返回，助陈鉴另做婚娶。①在这种复杂矛盾之下，司法官依旧秉持程朱理学法思想的内涵，以调节息讼、维护伦常秩序为目的，以情理为主、法理为参考，妥善解决了此次婚姻诉讼。

另外，由于等级关系，贫富尊卑差距过大的男女双方不进行婚嫁结合是受到广泛认可的婚姻条件。如在"士人娶妓"一案中，对于士大夫娶娼妓为妻的情况，司法官以"不可，不可，大不可！"的强烈语气反对二者的结合，其未引援法条，而是直截了当地表明士大夫娶"官妓"为妻，是"名教罪人"，是"士友之辱"。我们不以当下的价值判断去衡量此判决的恰当性，仅从程朱学派法思想的影响来看，当案件事实严重违背纲常伦理时，司法官会直截了当以"名教"之罪给予判决，其影响确乎极大。②

值得一提的是，在立继纠纷上。虽然同为立继纠纷类的诉讼，但是常规的立继一般只有双方立场，即行使立继权和被立继嗣者为一方，要求另立者为另一方，此时司法官对于案件适用法条和情理关系辨析轻松。但是

---

① 中国社会科学院历史研究所宋辽金元史研究室点校：《名公书判清明集》卷9《户婚门》，中华书局2002年版，第628页。

② 同上书，第618页。

177

当立继诉讼涉及三方和三方以上时，司法官依旧可以援引国法，兼顾人情，作出符合多方立场和诉求的判决，是难能可贵的。

在"生前抱养外姓殁后难以摇动"一案中，有邢林、邢柚兄弟二人，邢林早亡，膝下无子，便由其弟邢柚按照母亲吴氏和邢林之妻周氏之意，将兄弟二人的祖母蔡氏的侄子蔡某过继给邢林为继嗣者，改名邢坚。在邢坚继嗣八年之后，邢柚突然伙同宗族尊长，以吴氏、周氏已亡故，且邢坚继嗣非法，八年间败坏家产、身体瘦弱为由，要求解除邢坚的继嗣身份，改由母亲吴氏的弟弟吴德之孙继嗣。对此，司法官首先就继立的合法性而言，虽然邢坚是由叔父邢柚所立，但提出建议的是邢柚之母吴氏和亲嫂周氏，在法，周氏具有第一继立权；在情理，继立之时并无宗亲尊长出面反对，这代表邢坚作为继嗣者是合理合法的，毋庸置疑。接着，司法官详细推鞫了事实原委。于邢坚来看，虽然与邢家本无血缘关系，但八年内对祖母、母亲谨守孝悌之道，为其父邢林、其祖母吴氏、其母周氏三次守孝，于人伦有大节、无大过，叔父邢柚所谓败坏家产、身体瘦弱之词均是无稽之谈，不足以作为解除继嗣身份的理由。于邢柚来看，邢柚之所以突然一反常态，是因为邢坚开始不念自己亲立之恩，故而"不喜"，才萌生出解除继嗣身份的念头。司法官进一步探究实情，原来邢坚的态度，是因为受到舅父周耀以及母亲的婢女王燕喜的蛊惑，听信谗言从而不尊重叔父。事情原委既清，司法官随之作出裁决：周耀、王燕喜教唆邢坚，干预邢坚家事，周耀"杖八十"，王燕喜"勒令日下议亲嫁"，二人不许再干预邢坚家事。[①]在对这个案件的审判中，涉及多方人物，错综复杂，但司法官犹能一一厘清，逐件断下，并且在判词中以"全人伦之义"为目标，以"不知孝悌忠义于其父母""人心天理不可磨灭"为参照进行义理的补充，可谓循礼守法，体现出了程朱理学法思想的影响所在。

同乡人是与血缘宗亲相区分的一个概念，在中国古代社会中，由于自然环境相对恶劣，交通工具不够先进，再加上男耕女织小农经济的生存状

---

① 中国社会科学院历史研究所宋辽金元史研究室点校：《名公书判清明集》卷7《户婚门》，中华书局2002年版，第370页。

态，个体的活动范围基本上被限定在了乡里之间。因此，在基层社会治理中所遇到的同乡人之间的争讼，也只是没有直系的血缘关系而已，其实都是乡间熟人。因此，司法官在其中受到程朱学派法思想对乡里教化的指导影响，在事实判定的情况下，也会依照情理给予判决，最终的目的还是维系乡间关系。如在"游成讼游洪父抵当田产"一案中，游成的父亲游朝将自家的土地卖给了乡党——游洪的父亲，之后游朝又将这份田地租赁回来耕种，由自耕农变成了佃农；但是在买卖、租赁的交割中，并没有立下相对应的契约，因此多年之后，事情条理不明，游成和游洪的父亲就因为田产的归属产生了纠纷。在厘清曲折事实后，司法官一方面认为同乡之间应当以诚为本，要求游成退佃，将田产还给游洪的父亲，"亦诚有之"；另一方面又以考虑到游成耕种不易，退佃当年的收成"随宜均分"，体现出维系同乡感情的义理追求。①

除了直接以伦常情理介入司法判决外，司法官们还借鉴了程朱学派法思想中基于"经权"而来的"权变"思想，将以既定法律条文无法作出完善判断的案情事实，肃清原委，对法条的概念进行阐释，适用性进行辨析，从而在理解的基础上援引法条断案，符合"经所不及，须用权以通之"的逻辑。这种类型的判决思路在判词中一般以"揆之法意""参之法意""断之法意"的表述出现。在"契约不明钱主或业主亡者不应受理"一案中，郑氏与汤氏争夺李孟传之地产，因李孟传已身故，但契约签订仅有十五年。按照法条规定"契要不明过二十年，钱主或业主亡"的产业纠纷，是不应该受理的。之所以郑、汤二人之纠纷是否受理会引起讨论，是因为对此法条的解释存在分歧，即"契要不明过二十年"与"钱主或业主亡"二者和不受理之间是什么关系。这里有两种解释：一是二者是"不受理"的充要条件，也就是当所讼契约同时满足"契约签订超过二十年"和"钱主或业主已经死亡"两个条件时，才能推出"不受理"的结论；二是二者是"不受理"的充分不必要条件，也就是满足其中之一，都可以"不受理"。在

---

① 中国社会科学院历史研究所宋辽金元史研究室点校：《名公书判清明集》卷4《户婚门》，中华书局2002年版，第198页。

本案中，满足了业主李孟传已死，但契约仅过十五年，所以产生了是否受理的纠纷。此案司法官就对法条进行了合理的逻辑阐释：这两个"不受理"的条件，其实都指向了契约不明，契约超过二十年，虫蚁蛀噬，字迹不辨，契约不明；业主死亡，产业无主，契约不明，故而不受理。所以此处二条件是"且"而非"并"，并据此判决此案不予受理。[①] 这体现了在对法条的使用中参照程朱理学法思想的权变予以灵活运用的结果。

由上述同乡人之间争讼的案件可以看出，在法律和情理的选择上，还是以法律为主，以情理为辅的。正如之前所分析的，同乡之间的情分不够亲密，伦理因素在其间的调节作用有限，而主要以法为标准则更能获得诉讼双方的认同。并且法有着国家机器的背书，可以用来弥补缺乏伦常约束的同乡人之间裁决的执行力。另外，由于同乡人之间主要以利益为联系，矛盾冲突的激发点也主要在财产、经济纠纷上，而宋代经济立法详细复杂，体系健全，从现实功用来说，依法裁决也更加具有效率，从这个方面来说，也体现出程朱学派法思想的追求目标，即治理价值，与这样的司法逻辑是一致的。在"揩改契书占据不肯还赎"一案中，叶云甫从他人手中购得田产，后卖给吴师渊，约期赎回。在这一买卖过程中，吴师渊并没有因为叶云甫手中和上一任田主的买卖契约不全而拒绝购买，但到了约定赎回的期限时，吴师渊私自涂抹篡改契约年限，拒绝叶云甫赎回田产。因此叶云甫将吴师渊诉诸公堂。在此案中，吴师渊从两方面为自己辩解，一是叶云甫原先购买田产的契约不全，二是原先田主已死，按律不应受理此案。对于这种情况，司法官同样援引法条，认为此案的第一个问题在于吴师渊对于契书的篡改，认为"典赎之法"条例明确，因"年限过满，揩改契字，执占为业，而不退赎"的应当"杖一百"，首先认定了吴师渊的犯罪事实；接着援引吴师渊所言契约已过二十年或业主亡故，不予受理的法条，认为在理，但也仅适用于叶云甫与上一任业主之间的争讼；随之指出既然在购买之时，吴师渊既明契约之不全，犹然签订，那就是认可了契约的效力，因

---

① 中国社会科学院历史研究所宋辽金元史研究室点校：《名公书判清明集》卷4《户婚门》，中华书局2002年版，第240页。

此不能以购买之处契约不全狡辩。最终判决吴师渊"杖一百",将田产如数归还叶云甫,但也引情理为其"恤刑",云"如能悔过",便免去杖刑。判词最后写道"揆之理法,无一而可",无论是援引律法,还是权变至现实需求,都可以感受到天理与国法在本案中的彰显。[①]

三 程朱学派法思想对明清官箴、诉讼状的影响

程朱学派法思想影响了明清官箴书中为政治理的观念和诉讼状中对情理法的书写应用。明清官箴记录了明清时期的各级官员在行政实践中的经验和思想体会,官箴中的为官之道、治世之术等实践准则和要求氤氲着理学法思想的影响。在诉讼方面,体现了"息讼"和"劝谕"的义理与行为;在治理方面,秉持着为政以宽的伦理观念。诉讼状反映了明清时期民间争讼中,诉讼双方当事人及讼师,将对理学"情理法"的概念与结构的认识应用在状词书写上,以求在争讼中获胜。

(一)明清官箴强调"息讼"与"劝谕"

官箴,即为官的规诫。明清官箴继承了理学家在处理诉讼事务中的"息讼"的追求,强调"息讼"一方面是出于维护社会的安定,避免引起民乱的考虑;另一方面由民间经济社会事务引发的官司骤增,给官僚行政系统带来很大的工作量,精神压力倍增的官员自然对处理诉讼类的事务有着比较强烈的抵触情绪。《居官日省录》中就有把"息讼"作为官府无为而治的善政言论:"盖言治民之道,不以听讼为贵,而以无讼为贵也。然无讼之化不易几,所恃者在劝民息讼而已"[②];《图民录》则云:"来讼者固有不得已之情,而亦由不能忍,苟能容忍,则十省七八矣。长民者果谆谆切切劝民忍忿兴让,必有气平已讼者";汪辉祖在《佐治药言》中说得更清楚,"两

[①] 中国社会科学院历史研究所宋辽金元史研究室点校:《名公书判清明集》卷9《户婚门》,中华书局2002年版,第567页。

[②] (清)乌尔通阿:《居官日省录》,吉林人民出版社1998年版,第493页。

造既归辑睦，官府当予矜全，可息便息，宁人之道。断不可执持成见，必使终讼，伤闾党之和，以饱差房之欲"；又如他说："勤于听讼，善已，然有不必过分皂白，可归和睦者，则莫如亲友之调处……或自矜明察，不准息销，似非安人之道。"

不过诉讼纷争始终存在，"谕之为政岂能无讼，有讼而听，能使其曲直分明，人心畏服，斯为美矣"，主持一方大计的官员仍然需要花费精力和时间来解决这类民间事务，这就有对官员如何才能进行"听讼"，成功解决诉讼纷争的要求和方法原则。《官箴集要》中对官员怎样听讼，听讼需要注意哪些方面等，都有独到的见解。比如听讼前：

戒先意判讼遇原被人犯到时，便当厉声说与利害，晓以公道，不可徇其词之强要，当察其情之真苟……务必听各尽词，虽自己见其曲直，亦不可先将各人偏行打骂，预言某人是非，令彼不敢虚眩阿徇。待彼吐说真情，然后徐察详验以理，平心折之，慎勿截其情词，而恃我有灼见，亦勿纵其巧词，而中彼之奸计，庶人不我欺，事得其情。

至于面对各种各样的词讼，地方官员应当依据案件性质的不同，在审查过程中还要有所侧重，如：

如诉产业，则诘其契券先后何如；诉婚姻，则诘其媒约财礼何如；诉斗殴，则诘其缘由伤损何如；诉盗贼，则诘其出入踪迹何如；诉诈扰，则诘其彼此强弱何如；诉赌博，则诘其摊场钱物何如；诉奸私，则诘其奸所捕获何如；诉私铸，则诘其炉冶器具何如；诉私宰，则诘其刀仗皮肉何如。

袁守定引用了《尚书大传》中的"听讼之法"，对其进一步发挥，"夫察则推求详细，物无遁情。义则处置攸宜，克中人隐。而又宽以治之，不为已甚，俾小人之意消，而后此之殃熄。三者诚听讼之要道，不可偏废也"。由此可见，审理繁杂诉讼的方式方法很多，既可以原则行事，又可以灵活处理，但对于为官者来说，认真察讼、秉公断讼、果断决讼是必须履行的基本职责，"凡理断狱讼，处置事务，皆当果决，不得狐疑犹豫，耽误事机。若当行不即行，当断不即断，则吏胥投间抵隙，得以行其奸弊，故为政者以果决为先务"。①

讼也可以未起而消，负责处理诉讼的官员把民间诉讼消灭在初始状态，就要具备"劝谕"的能力和素养，那么怎样去"劝"呢？《居官日省录》中曰：

讼起于争，必先去其争心，上者平情，次者能忍。以情而论，在彼未必全非，在我未必全是，况无深仇积怨，胡为好胜争强，我之所欲胜，岂彼之所肯负乎！以此平情，其忿消矣，而何有于讼？以忍而言，彼为横逆，从旁自有公论，何损于吾或别有挑唆，无如息气让人，便宜自在，彼即受辱，吾岂不费钱乎！以此为忍其念止矣，而何至于讼……于是强暴革心而向道，良善感化而兴仁，将见德风所被比户可封，又何讼狱之不为止息哉！故劝民之道，不在喻之以迹，而在感之于微，息讼之本，不在专求乎下，而在先谋乎上，为民牧者盍尽心焉。

汪辉祖对避免词讼的发生说得更通俗易懂，其解释也符合人伦情理，"词讼之应审者，什无四五。其里邻口角，骨肉参商，细故不过一时竞气，冒昧启讼，否则有不肖之人，从中播弄。果能审理平情，明切譬晓，其人类能悔悟，皆可随时消释。间有准理后，亲邻调处，吁请息销者"。②同时他也认为情法在调解、剖断诉讼案件中也是可以相互通融，官员可以做到以法断讼，以情息案，"勤于听讼，善已，然有不必过分皂白，可归和睦者，则莫如亲友之调处。盖听断以法，而调处以情；法则泾渭不可不分，情则是非不妨稍借；理直者既通亲友之情，义曲者可免公庭之法，调人之所以设于《周官》也。或自矜明察，不准息销，似非安人之道"。③

为政以宽，是理学家的执政原则在明清官员施政中产生影响的另一要素。官员需要具备宽宏的气量，无论行政对象是某一人，还是某一物，抑或是某件事，都会有使官员感到矛盾和局促的情况，此时就需要官员秉持

---

① （清）袁守定：《图民录》，吉林人民出版社1998年版，第737页。
② 同上书，第825页。
③ （清）汪辉祖：《佐治药言》，吉林人民出版社1998年版，第889页。

为政以宽的原则，礼让对待。《图民录》中有言曰，在待人之时，"宽一步则感，急一步则怨"；在行政之中"宽一步则办，急一步则蹶"；在诉讼断狱之时，"宽一步则易结，深求一步则难结"。故而在处理行政事务之时，要给自己留出"宽阔"的余地，例如在进行赋税的征收之前，"先令自审""先令自丈"；在进行诉讼鞫谳之前，先"令其自限""令其自催""令其自拘""令其自处"。① 然后再由官员进行执行和审理，这样能保证减少政务处理的矛盾，避免"错问一件事""屈打一个人""枉费一分财""轻劳一夫力""苟取一文钱"的纰漏产生。② 另外，官箴书中同样有着对宽严相济的汲取，认为待人接物之时，不能没有原则的宽仁，而是要"教人而后责人，体人而后怒人"，以法律的严肃性和正义性为保证，当其人"命之不从，教之不改"就要严加惩戒。其中氤氲着程朱理学家在地方治理中的调解原则。

（二）明清诉讼状中"情理法"的兼备

诉讼状又称诉讼文书，是诉讼双方提起诉讼所提交的书面呈文，包含了对诉讼缘由、事实原委的说明以及对诉讼目的的阐释。民间的诉讼状中常见对"情理法"概念的应用和"情理法"侧重面的权变，体现了理学法思想在"情理法"建构中的特点。

在明清的诉讼案件中，为了能在司法审案之前博得司法官的同情，占据道德上的有利位置，诉讼双方都想方设法地在讼状上做文章，其讲求的原则之首就是对于情理的阐发和"人情"高地的占据。《萧曹遗笔》中有云"先原情何如，次据理按法何如"，即在讼词之中，先诉诸人情，后阐明义理，最后说明此讼在法应当如何，给出了先情理后法理的思路。并且告诫"须防彼人装情敌我"。值得一提的是，对诉讼的理解其实还是追求息讼、无讼的。如果所讼之事仅是小事，那就"可已则已"，不要因此激化双方的矛盾，"不宜起衅"；但如果是涉及"迫切身家"的大事，必须以

---

① （明）吕坤：《呻吟语》，学苑出版社1993年版，第311页。
② 同上书，第300页。

一纸诉状上告时，就要依据情理、法理的准则，深思熟虑，就像"与人对弈"一般，认真估量"彼此之势"，一步一步皆需小心谨慎，只要"谋出万全"，则可以"制人而不受制于人"，这就是诉讼得以"百战百胜"之道。根据具体的诉讼流程，在诉状初次投至县衙时，诉状的侧重点应该是字字斟酌，"缜密停当"，这样就占据了诉讼的先机，让事实阐述"无隙可乘"；如若需要往上投递至府道一级审理时，则需要在原先状词的基础上，增加对事情原委的主观性修饰，即"加密"；若又上送台院，则再"加密"，让官府认为事情、语言层次有序，阅读顺畅，情理交加，就有助于裁决结果偏向自己，这就是"诉讼之道"。可见，明清时期小民、讼师对于诉讼的理解，深刻吸收了程朱学派法思想在"义理"决狱中以情理"定分"的道理，甚至于息讼思想也有汲取，灵活体现在了对司法官的揣摩和讼状的书写中。

程朱学派法思想在明清诉讼状中首先体现在对"国法"概念的运用上。程朱学派法思想之"国法"源于天理，是维持国家社会运行的现实武器，具有审判裁决的权威性。因此，讼状中对于"国法"的提及，多是以"国法"的重要性来凸显案情的重要性，得到司法官的重视，并且在其中巧妙地将己方放在了和"国法"的同一边，以求在诉讼中占得先机。如状告彼方"作弊飞粮"的，就说这是"国法大伤"[1]；体现己方立场正直的，就说自己"何故直呈"，是因为"国法自古不恕"[2]；再比如请求司法官"秉国法之公坐"[3]，拐弯抹角地将司法官置于权力的高处，令其十分受用。诸如此类，不胜枚举。皆是想援引"国法"入讼词，用于博取司法者对己方的认同。

在"霸吞租事"一案中，原告方的父亲曾购买若干田产，并将之租佃给他人用于收租，将田地登记造册用于缴纳官府赋税，后有地痞恶霸强行

---

[1] 杨一凡主编《历代珍稀司法文献》第11卷《新镌法家透胆寒》，社会科学文献出版社2012年版，第119页。

[2] 同上书，第144页。

[3] 同上书，第146页。

占有其父亲所属的部分田产，私下拟定租佃田地的承种契约。如今原告方的父亲已经去世，该恶霸见原告已经孤伶无依，便不再向原告方缴纳租税，并且不允许原告方将田地收回另租他人。在原告方的状词中，其将恳求官府做主收回田地的立论落在了"国法"之上。状词中指出，此田产是已经登记造册，需要按照法律缴纳赋税的，恶霸霸占田地后，"税由此产出"，但"无租纳粮差"，是违背国法的行为。以"国法何在"的呼声，请求"追租还田"。①

由上述讼词可见，该讼状于此案中是明显站在被告方的立场上，被告方的劣势在于未能向官府缴清应给的赋税，本因在诉讼中"受制于人"，但是状词以被告方无法收齐租金为由，为其漏税行为开脱，巧妙地将矛盾从官府与被告方之间转移到了官府与拖延租金的人之间，并将其人称为"恶霸"，以"国法"占据制高点，强占田地，不交租金，是违背"国法"的行为，是蔑视官府的表现，相对应的未缴清赋税则是被逼无奈之举，这样就化被动为主动，以"国法"在诉讼优劣上得以翻盘。

除了追田纳租这样的民事纠纷外，在诉讼中利用"国法"占据优势的情况也存在于刑事纠纷之中。在"聚众劫掠事"一案中，原告方本与友人在酒馆中喝酒，隔壁桌有"泼棍"无赖，怪他二人不主动邀请他一起喝酒，因而"撞人挤闹"，故意找茬。虽然在老板的劝说下无赖离开了，但是原告方仍然心有余悸，害怕自己晚归途中遭遇无赖的堵截报复，于是决定在友人家留宿一晚。不料等到深更半夜时，该名无赖又纠集多人打上友人家门，"打毁门壁"，涌入家中，将"绢衣巾物并私家财"全部劫掠一空。讼状中指出，在法，"黑夜聚劫"是严重的违法行为，是"王法之大变"，因此请求官府"严拘究革"，并且补充了无赖等人的犯罪事实，有"邻店私等旁观可证"。②

在本案中，深夜侵门踏户，聚众劫掠财物，"按律当斩"，即使没有发

---

① 杨一凡主编《历代珍稀司法文献》第11卷《珥笔肯綮》，社会科学文献出版社2012年版，第14页。

② 同上书，第37页。

生抢劫行为，也是属于"流刑"的范畴。本诉讼状就是在被告方本就违背"国法"的事实前提下，对此点大做文章，用"王法之大变"的表述，从"国法"延伸到"王法"，让此案带有了对封建统治王权的蔑视，从而在要求严惩之上进一步增加诉讼的胜率。

"天理论"是程朱理学的根本观点，将其运用在法的实践中，讲求的是来自最高原则上的判断立场和衡量准绳。而在明清诉讼文书中，对于"天理"的运用侧重于将所诉之"事"，缘法引"情"，再上升到天理的高度，从自然恒常的威严角度为自己背书，相比于国家机器而言有着更高的效力。

诉讼文书中对"天理"一词的着墨，是为了站在宏观的最高维度去反衬己方处于微观最底层遭受的不公和损失，以博取司法官的同情。在针对孤幼遭受欺凌的诉讼中，强调了对于孤儿寡母的欺凌是"天理难容"之事；在针对财务纠纷的诉讼中，用自己"无明无夜，担担去"的穷苦生活"默彰天理"[①]，来为自己在理法判决前占据制高点；在针对丈夫背弃妻子嫌贫爱富的诉讼中，以"图姿色而废人伦……爱粪金而绝天理"对被告丈夫极具唾弃之意。[②]诸如此类，不胜枚举。将"天理"加入讼词中，是给人性化的表述予以宏观高维的风骨支撑，从情理两方面打动司法官，为己方争取诉讼的胜利。

在《新镌法家透胆寒》中的"为假死契欺孤寡"一案中，本地豪绅以某某家主早已将宅基卖于自己，有契约为证，现在家主已死，即要求其家孤儿寡母按照契约照给宅基，未得，因而孤儿寡母一方将之诉诸公堂。在原告方的诉状中，首先阐释了事实逻辑，如果自家不是贫穷至极，怎么会出卖宅基？如果真的将宅基售卖了，为什么要等到丈夫身亡后才拿出契约？此事为何在丈夫生前从未被提起过？更何况丈夫在日，家中"尚有余囊"，那么卖出宅基有何用处呢？因此这是豪绅，假借丈夫之名私造的假契约，是想要"白据横吞"。进而诉之凄苦，表示此事"夫目不瞑"，并拉出天理

---

① 杨一凡主编《历代珍稀司法文献》第11卷《新镌法家透胆寒》，社会科学文献出版社2012年版，第120页。

② 同上书，第139页。

为自己站台："孤可欺……寡可嚼……天理难容。"因此希望司法官验证契约真伪，查明事实缘由，依律给予裁决。

又如在"贿盗以诬轻伤人命"一案中，被告人"奸恶某某"，因与原告有私人矛盾，因为理亏而不敢对簿公堂，于是恶念陡生，用金钱收买盗贼，想要合伙暗算诬陷于原告，于是将之诉诸公堂。在这起案件中，由于事实原委勘验清晰，在事理上并无异议，但原告提出了一个要求，就是对参与此事的这位盗贼从轻处理。原因是盗贼本心良善，"盗亦慈"，因为不能违背"人心天理"，因此在差役推问时立刻招明"受贿情由"是"实出害良计策"，为原告方减轻损失、案件的侦办效率提供了重要价值，因此希望也为此盗贼"苏（诉）冤"。①由此可见，诉状中使用"天理"一词，不仅可以成为己方助力，也能帮助罪方开脱，以天理圆人情入司法审判，达到"风散迷云""日暖风和"的效果，最终指向了息讼的理想目标。

"人情"一词，在诉讼文书中的作用，主要是以程朱理学"义理"决狱中的"定分"原则展现己方的弱势地位，并且和伦常礼教的内容结合在一起，辅之以语言艺术，从而期待得到司法官的偏向。在词句运用上，主要体现在"情有可原""情有可谅""于情可矜"等表述上。其论述逻辑一般是对于人伦大节上的争讼，如"父死子冤"一案中，原告人的父亲因私仇被杀，为人子者本应讼告官府，但因为家庭中有母亲、妻女，害怕被胁私报复，故"息讼含冤"；但仇家竟得寸进尺，捏造事实，将此子"反坐身罪"，诉诸公堂，在之前的审判中，幸得蒙受恤刑得以脱罪，如今请官府"拘于其情可矜"，对此案另行定夺。②由此可见，在请求沉冤昭雪的诉讼请求中，加入家庭人伦悲剧的陈诉，是想要司法官在裁决中予以同情的目的。

在《珥笔肯綮》中另有"查遣除害事"一案。本案属于亲属相诉的案件，有"恶侄某某"与市井无赖厮混，做出了伪造盐引、贩卖私盐的违法

---

① 杨一凡主编《历代珍稀司法文献》第11卷《新镌法家透胆寒》，社会科学文献出版社2012年版，第105页。

② 杨一凡主编《历代珍稀司法文献》第11卷《珥笔肯綮》，社会科学文献出版社2012年版，第76页。

勾当。在官府审判后，被"解至私卫"充军。然而在被押解的过程中，此人私自潜逃回家，还迎娶妻妾，生儿育女，并没有执行充军的刑罚。于是叔叔将其诉诸公堂。在本案中，叔侄二人是血缘至亲，因此在诉讼中也提及了"情当容隐"，但是叔叔考虑到侄儿"结党横行，重犯国法"，担心其恶行恶状影响后世子孙，因此请求官府对其调查，重新判决。

程朱学派法思想在融入中华法系后，形成了人情、天理、法律兼顾的思想结构，在这一结构中，"情"与"理"的融合是一个重要的实践运用面。情理相融，是于国法之外，为己方塑造占据"道德制高点"的形象，因此在案情开审之前就影响了司法官的审判思路。

由于程朱理学法思想对情理法的结构贡献在于提供了三条情理法建构的途径，补充了内涵。因此，其在明清诉讼状中的应用，也基于此，对情理法三要素的侧重进行了实事求是的权变。

"人情"和"天理"的兼顾，是诉讼方阐释中最常见的一项"两厢融合"，此处的"人情"，主要指对于事实情委的诉说，近乎"事情"；"天理"，主要是指对诉说出的内容的解释说明，近乎"道理"。因为在讼词的书写和阅读中，会因为陈述者的语言组织能力、逻辑思维能力、主观偏向性的差别，导致所诉之事"情真理确"，但"词句未晰"，因此需要"再具报明"，进而"深详细绎说之"，这在诉讼文书的写作中被称为"报词"。"报词者，从手从口"，从手，就是报词所呈现的是事实举动；从口，是指报词是通过语言阐释最终厘清的。因而，在讼词中，以清晰明确的"道理"装饰事实原委的"事情"，让整篇状词在语义清晰之下已经暗含讼告者的主观意愿，是为"情理兼顾"。

例如在"谎诬固骗事"一案中，某人在妻子死后继娶一女，但是此女生性凶悍，对前妻所生的幼子动辄暴力对待，最终"以暴致死"，还与其丈夫"日夜闹"，于是夫妻感情破裂，分房生活"誓不相见"。丈夫怕这样下去"两相耽误"，便和妻子商量请妻子"转嫁"。此事被妻子的宗亲所知，就捏造丈夫与其宠婢私通，故而卖妻，因此将丈夫诉诸公堂。司法官在详细查看了双方报词之后判断，丈夫之言逻辑清楚，且这些事情"推情度理"，夫妻二人"势难所容",因此可信;反观妻子一方所言之婢女,"仆婢年方十岁",不可能构成"宠婢卖妻"的逻辑,因此不可信,推鞫之下,果是诬陷,于是还了丈夫清白。①

此外,也有还妻子清白的案例,如在"溺妾逐妻事"一案中,有女子嫁到夫家二十余年,被丈夫的妾室诬陷与人入室通奸,因此被丈夫告上公堂,请求治以奸淫之罪。在司法官审阅双方报词时,认为妻子已嫁入夫家二十余年,恪守妇道,宗族乡里皆可证实,实属情理皆通。反观丈夫和妾室一方对妻子的指控就不合理:首先,妻子"属守妇训"是乡里所共识;其次,从这一逻辑推来,妻子青春之时"既无邪行",到了老迈的年纪又"何至污淫";再次,妻妾二人同居一室,如果真有与人通奸往来,就妾室而言,"又肯容人出入";最后,即使"族有淫棍",为何不去奸淫同居一室的"艳妾",而去选择"老妇"?实属情理难核。最终,果然查出是因为丈夫"溺爱宠妾",故而"宠妾诬妻"以求上位。在司法官的情理判断下,最终还妻子清白。②

"人情"和"国法"的兼顾,是程朱学派法思想搭建"情理法"一体结构的另一个重要的实践面呈现。在诉讼程序中,基于"国法"的权威性和正义性,只要进入诉讼程序就必须参照国法,但法条更新的速度赶不上社会发展和诉讼愈加复杂的速度,因此,基于"人情"而将相对滞后的"国法"条例在诉讼实际情况中进行灵活参照,是诉讼文书中呈现的普遍情况。因此,在诉讼文书的撰写中,讼师的目的是基于对情法兼顾的审判原则的揣摩,将己方置于一个"情法兼顾""情法均衡"的平衡点,引导司法官往这个方向裁决。

例如在"相忌相尤"一案中,有"某魁"本应作为被继立之嗣继承其亲叔叔的家业,但被叔叔的养子"某敏"抢夺占据,因此两人之间互相猜忌不和。"某敏"上诉称"某魁"经常奸淫女子入氏,不过入氏自称"强奸

---

① 杨一凡主编《历代珍稀司法文献》第11卷《珥笔肯綮》,社会科学文献出版社2012年版,第33页。

② 同上书,第58页。

未成"便作罢。后来入氏的丈夫在茅草地里捉奸"某魁"和入氏,并且激起入氏夫家宗亲邻里的众怒,导致入氏之公爹"出妇以羞其秽",入氏的丈夫"愿弃妻以远其嫌"。而在"某魁"这方,因为入氏还未过"豆蔻之年",情节恶劣,需要将作为血缘宗亲的"某敏"也连坐入罪,"某敏"因此上诉。在司法官看来,于法而言,与未过豆蔻年华的人妇通奸是应当判定亲族连坐之罪的,"奸继麻服属之律坐之"。但问题在于,"某敏"与养父并无血缘关系,且其继嗣也是非法强占,于情而言,"某敏"就算不得是"某魁"的亲族,且"存忌日久";但还是于情而言,"某敏"霸占本属于"某魁"的继嗣身份,也是存在罪过的。在情法兼顾下,按"情法两可",予"某敏"以连坐,但刑罚"姑从减等"。在这个案件中,司法官考虑到了强奸罪连坐是合法的,人情上的非血缘又不用连坐,但"某敏"霸占养父家业的行为也是于情当惩的,因此给出了既符合国法又符合人情的裁决。①

"天理"与"国法"的兼顾,是情理法两两结合的第三个实践呈现面。诉讼文书基于提交诉讼的一方,需要兼顾两个方面的维护:一是维护官府、司法官的权威,因此在诉讼阐述中要顾及"国法";二是维护己方的权益,并且为了达到这一诉求和对官府权威维护的均衡,防止过分"谄媚"而造成相反的影响,故而选择兼顾"天理",从道义上塑造己方形象,以达成诉讼胜利的目的。

在"为报明事"一案中,原告人刘天奉声称,巫承章父子二人带领数名恶徒闯入其家中打砸行凶,不仅损坏了不少物件,更是追着刘天奉的儿子刘开益殴打,致使刘开益"伤头颅两肋等处",流血过多昏厥于地,幸亏有邻居凌诚盛奋力相救,才保下了刘开益的性命,"几免登毙",因此上诉官府,"恳乞宪台"依法裁夺。在这个案件中,讼师兼顾理法,先从事实的角度客观陈述了诉讼原委,并且表示已经"随往勘验",对于刘开益"头颅两肋等处"受伤、家中"碎破物件"之陈述是事实,然后抬到天理的高度,谈及光天化日之下侵门踏户行凶是"事关地方"治理安稳的大事,"理合报

---

① 杨一凡主编《历代珍稀司法文献》第12卷《新刻法家萧曹雪案鸣冤律》,社会科学文献出版社2012年版,第404页。

明",最后再请求"宪台俯赐法裁",逻辑清晰,事理分明。①

在具体的诉讼实践中,情理法三者并不是何时何地均保持一致的,当违背两项时,就要在诉讼状的写作中有所侧重了。当然,基于情理法的叙事逻辑,诉讼状的写作会将相悖但同样重要的两方联系在一起,在理论上的冲突对立中联系事实情节,更加立体地塑造出己方的正面形象,甚至于将己方的诉求"包装"并建立在理论的对立双方之上,这是一个巧妙的书写笔触,以己方的左右为难去为司法官的左右为难"解围",从而博得司法官的裁决倾向。

在"恣淫破义事"一案中,某人垂涎自己妻子妹妹的美色,于是"谋奸于妻",夫妻二人合谋,以妻子的名义将妹妹骗来,进而"迷其酒而逞淫",在达成淫谋后,将妹妹收入房中,成为"苟合之妻"。此诉讼的逻辑在于,在法,只有夫妻双方对彼此的事实控告才能构成奸淫罪,因此"终为律法髡黥",并不违法;在理,已有"正配之妻"还与人谋奸,是"衣冠禽兽"之举,是违背天理伦常的罪行。因此,为了"振世纪纲",请求对此人进行严惩。②在这个案件中,基于对司法审判程序正义性和权威性的维护,必须参考法条,但此案的行为并不违背法条,违背的是天理伦常,这样的理念矛盾容易让司法官陷入两难抉择,于是在诉状中明确提出了按照天理伦常去裁决,"振世纪纲",也就为司法官解决了难题,自然得以胜诉。

类似这种在"人情"与"国法"矛盾之下,巧妙运用情理法一体的阐述逻辑争取诉讼利益的案例还有很多。值得一提的是,正如前文所言,根据不同的案件的事实缘由的区别,诉讼状中对于情与法之间对立调和的侧重面和对抗性是有所调整的,目的是在调和中找到立场的倾向性,从而给予司法官引导。诉讼状的撰写讼师并不是只有专为一人争取利益,还有集体讼状这一形式,在这种情况下,"人情"与"国法"矛盾冲突更加激烈,

---

① 杨一凡主编《历代珍稀司法文献》第12卷《江西万载讼师秘本三种》,社会科学文献出版社2012年版,第811页。

② 杨一凡主编《历代珍稀司法文献》第11卷《新镌法家透胆寒》,社会科学文献出版社2012年版,第94页。

倾向性也就更加明显。如在"叩天从民事"一案中，某县令因为在任临彰期间，抵御流寇不利，因而遭到追究。于是一县百姓联名上诉，为县令求情。在诉状中，首先承认了在该县令任期内，临彰产生了"流贼入境"的动乱，导致了生灵涂炭，公私宇舍"悉为灰烬"，确实"按法当去"。但是根据实际情况而言，县令就任期间确实"宽民仁恕，政令肃严"，如若就去，那么"士民如失父母"，对地方治理和恢复建设无疑是一大损失。并且就事论事，从抗击流寇来说，临彰境内"城无槽楼""民怯金鼓"，且多为"老稚"，这种情况下遭遇敌人，"谁敢争先"？在客观的战斗力不足之下，无法阻止流寇的掠夺，"非战之罪"，所以希望"据法原情"，以此"连名上呈"。在这个案件中，县令所犯失职之罪是违法的，之所以违法，是因为本县境内确实没有组织起抗击流寇的能力，于法难逃，但于情可原，在这种情法冲突中，最终倾向于"据法原情"，从轻处理。①

---

① 杨一凡主编《历代珍稀司法文献》第12卷《新刻法家萧曹雪案鸣冤律》，社会科学文献出版社2012年版，第432页。

余 论

通过对程朱学派法思想的研究,我们不难发现,程朱学派在法思想理论中构建起了两个层次:一曰价值层次,一曰实践层次。这也是儒家法思想的一贯理论建构。

在价值层次,理学家们高扬"天理"旗帜,认为"天下只有一个理",这就是儒家的"道统"。正如孔子以"仁"或"不仁"评价历史人物及事件,创"春秋笔法",《春秋》中亦以"礼"或"非礼"对君主进行褒贬。孔子以下,孟子谈治道必称"仁义";荀子谈"礼义"称"礼义生而制法度";董仲舒更是直言"天不变,道亦不变",天道是自然恒常的最高原则,这也正是儒家的"法统"。对特定法制作是非善恶的价值判断应有一种客观标准。这个客观标准是什么?它是儒家的天道或理学的天理,是法哲学中的理想法,亦是自然运行的法则。究极说来,就是人类所认识到的自然和社会历史的法则或秩序。天理就是理学法哲学中的理想法,既是理学法思想的价值本体,亦是当世之法是否可行、是非善恶如何判断的价值标准。

理学法思想的本体源于天理,天理灌注之下由圣王统辖万民,这就给封建帝制下的统治者打上了合理、合法的标签,对封建帝制起到了支持作用,故而自南宋以降,理学完成官学化,是为正统。理学法思想中的尊君、亲族、民本等事项正体现出封建帝制下政治与法治的运行要素。但是不容忽视的是,历代帝制统治者所尊奉的儒家法哲学都是经过了改铸的,譬如前文业已指出的儒家的"圣者才能王天下"的"圣王观",到了他们手中便演变为"王天下者便是圣人"的"王圣观"了,成了彻头彻尾的"成者为王,败者为寇"的极端功利主义价值论,并将此作为自己"南面之术"的护身符贴在身上。理学法思想也不能避开这一改造。

在实践层次,理学法思想具有这样两种功能:支持现存政治秩序和法律秩序，为统治提供合法性论证；批判现实政治和法律，甚至为人民起义权、反抗权提供依据。在过去的研究和评价中，常常容易忽视的正是对整个儒家之法的批判功能。且不说在宋代崇尚文治、不杀士大夫的有利背景下，即使原溯前代：孔子斥"上失其道""不教而杀谓之虐"；孟子批判当时"上无道揆""君子犯义"，并倡明"民贵君轻"，独夫可诛，暴君当伐；董仲舒的"天人三策"对史家称盛的"文景之治"视而不见，并无赞歌，而且还当着汉武帝的面，说论暴秦之"遗毒余烈，至今未灭"，把尖刻的讥刺寓于空洞的颂歌之中。

　　终君主专制社会之世，儒家所保持的这种现实批判主义法的精神不绝如缕。每当王朝衰世，批判精神更有高扬的表现。理学法思想批判精神透析出理学家们"为天地立心，为生民立命"的现实治理需求，包含了现实所需的公道、正义，形成良法。因此，中国古代法思想中是包含儒家的正义观的价值的，中国古代之法并非仅是满足封建统治者欲望的习惯法。理学家们坚持"先王之法"是合乎"道"的良法，因而"遵先王之法而过者，未之有也"。理学家们对"先王之法"的提出，并非作为理想，而是当作现实之法的参照。"法先王"并非空想，而是运用在治理之中的，是"治道"的追求。理学家们把"先王之法"当作可以落实在现实治理中形而下的实在法，又将"先王之法"所秉持的"道"化为"天理"，上升为形而上的理想法秩序，这就让理学家的法思想中既有理想法的高度，又有实在法的实用性，因此可以用来评价"当世之法"。而其所提出的伦理纲常、道德礼教，则是具象化的评价标准。

　　因而理学法思想的理想法并不是时刻凌驾于实在法之上的绝对理性，其是有现实功用的诉求的。理学之法的要旨在于，将"先王之法"与当世之法组成一对矛盾，从"先王之法"对当世之法的价值评价中体现出正义和公道。

　　理学法思想的矛盾之处正在于此：当"先王之法"理想落在"现实之法"中时，"先王之法"就同时具备了"理想法"和"实在法"的双重属性，当二者的属性模糊时，理学法思想就陷入了形而上的思考与形而下的实践的拉扯中，其中的位阶层次就模糊了。

　　古往今来，人类对于法治秩序的建设都是一个从抽象到具体，从粗糙到细致的完善过程，创造和完善法的体制，是任何法思想产生和发展的基本动因和美好愿望。理学家所秉持的传统儒家所构建的"先王之法"就是细致而具体的法治。因而，其为国家机器所需求解决现实问题的"当世之法"留下的空间过窄，没有在其体系之下进行延伸、拓展的过多余地。所以，其中"道德""仁义""礼教"的要素只能停留在对"当世之法"的评价之上，即理学法思想不能直接成为法条。但是在处理具体狱讼事情时，此法思想又有着可以独立使用，具有可操作性的实际条文，这样一来，当实际条文在应用时，其就从评价对象变成了被评价、被变革的对象。

　　理学家们以"修身、齐家、治国、平天下"为目标，要"知其不可而为之"，力图复兴圣人的王道之治，因此处处以道德价值贬斥恶法而维护"先王之法"地位。理学家将"道"落实到"先王之法"上，并没有完全埋葬"道"的理想法价值。我们应当探究的是，道学之"道"的理想主义法价值能不能开出现代化必需的民主和法治？而这一切，就需要在当今中华优秀传统文化对社会治理的作用中加以检验了。

附表：南宋朱子门人一览表

姓名	籍贯（今属）	身份	入仕与否	材料来源
丁克	福建	弟子	未入仕	《考亭渊源录》
上官谧	福建	弟子	入仕	《考亭渊源录》
尹起莘	福建	私淑	入仕	《宋元学案补遗》
方士繇	福建	弟子	入仕	《宋元学案》
方壬	福建	弟子	入仕	《宋元学案》
方禾	福建	弟子	未入仕	《宋元学案》
方有开	安徽	弟子	入仕	《宋元学案补遗》
方耒	福建	弟子	入仕	《考亭渊源录》
方符	福建	弟子	入仕	《宋元学案补遗》
方谊	浙江	弟子	未入仕	《宋元学案》
王力行	福建	弟子	入仕	《宋元学案》
王介	江苏	弟子	入仕	《宋元学案》
王仲杰	浙江	学侣、讲友	入仕	《考亭渊源录》
王阮	江西	弟子	入仕	《考亭渊源录》
王洽	安徽	弟子	入仕	《宋元学案》
王时敏	江西	学侣、讲友	未入仕	《朱子语类》
王过	江西	弟子	未入仕	《宋元学案》
王遇	福建	弟子	入仕	《经义考》
王朝	福建	弟子	未入仕	《考亭渊源录》
王汉	浙江	弟子	入仕	《宋元学案补遗》
王瀚	浙江	弟子	未入仕	《宋元学案补遗》
丘珏	福建	弟子	未入仕	《宋元学案》
丘富国	福建	弟子	入仕	《宋元学案》
丘膺	福建	学侣、讲友	未入仕	《宋元学案补遗》
包定	浙江	弟子	未入仕	《宋元学案补遗》
包约	江西	弟子	未入仕	《宋元学案》

续表

姓名	籍贯（今属）	身份	入仕与否	材料来源
包扬	江西	弟子	未入仕	《宋元学案》
包逊	江西	弟子	未入仕	《考亭渊源录》
甘节	江西	弟子	未入仕	《考亭渊源录》
石斗文	江西	弟子	入仕	《宋元学案》
石宗昭	江西	弟子	入仕	《宋元学案》
石洪庆	福建	弟子	未入仕	《考亭渊源录》
石𡒊	浙江	学侣、讲友	入仕	《宋元学案》
任希夷	福建	弟子	入仕	《宋元学案》
任忠厚	浙江	弟子	未入仕	《考亭渊源录》
朱塾	福建	弟子	入仕	《考亭渊源录》
朱在	福建	弟子	入仕	《考亭渊源录》
朱野	福建	弟子	入仕	《考亭渊源录》
朱飞卿	福建	弟子	未入仕	《考亭渊源录》
朱鲁叔	福建	学侣、讲友	入仕	《考亭渊源录》
江元益	福建	弟子	未入仕	《考亭渊源录》
江文卿	福建	弟子	未入仕	《宋元学案补遗》
江孚先	江西	弟子	未入仕	《宋元学案补遗》
江默	福建	学侣、讲友	入仕	《考亭渊源录》
池从周	浙江	私淑	未入仕	《宋元学案补遗》
何镐	福建	学侣、讲友	入仕	《宋元学案》
余大雅	江西	弟子	入仕	《宋元学案补遗》
余大猷	江西	弟子	入仕	《宋元学案补遗》
余元一	福建	弟子	入仕	《考亭渊源录》
余宋杰	江西	弟子	未入仕	《考亭渊源录》
余隅	福建	弟子	未入仕	《考亭渊源录》
吴仁杰	江苏	学侣、讲友	入仕	《宋元学案》
吴必大	湖北	弟子	入仕	《考亭渊源录》
吴居仁	福建	弟子	入仕	《朱子实纪》
吴𡒊	安徽	私淑	未入仕	《宋元学案补遗》
吴昶	安徽	弟子	未入仕	《宋元学案补遗》

续表

姓名	籍贯（今属）	身份	入仕与否	材料来源
吴柔胜	安徽	弟子	入仕	《宋史》
吴英	福建	弟子	入仕	《宋元学案》
吴伦	湖南	私淑	未入仕	《宋元学案》
吴唐卿	福建	学侣、讲友	未入仕	《考亭渊源录》
吴恭之	广东	弟子	未入仕	《宋元学案补遗》
吴振	浙江	弟子	入仕	《朱子语类》
吴梅卿	浙江	学侣、讲友	入仕	《宋元学案补遗》
吴翌	福建	学侣、讲友	未入仕	《经义考》
吴琮	福建	弟子	入仕	《经义考》
吴雄	湖南	弟子	未入仕	《宋元学案补遗》
吴雉	福建	弟子	未入仕	《宋元学案补遗》
吴寿昌	福建	弟子	未入仕	《朱子实纪》
吴猎	湖南	弟子	入仕	《宋史》
吕炎	江西	弟子	未入仕	《经义考》
吕祖俭	浙江	学侣、讲友	入仕	《宋元学案补遗》
吕胜己	福建	学侣、讲友	入仕	《宋元学案补遗》
吕乔年	浙江	弟子	未入仕	《宋元学案》
吕煮	江西	弟子	未入仕	《经义考》
吕焕	江西	弟子	未入仕	《经义考》
宋之源	四川	弟子	入仕	《宋元学案》
宋之润	四川	私淑	未入仕	《宋元学案》
宋斌	江西	弟子	未入仕	《宋元学案》
杜知仁	浙江	弟子	未入仕	《考亭渊源录》
杜㫤	浙江	弟子	入仕	《宋元学案》
杜贯道	浙江	弟子	未入仕	《宋元学案补遗》
杜煜	浙江	弟子	入仕	《宋元学案》
李大同	浙江	弟子	入仕	《宋元学案》
李大有	浙江	私淑	入仕	《宋元学案》
李文子	四川	弟子	入仕	《宋元学案补遗》
李方子	福建	弟子	入仕	《宋元学案》

续表

姓名	籍贯（今属）	身份	入仕与否	材料来源
李如圭	江西	学侣、讲友	入仕	《经义考》
李亢宗	福建	弟子	未入仕	《考亭渊源录》
李杞	湖南	弟子	未入仕	《宋元学案》
李吕	福建	学侣、讲友	未入仕	《宋元学案补遗》
李孝述	江西	弟子	未入仕	《宋元学案补遗》
李壮祖	福建	弟子	入仕	《宋元学案》
李周翰	湖北	弟子	未入仕	《宋元学案》
李季扎	江西	弟子	未入仕	《宋元学案》
李宗思	福建	弟子	入仕	《宋元学案》
李东	福建	弟子	入仕	《考亭渊源录》
李修己	江西	弟子	入仕	《宋元学案补遗》
李相祖	福建	弟子	未入仕	《宋元学案》
李唐咨	福建	弟子	未入仕	《宋元学案》
李耆寿	湖北	弟子	未入仕	《宋元学案》
李闳祖	福建	弟子	入仕	《宋元学案》
李雄	湖南	弟子	未入仕	《宋元学案》
李道传	四川	私淑	入仕	《宋元学案》
李辉	江西	弟子	未入仕	《宋元学案》
李义山	江西	弟子	入仕	《宋元学案》
李德之	籍贯不明	弟子	未入仕	《考亭渊源录》
李儒用	湖南	弟子	未入仕	《宋元学案补遗》
李燔	江西	弟子	入仕	《宋史》
李璠	湖南	弟子	未入仕	《宋元学案补遗》
汪清卿	江西	学侣、讲友	未入仕	《宋元学案补遗》
汪楚材	安徽	学侣、讲友	入仕	《宋元学案补遗》
汪德辅	江西	弟子	未入仕	《经义考》
沈㑌	浙江	弟子	未入仕	《经义考》
沈焕	浙江	弟子	入仕	《宋史》
周介	浙江	弟子	未入仕	《宋元学案》
周元卿	浙江	弟子	入仕	《考亭渊源录》

续表

姓名	籍贯（今属）	身份	入仕与否	材料来源
周方	江西	弟子	未入仕	《宋元学案补遗》
周亨仲	江西	弟子	未入仕	《宋元学案补遗》
周伯熊	江西	弟子	未入仕	《宋元学案补遗》
周良	江西	弟子	未入仕	《宋元学案》
周明作	福建	弟子	未入仕	《经义考》
周庄仲	籍贯不明	弟子	未入仕	《考亭渊源录》
周椿	籍贯不明	弟子	未入仕	《宋元学案补遗》
周端朝	浙江	弟子	入仕	《宋元学案补遗》
周震亨	福建	弟子	未入仕	《朱子语类》
周谟	江西	弟子	未入仕	《宋元学案补遗》
林士谦	籍贯不明	弟子	未入仕	《考亭渊源录》
林大春	福建	弟子	未入仕	《宋元学案补遗》
林子蒙	湖南	弟子	未入仕	《考亭渊源录》
林仁实	福建	弟子	未入仕	《宋元学案补遗》
林允中	福建	弟子	未入仕	《考亭渊源录》
林用中	福建	弟子	未入仕	《考亭渊源录》
林仲参	籍贯不明	弟子	未入仕	《考亭渊源录》
林大春	福建	弟子	未入仕	《宋元学案补遗》
林至	上海	弟子	入仕	《宋元学案》
林守道	福建	私淑	未入仕	《宋元学案补遗》
林武	浙江	弟子	入仕	《宋元学案补遗》
林易简	福建	弟子	未入仕	《宋元学案》
林恪	浙江	弟子	未入仕	《考亭渊源录》
林师鲁	福建	学侣、讲友	未入仕	《宋元学案补遗》
林得遇	福建	弟子	未入仕	《考亭渊源录》
林撰	籍贯不明	弟子	未入仕	《考亭渊源录》
林湜	福建	学侣、讲友	入仕	《考亭渊源录》
林补	浙江	学侣、讲友	入仕	《考亭渊源录》
林学蒙	福建	弟子	未入仕	《考亭渊源录》
林学履	福建	弟子	未入仕	《考亭渊源录》

续表

姓名	籍贯（今属）	身份	入仕与否	材料来源
林䔄	浙江	弟子	未入仕	《宋元学案补遗》
林䎙	浙江	弟子	入仕	《宋元学案补遗》
林宪卿	福建	弟子	未入仕	《考亭渊源录》
林夔孙	福建	弟子	入仕	《考亭渊源录》
林薳	福建	弟子	未入仕	《宋元学案补遗》
林峦	福建	学侣、讲友	未入仕	《考亭渊源录》
金去伪	江西	弟子	未入仕	《考亭渊源录》
金朋说	安徽	弟子	入仕	《宋元学案补遗》
俞廷椿	江西	弟子	入仕	《宋元学案补遗》
俞闻中	福建	弟子	入仕	《考亭渊源录》
度正	四川	弟子	入仕	《宋元学案》
姜大中	籍贯不明	弟子	未入仕	《宋元学案》
施允寿	福建	弟子	未入仕	《宋元学案》
柯翰	籍贯不明	学侣、讲友	入仕	《宋元学案补遗》
柴中行	江西	私淑	入仕	《宋史》
胡大壮	福建	弟子	未入仕	《宋元学案补遗》
胡大时	福建	学侣、讲友	未入仕	《宋元学案》
胡安之	江西	弟子	未入仕	《宋元学案补遗》
胡泳	江西	弟子	未入仕	《朱子实纪》
范士衡	江西	学侣、讲友	未入仕	《宋元学案补遗》
范元裕	福建	弟子	未入仕	《宋元学案补遗》
范念德	福建	弟子	入仕	《宋元学案》
唐晔	福建	私淑	未入仕	《宋元学案补遗》
唐总卿	籍贯不明	弟子	入仕	《宋元学案补遗》
孙自任	安徽	私淑	未入仕	《宋元学案补遗》
孙自修	安徽	私淑	未入仕	《宋元学案补遗》
孙自新	安徽	私淑	未入仕	《宋元学案补遗》
孙枝	浙江	私淑	入仕	《宋元学案补遗》
孙调	福建	私淑	入仕	《宋元学案》
孙应时	浙江	弟子	入仕	《宋元学案》

续表

姓名	籍贯（今属）	身份	入仕与否	材料来源
徐文卿	江西	弟子	未入仕	《考亭渊源录》
徐昭然	江西	弟子	未入仕	《宋元学案》
徐容	江西	弟子	未入仕	《考亭渊源录》
徐寓	浙江	弟子	未入仕	《考亭渊源录》
徐侨	浙江	弟子	入仕	《考亭渊源录》
祝穆	安徽	弟子	未入仕	《宋元学案补遗》
祝癸	安徽	弟子	未入仕	《宋元学案补遗》
真德秀	福建	弟子	入仕	《朱子实纪》
翁易	福建	弟子	未入仕	《朱子实纪》
郝杰	安徽	私淑	未入仕	《宋元学案补遗》
马节之	籍贯不明	弟子	未入仕	《经义考》
高禾	福建	弟子	入仕	《考亭渊源录》
高松	福建	弟子	未入仕	《宋元学案》
康渊	湖南	弟子	未入仕	《考亭渊源录》
张公巽	福建	弟子	未入仕	《宋元学案》
张丰应	湖北	弟子	未入仕	《宋元学案补遗》
张宗说	福建	弟子	入仕	《宋元学案》
张彦先	安徽	弟子	未入仕	《考亭渊源录》
张彦清	福建	弟子	入仕	《考亭渊源录》
张洽	江西	弟子	入仕	《宋史》
张扬卿	浙江	弟子	入仕	《宋元学案补遗》
张显父	福建	弟子	未入仕	《宋元学案》
曹叔远	浙江	弟子	入仕	《宋元学案补遗》
曹建	江西	弟子	未入仕	《宋元学案》
曹彦约	江西	弟子	入仕	《宋史》
曹彦纯	江西	弟子	未入仕	《宋元学案》
章康	江苏	弟子	未入仕	《宋元学案》
符初	江西	学侣、讲友	未入仕	《宋元学案》
符叙	江西	弟子	未入仕	《宋元学案》
许子春	福建	弟子	未入仕	《宋元学案》

续表

姓名	籍贯(今属)	身份	入仕与否	材料来源
许升	福建	弟子	未入仕	《宋元学案》
许谨	福建	弟子	未入仕	《考亭渊源录》
连嵩卿	籍贯不明	弟子	未入仕	《经义考》
郭叔云	广东	弟子	未入仕	《考亭渊源录》
郭津	浙江	弟子	未入仕	《宋元学案补遗》
郭浩	浙江	弟子	未入仕	《宋元学案补遗》
郭植	江西	弟子	未入仕	《考亭渊源录》
郭磊卿	浙江	弟子	入仕	《考亭渊源录》
陈士直	福建	学侣、讲友	未入仕	《宋元学案补遗》
陈孔夙	福建	弟子	未入仕	《宋元学案》
陈孔硕	福建	弟子	入仕	《宋元学案》
陈文蔚	江西	弟子	未入仕	《宋元学案》
陈旦	福建	学侣、讲友	未入仕	《宋元学案补遗》
陈守	福建	弟子	入仕	《宋元学案》
陈宇	福建	弟子	入仕	《考亭渊源录》
陈均	江苏	私淑	未入仕	《宋元学案》
陈址	福建	弟子	未入仕	《考亭渊源录》
陈芝	江西	弟子	未入仕	《考亭渊源录》
陈宗仁	浙江	私淑	入仕	《宋元学案补遗》
陈宓	福建	弟子	入仕	《宋元学案》
陈易	福建	弟子	入仕	《宋元学案》
陈思谦	福建	弟子	未入仕	《宋元学案补遗》
陈祖永	浙江	弟子	入仕	《考亭渊源录》
陈埴	浙江	弟子	未入仕	《宋元学案》
陈寅仲	籍贯不明	弟子	未入仕	《考亭渊源录》
陈淳	福建	弟子	未入仕	《宋史》
陈齐仲	福建	弟子	未入仕	《考亭渊源录》
陈范	福建	弟子	入仕	《宋元学案补遗》
陈缜	福建	弟子	入仕	《宋元学案》
陈骏	福建	弟子	入仕	《宋元学案》

续表

姓名	籍贯（今属）	身份	入仕与否	材料来源
陈总龟	福建	弟子	未入仕	《考亭渊源录》
陶安国	籍贯不明	弟子	未入仕	《考亭渊源录》
陶旸	安徽	弟子	未入仕	《考亭渊源录》
舒高	籍贯不明	弟子	未入仕	《经义考》
傅伯寿	福建	弟子	入仕	《考亭渊源录》
傅伯成	福建	弟子	未入仕	《宋元学案》
傅君定	浙江	弟子	未入仕	《朱子实纪》
傅定	浙江	弟子	未入仕	《宋元学案》
傅修	江西	弟子	未入仕	《宋元学案补遗》
傅诚	福建	弟子	入仕	《宋元学案》
傅梦泉	江西	弟子	未入仕	《宋元学案》
喻仲可	浙江	弟子	未入仕	《宋元学案》
彭方	江西	私淑	入仕	《宋元学案补遗》
彭寻	江西	弟子	未入仕	《考亭渊源录》
彭龟年	江西	弟子	入仕	《宋史》
彭蠡	籍贯不明	学侣、讲友	入仕	《考亭渊源录》
曾祖道	江西	弟子	未入仕	《宋元学案》
曾兴宗	江西	弟子	入仕	《考亭渊源录》
汤泳	江苏	弟子	入仕	《宋元学案》
游倪	福建	弟子	未入仕	《考亭渊源录》
游开	福建	弟子	未入仕	《宋元学案补遗》
游儆	福建	弟子	未入仕	《经义考》
程先	安徽	学侣、讲友	未入仕	《宋元学案补遗》
程永奇	安徽	弟子	未入仕	《宋元学案补遗》
程洵	江西	弟子	入仕	《宋元学案》
程若中	福建	弟子	未入仕	《宋元学案补遗》
程珙	江西	学侣、讲友	未入仕	《儒林宗派》
程深父	福建	弟子	未入仕	《朱子实纪》
程端蒙	江西	弟子	未入仕	《宋元学案》
程实之	安徽	弟子	未入仕	《儒林宗派》

续表

姓名	籍贯（今属）	身份	入仕与否	材料来源
程梧	江西	弟子	未入仕	《宋元学案补遗》
童伯羽	福建	弟子	未入仕	《考亭渊源录》
万人杰	湖北	弟子	未入仕	《宋元学案》
贺善	籍贯不明	弟子	未入仕	《宋元学案》
项世安	湖北	学侣、讲友	入仕	《宋元学案》
冯允中	福建	弟子	入仕	《宋元学案》
冯椅	江西	私淑	入仕	《宋史》
冯去疾	江西	私淑	入仕	《宋元学案补遗》
冯洽	湖北	弟子	未入仕	《宋元学案补遗》
冯诚之	籍贯不明	弟子	未入仕	《经义考》
黄士毅	江苏	弟子	未入仕	《朱子语类》
黄仲本	福建	学侣、讲友	入仕	《宋元学案补遗》
黄有开	籍贯不明	弟子	未入仕	《经义考》
黄孝恭	福建	弟子	未入仕	《宋元学案》
黄卓	福建	弟子	未入仕	《经义考》
黄东	江西	弟子	入仕	《宋元学案补遗》
黄昊	江西	弟子	入仕	《宋元学案补遗》
黄榦	福建	弟子	入仕	《宋元学案》
黄达才	江西	弟子	未入仕	《儒林宗派》
黄义勇	江西	弟子	未入仕	《宋元学案》
黄义刚	江西	弟子	未入仕	《宋元学案》
黄畲	江西	弟子	入仕	《宋元学案补遗》
黄樵仲	福建	学侣、讲友	未入仕	《宋元学案》
黄学皋	福建	学侣、讲友	入仕	《宋元学案》
黄谦	福建	弟子	未入仕	《考亭渊源录》
黄谦	福建	弟子	未入仕	《宋元学案》
黄显子	浙江	弟子	未入仕	《经义考》
黄灏	江西	弟子	入仕	《宋元学案》
曼渊	四川	弟子	未入仕	《宋元学案补遗》
杨友直	江西	弟子	未入仕	《宋元学案补遗》

续表

姓名	籍贯（今属）	身份	入仕与否	材料来源
杨方	福建	弟子	入仕	《宋元学案》
杨士训	福建	弟子	入仕	《宋元学案补遗》
杨至	福建	弟子	未入仕	《宋元学案》
杨长孺	江西	弟子	入仕	《宋元学案补遗》
杨道夫	福建	弟子	未入仕	《宋元学案》
杨若海	福建	弟子	未入仕	《宋元学案补遗》
杨复	福建	弟子	未入仕	《考亭渊源录》
杨楫	福建	弟子	入仕	《考亭渊源录》
杨立与	福建	弟子	入仕	《考亭渊源录》
杨履正	福建	弟子	未入仕	《宋元学案》
杨戴	福建	弟子	未入仕	《宋元学案》
杨骥	福建	弟子	未入仕	《宋元学案》
董拱寿	江西	弟子	未入仕	《考亭渊源录》
董铢	江西	弟子	入仕	《宋元学案》
叶文炳	福建	弟子	入仕	《朱子实纪》
叶永卿	江西	学侣、讲友	入仕	《考亭渊源录》
叶任道	浙江	弟子	未入仕	《宋元学案补遗》
叶味道	浙江	弟子	入仕	《宋元学案》
叶武子	福建	弟子	入仕	《宋元学案》
叶浞	福建	弟子	入仕	《宋元学案》
叶震	浙江	学侣、讲友	未入仕	《宋元学案补遗》
詹介	浙江	弟子	未入仕	《宋元学案补遗》
詹淳	籍贯不明	弟子	未入仕	《宋元学案补遗》
詹渊	福建	弟子	入仕	《考亭渊源录》
詹仪之	浙江	弟子	入仕	《宋元学案》
詹体仁	福建	弟子	入仕	《宋史》
邹补之	浙江	弟子	入仕	《宋元学案》
廖晋卿	籍贯不明	弟子	未入仕	《宋元学案》
廖德明	安徽	弟子	入仕	《宋史》
廖谦	湖南	弟子	未入仕	《宋元学案补遗》

续表

姓名	籍贯（今属）	身份	入仕与否	材料来源
熊以宁	福建	弟子	入仕	《经义考》
熊兆	福建	弟子	未入仕	《宋元学案补遗》
熊节	福建	弟子	入仕	《考亭渊源录》
赵子明	河南	弟子	未入仕	《考亭渊源录》
赵汝谈	河南	弟子	入仕	《宋史》
赵汝腾	福建	私淑	入仕	《宋元学案》
赵希汉	湖南	弟子	入仕	《宋元学案补遗》
赵师郓	浙江	弟子	未入仕	《考亭渊源录》
赵师夏	浙江	弟子	入仕	《宋元学案》
赵师渊	浙江	弟子	入仕	《宋元学案补遗》
赵师恕	浙江	弟子	入仕	《考亭渊源录》
赵师雍	浙江	弟子	入仕	《宋元学案》
赵师晢	浙江	弟子	未入仕	《宋元学案》
赵师端	浙江	弟子	入仕	《宋元学案补遗》
赵师骞	浙江	弟子	未入仕	《宋元学案补遗》
赵崇度	江西	学侣、讲友	入仕	《宋元学案》
赵崇宪	江西	学侣、讲友	入仕	《宋元学案》
赵善佐	福建	学侣、讲友	入仕	《宋元学案》
赵善待	浙江	弟子	入仕	《宋元学案补遗》
赵纶	山西	弟子	入仕	《宋元学案》
赵蕃	江西	弟子	入仕	《宋史》
辅万	浙江	弟子	未入仕	《宋元学案》
辅广	浙江	弟子	未入仕	《宋元学案》
刘子晋	籍贯不明	学侣、讲友	未入仕	《考亭渊源录》
刘子寰	福建	弟子	入仕	《考亭渊源录》
刘炎	福建	弟子	未入仕	《宋元学案》
刘思忠	江西	弟子	未入仕	《宋元学案补遗》
刘玶	福建	学侣、讲友	入仕	《宋元学案》
刘孟容	江西	弟子	入仕	《宋元学案》
刘炳	福建	弟子	入仕	《考亭渊源录》

续表

姓名	籍贯（今属）	身份	入仕与否	材料来源
刘刚中	福建	弟子	入仕	《考亭渊源录》
刘砥	福建	弟子	未入仕	《经义考》
刘淮	福建	弟子	未入仕	《考亭渊源录》
刘清之	江西	学侣、讲友	入仕	《宋元学案》
刘炳	福建	弟子	入仕	《朱子实纪》
刘起晦	福建	弟子	入仕	《宋元学案补遗》
刘尧夫	江西	弟子	入仕	《考亭渊源录》
刘贲	江西	弟子	未入仕	《宋元学案》
刘学古	福建	弟子	入仕	《考亭渊源录》
刘学雅	福建	弟子	未入仕	《考亭渊源录》
刘学博	福建	弟子	未入仕	《考亭渊源录》
刘学裘	福建	弟子	入仕	《考亭渊源录》
刘黻	江西	弟子	未入仕	《考亭渊源录》
刘砺	福建	弟子	未入仕	《考亭渊源录》
刘镜	福建	弟子	未入仕	《考亭渊源录》
刘黼	江西	弟子	入仕	《宋元学案》
刘爚	福建	弟子	入仕	《宋史》
楼玥	浙江	私淑	入仕	《宋史》
欧阳光祖	福建	弟子	入仕	《朱子实纪》
欧阳谦之	江西	弟子	未入仕	《朱子实纪》
滕珙	江西	弟子	入仕	《考亭渊源录》
滕璘	江西	弟子	入仕	《考亭渊源录》
潘友文	浙江	学侣、讲友	入仕	《宋元学案》
潘友恭	浙江	学侣、讲友	入仕	《宋元学案》
潘友端	浙江	学侣、讲友	入仕	《宋元学案》
潘柄	福建	弟子	入仕	《宋元学案》
潘时举	浙江	弟子	入仕	《宋元学案》
潘植	福建	弟子	未入仕	《宋元学案》
潘景宪	浙江	弟子	入仕	《宋元学案补遗》
潘景良	浙江	弟子	未入仕	《宋元学案》

续表

姓名	籍贯(今属)	身份	入仕与否	材料来源
潘履孙	浙江	弟子	入仕	《考亭渊源录》
蔡元定	福建	弟子	未入仕	《宋史》
蔡杭	福建	弟子	入仕	《宋史》
蔡沆	福建	弟子	未入仕	《宋元学案》
蔡沈	福建	弟子	未入仕	《宋史》
蔡念诚	江西	弟子	未入仕	《宋元学案》
蔡和	福建	学侣、讲友	未入仕	《宋元学案》
蔡渊	福建	弟子	未入仕	《宋元学案》
蔡模	福建	弟子	未入仕	《宋元学案》
蔡懋	浙江	弟子	未入仕	《考亭渊源录》
蒋叔蒙	浙江	弟子	未入仕	《宋元学案补遗》
郑文遹	福建	弟子	未入仕	《朱子实纪》
郑可学	福建	弟子	入仕	《考亭渊源录》
郑申之	福建	弟子	未入仕	《宋元学案补遗》
郑光弼	籍贯不明	弟子	未入仕	《考亭渊源录》
郑性之	福建	弟子	入仕	《宋史》
郑南升	广东	弟子	未入仕	《考亭渊源录》
郑昭先	福建	弟子	入仕	《宋元学案》
郑师孟	福建	弟子	未入仕	《宋元学案补遗》
邓邦老	福建	弟子	未入仕	《朱子实纪》
邓绢	福建	弟子	未入仕	《考亭渊源录》
闾丘次孟	浙江	弟子	未入仕	《考亭渊源录》
巩丰	浙江	学侣、讲友	入仕	《宋元学案》
黎季成	江西	弟子	未入仕	《考亭渊源录》
黎贵臣	湖南	弟子	未入仕	《宋元学案》
诸葛千能	浙江	弟子	入仕	《宋元学案》
钱木之	江苏	弟子	未入仕	《经义考》
应恕	浙江	学侣、讲友	未入仕	《宋元学案补遗》
应谦之	江苏	弟子	未入仕	《宋元学案》
应纯之	江苏	弟子	入仕	《宋元学案》

续表

姓名	籍贯（今属）	身份	入仕与否	材料来源
应茂之	江苏	弟子	未入仕	《宋元学案》
萧佐	湖南	私淑	未入仕	《宋元学案》
萧长夫	福建	弟子	未入仕	《宋元学案补遗》
谢玤	安徽	弟子	入仕	《宋元学案补遗》
谢梦生	浙江	私淑	未入仕	《宋元学案》
钟唐杰	江西	弟子	未入仕	《朱子实纪》
钟震	湖南	弟子	未入仕	《宋元学案补遗》
戴明伯	籍贯不明	弟子	未入仕	《考亭渊源录》
戴蒙	浙江	弟子	入仕	《宋元学案》
魏了翁	四川	弟子	入仕	《宋史》
魏丙	籍贯不明	弟子	未入仕	《经义考》
魏椿	福建	弟子	未入仕	《宋元学案补遗》
严世文	江西	弟子	未入仕	《宋元学案》
窦从周	江苏	弟子	未入仕	《考亭渊源录》
窦澄	江苏	弟子	未入仕	《宋元学案》
苏宜久	籍贯不明	弟子	未入仕	《宋元学案补遗》
苏玭	福建	弟子	未入仕	《宋元学案补遗》
饶敏学	福建	弟子	入仕	《宋元学案》
饶幹	福建	弟子	入仕	《宋元学案》
袭盖卿	湖南	弟子	入仕	《考亭渊源录》
龚郯	福建	弟子	未入仕	《宋元学案补遗》
合四百三十八人				

参考文献

（一）古籍

［1］（春秋）管仲.管子［M］.（唐）房玄龄，注.刘晓艺，点校.上海：上海古籍出版社，2015.

［2］（汉）司马迁.史记［M］.北京：中华书局，1959.

［3］（汉）班固.汉书［M］.（唐）颜师古，注.北京：中华书局，1999.

［4］（汉）董仲舒.董仲舒集［M］.北京：学苑出版社，2003.

［5］（汉）孔安国.尚书正义［M］.上海：上海古籍出版社，2007.

［6］（汉）荀悦.申鉴，中华再造善本：明代编：子部［M］.北京：国家图书馆出版社，2009.

［7］（魏）何晏集解，虞思徵整理.论语集解［M］.北京：商务印书馆，2023.

［8］（南朝）范晔.后汉书［M］.北京：中华书局，1965.

［9］（唐）韩愈.昌黎先生文集［M］.上海：上海古籍出版社，1994.

［10］（宋）马端临.文献通考［M］.上海师范大学古籍研究所、华东师范大学古籍研究所，点校.北京：中华书局，2011.

［11］（宋）朱熹.伊洛渊源录［M］.北京：中国书店，2015.

［12］（宋）胡宏.胡宏集［M］.北京：中华书局，1987.

［13］（宋）谢良佐.上蔡语录［M］.北京：商务印书馆，2019.

［14］（宋）李心传辑.道命录［M］.朱军，点校.上海：上海古籍出版社，2017.

［15］（宋）郑樵.通志［M］.北京：中华书局，1987.

［16］（宋）陆游.渭南文集［M］.杭州：浙江古籍出版社，2015.

［17］（宋）黄震.黄震全集［M］.张伟、何忠礼，主编.杭州：浙江大学出版社，2013.

［18］（宋）洪咨夔.平斋集，四部丛刊续编［M］.北京：商务印书馆，1934.

［19］（宋）林希逸.鬳斋续集，文渊阁.四库全书［M］.北京：商务印书馆，1986.

［20］（宋）楼钥.楼钥集［M］.顾大朋，点校.杭州：浙江古籍出版社，2010.

［21］（宋）吕祖谦.吕祖谦集［M］.杭州：浙江古籍出版社，2008.

［22］（宋）尹焞.和靖集，文渊阁.四库全书［M］.北京：商务印书馆，1986.

［23］（宋）周必大.周必大全集［M］.王荣贵，点校.成都：四川大学出版社，2017.

［24］（宋）郑刚中.北山文集，文渊阁.四库全书［M］.北京：商务印书馆，1986.

［25］（宋）真德秀.西山先生真文忠公文集，宋集珍本丛刊［M］.北京：线装书局，2004.

［26］（宋）黄震.古今纪要逸编［M］.北京：中华书局，1985.

［27］（宋）洪迈.夷坚志［M］.何卓，点校.北京：中华书局，1981.

［28］（宋）王钦若等.册府元龟［M］.周勋初等，校订.南京：凤凰出版社，2006.

［29］（宋）王与之.周礼订义，文渊阁四库全书［M］.北京：商务印书馆，1986.

［30］（宋）徐鹿卿.清正存稿［M］.南昌：百花洲文艺出版社，1985.

［31］（宋）洪迈.容斋随笔［M］.孔凡礼，点校.北京：中华书局，2005.

［32］（宋）吴自牧.梦粱录，全宋笔记［M］.黄纯艳，整理.郑州：大

象出版社，2017.

［33］（宋）王应麟.困学纪闻，全宋笔记［M］.孙通海，整理.郑州：大象出版社，2015.

［34］（宋）岳珂.桯史［M］.吴企明，点校.北京：中华书局，1981.

［35］（宋）周密.癸辛杂识［M］.上海：上海古籍出版社，2012.

［36］（宋）赵汝愚编.宋朝诸臣奏议［M］.北京大学中国中古史研究中心，点校.上海：上海古籍出版社，1999.

［37］（宋）真德秀.续文章正宗，宋集珍本丛刊［M］.北京：线装书局，2004.

［38］（宋）张栻.论语解［M］.杨世文、王蓉贵，点校.长春：长春出版社，1999.

［39］（宋）陈傅良.历代兵制［M］.史丽君，译注.北京：中华书局，2017.

［40］（宋）程颢、（宋）程颐.河南程氏外书［M］.上海：上海古籍出版社，2020.

［41］（宋）真德秀.西山先生读书记［M］.北京：中华书局，2011.

［42］（元）刘一清.钱塘遗事校笺考原［M］.王瑞来，校笺.北京：中华书局，2016.

［43］（元）赵采.程朱传义折中［M］.北京：中华书局，2011.

［44］（明）王阳明.传习录［M］.郑州：中州古籍出版社，2008.

［45］（明）宋濂等.元史［M］.北京：中华书局，2013.

［46］（明）陈镐.阙里志［M］.济南：山东友谊出版社，1989.

［47］（清）钱大昕.潜研堂集［M］.吕友仁，点校.上海：上海古籍出版社，1989.

［48］（清）顾祖禹.读史方舆纪要［M］.贺次君、施和金，点校.北京：中华书局，2005.

［49］（清）王先谦.荀子集解［M］.王星贤，点校.北京：中华书局，1988.

［50］（清）陆心源.宋史翼［M］.北京：中华书局，1991.

［51］（宋）李焘.续资治通鉴长编拾补［M］.（清）黄以周，编.顾吉辰，点校.北京：中华书局，2004.

［52］（清）王懋竑.朱熹年谱［M］.何忠礼，校.北京：中华书局，1998.

［53］（清）万斯同.儒林宗派［M］.新北：广文书局，1971.

［54］赵尔巽.清史稿［M］.北京：中华书局，1977.

［55］刘俊文点校.唐律疏议［M］.北京：法律出版社，1999.

［56］朱杰人等编.朱子全书［M］.上海：上海古籍出版社，合肥：安徽教育出版社，2002.

［57］曾枣庄，刘琳主编.全宋文［M］.上海：上海辞书出版社，2006.

［58］张觉点校.商君书校疏［M］.北京：北京知识产权出版社，2012.

［59］王世舜，王翠叶点校.尚书［M］.北京：中华书局，2012.

［60］北京大学《儒藏》编纂中心编.吕氏乡约［M］.北京：北京大学出版社，2018.

（二）今人著作

［1］〔日〕宇野哲人.中国近世儒学史［M］.台北：中国文化大学出版部，1957.

［2］范寿康.朱子及其哲学［M］.北京：中华书局，1983.

［3］张立文.宋明理学研究［M］.北京：中国人民大学出版社，1985.

［4］卢连章.二程学谱［M］.郑州：中州古籍出版社，1988.

［5］蒙培元.理学范畴系统［M］.北京：人民出版社，1989.

［6］于逸生.中国法思想史［M］.哈尔滨：黑龙江教育出版社，1993.

［7］武树臣.中国传统法律文化［M］.北京：北京大学出版社，1994.

［8］赵晓耕.宋代法制研究［M］.北京：中国政法大学出版社，1994.

［9］高道蕴编.美国学者论中国法律传统［M］.北京：中国政法大学出版社，1994.

［10］张晋藩.中国法制通史［M］.北京：法律出版社，1995.

［11］张正德主编.中国法理学［M］.北京：中共中央党校出版社，1996.

［12］汪世荣.中国古代判词研究［M］.北京：中国政法大学出版社，1997.

［13］何忠礼、徐吉军.南宋史稿［M］.杭州：杭州大学出版社，1999.

［14］朱勇.中国法制史［M］.北京：法律出版社，1999.

［15］俞荣根.道统与法统［M］.北京：法律出版社，1999.

［16］徐忠明.思考与批判：解读中国传统法律文化［M］.北京：法律出版社，2000.

［17］何勤华.中国法学史［M］.北京：法律出版社，2000.

［18］方彦寿.朱熹书院与门人考［M］.上海：华东师范大学出版社，2000.

［19］郭成伟主编.中华法系精神［M］.北京：中国政法大学出版社，2001.

［20］杨鹤皋.宋元明清法律思想研究［M］.北京：北京大学出版社，2001.

［21］关长龙.两宋道学命运的历史考察［M］.上海：学林出版社，2001.

［22］张文显.法哲学范畴研究［M］.北京：中国政法大学出版社，2001.

［23］林端.儒家伦理与法律文化［M］.北京：中国政法大学出版社，2002.

［24］刘广安.中华法系的再认识［M］.北京：法律出版社，2002.

［25］〔日〕高桥芳郎.宋代中国的法制与社会［M］.东京：汲古书院，2002.

［26］〔美〕田浩编.宋代思想史论［M］.北京：社会科学文献出版社，2003.

［27］武树臣.儒家法律传统［M］.北京：法律出版社，2003.

［28］马小红.礼与法：法的历史连接［M］.北京：北京大学出版社，2004.

［29］徐公喜.朱熹理学法律思想研究［M］.江西：江西人民出版社，2004.

［30］杨鸿烈.中国法律思想史［M］.北京：中国政法大学出版社，2004.

［31］刘新.中国法哲学史纲［M］.北京：中国人民大学出版社，2005.

［32］〔日〕梅原郁.宋代司法制度研究［M］.东京：创文社，2006.

［33］陈荣捷.朱子门人［M］.上海：华东师范大学出版社，2007.

［34］张晋藩主编.中华法系的回顾与前瞻［M］.北京：中国政法大学出版社，2007.

［35］柳立言.宋代的家庭和法律［M］.上海：上海古籍出版社，2008.

［36］肖建新.宋代法制文明研究［M］.合肥：安徽人民出版社，2008.

［37］向世陵.理气性心之间：宋明理学的分系与四系［M］.北京：人民出版社，2008.

［38］戴建国.宋代刑法史研究［M］.上海：上海人民出版社，2008.

［39］〔美〕余英时.宋明理学与政治文化［M］.长春：吉林出版集团有限责任公司，2008.

［40］吕志兴.宋代法律体系与中华法系［M］.成都：四川大学出版社，2009.

［41］宋大琦.程朱礼法学研究［M］.济南：山东人民出版社，2009.

［42］邓勇.试论中华法系的核心文化精神及其历史运行［M］.北京：法律出版社，2010.

［43］瞿同祖.中国法律与中国社会［M］.北京：商务印书馆，2010.

［44］〔日〕平田茂树.宋代政治结构研究［M］.上海：上海古籍出版社，2010.

［45］张利.宋代司法文化中的"人文精神"［M］.石家庄：河北人民

出版社，2010.

[46]〔英〕卜道成.朱熹和他的前辈们：朱熹与宋代新儒家导论[M].厦门：厦门大学出版社，2010.

[47]〔美〕包弼德.历史上的理学[M].杭州：浙江大学出版社，2010.

[48]〔美〕马伯良.宋代的法律与秩序[M].北京：中国政法大学出版社，2010.

[49]〔日〕土田健次郎.道学之形成[M].上海：上海古籍出版社，2010.

[50]〔美〕余英时.朱熹的历史世界：宋代士大夫政治文化的研究[M].北京：生活·读书·新知三联书店，2011.

[51]戴建国、郭东旭.南宋专题史：南宋法制史[M].北京：人民出版社，2011.

[52]陈来.宋明理学[M].北京：生活·读书·新知三联书店，2011.

[53]〔日〕藤井伦明.朱熹思想结构探索[M].台北："国立"台湾大学出版中心，2011.

[54]〔美〕田浩.朱熹的思维世界[M].南京：江苏人民出版社，2011.

[55]〔法〕孟德斯鸠.论法的精神（上下卷）[M].北京：商务印书馆，2012.

[56]〔日〕寺田浩明.权利与冤抑：寺田浩明中国法史论集[M].北京：清华大学出版社，2012.

[57]中国政法大学法律史学研究院.日本学者中国法论著选译[M].北京：中国政法大学出版社，2013.

[58]朱文慧、王国平编.南宋社会民间纠纷及其解决途径研究[M].上海：上海古籍出版社，2014.

[59]江山.中国法思想讲义[M].北京：中国经济出版社，2014.

［60］钱穆.朱子学提纲［M］.北京：生活·读书·新知三联书店，2014.

［61］〔日〕沟口雄三.中国的思维世界［M］.北京：生活·读书·新知三联书店，2014.

［62］苏亦工.天下归仁：儒家文化与法［M］.北京：人民出版社，2015.

［63］李娟.宋代程朱理学官学地位研究［M］.长春：东北师范大学出版社，2015.

［64］〔德〕迪特·库恩、（加）卜正民编.哈佛中国史04·儒家统治的时代：宋的转型［M］.北京：中信出版社，2016.

［65］陈支平.朱熹及其后学的历史学考察［M］.北京：商务印书馆，2016.

［66］俞荣根.礼法传统与中华法系［M］.北京：中国民主法制出版社，2016.

［67］〔美〕E·博登海默.法理学：法律哲学与法律方法［M］.北京：中国政法大学出版社，2017.

［68］〔美〕包弼德.斯文：唐宋思想的转型［M］.南京：江苏人民出版社，2017.

［69］邓庆平.朱子门人与朱子学［M］.北京：中国社会科学出版社，2017.

［70］顾宏义.朱熹师友门人往还书札汇编［M］.上海：上海古籍出版社，2017.

［71］俞荣根、秦涛.礼法之维：中华法系的法统流变［M］.贵阳：孔学堂书局，2017.

［72］徐公喜.朱子门人学案［M］.南昌：江西人民出版社，2018.

［73］何勤华.法律文明史 第7卷 中华法系［M］.北京：商务印书馆，2019.

［74］李敬峰.二程门人［M］.北京：中央编译出版社，2020.

［75］李敬峰.二程后学研究［M］.北京：中国社会科学出版社，2020.

［76］黄宽重.艺文中的政治：南宋士大夫的文化活动与人际关系［M］.北京：北京大学出版社，2020.

［77］陈荣捷.朱学论集［M］.重庆：重庆出版社，2021.

［78］高柯立.宋代地方的官民信息沟通与治理秩序［M］.北京：国家图书馆出版社，2021.

［79］黄宽重.孙应时的学宦生涯：道学追随者对南宋中期政局变动的因应［M］.北京：中国友谊出版公司，2021.

［80］谷更有.唐宋时期的村落与乡村治理研究［M］.北京：中国社会科学出版社，2022.

［81］刘复生.北宋中期儒学复兴运动［M］.北京：生活·读书·新知三联书店，2023.

［82］陈来.朱子哲学研究（增订版）［M］.北京：北京大学出版社，2023.

（三）期刊论文

［1］武树臣.朱熹法律思想探索［J］.北京大学学报(哲学社会科学版)，1983，5.

［2］陈荣捷.新儒家研究的时代趋势［J］.福建论坛(文史哲版)，1986，1.

［3］潘德深.宋律的编纂及其特点和作用［J］.福建师范大学学报（哲学社会科学版)，1987，1.

［4］陈金全.朱熹法律思想简析［J］.现代法学，1987，3.

［5］潘富恩，徐余庆.论二程的刑治与教化思想［J］.复旦学报(社会科学版)，1987，1.

［6］陈景良.两宋法制历史地位新论［J］.史学月刊，1989，3.

［7］姜国柱.二程的认识论及其历史贡献［J］.社会科学辑刊，1990，1.

［8］范忠信.中国古代德刑轻重之争的真实涵义［J］.比较法研究，

1991，1.

［9］李明德.宋代理学家的变法思想［J］.孔子研究，1992，2.

［10］李明德.略论朱熹的司法思想［J］.中外法学，1993，5.

［11］李明德.程颢程颐的法律思想［J］.江苏师范大学学报，1993，3.

［12］蔡方鹿.1949年以来程颐、程颢研究述评［J］.中国哲学史，1994，8.

［13］杨向奎.程朱哲学思想之异同［J］.华东师范大学学报(哲学社会科学版)，1995，3.

［14］崔永东.关于朱熹法律思想的几点探讨［J］.孔子研究，1995，4.

［15］陈景良.试论宋代士大夫司法活动中的德性原则与审判艺术［J］.法学，1997，6.

［16］陈景良.试论宋代士大夫司法活动中的人文主义批判之精神［J］.法商研究，1997，9.

［17］马作武.孔子法思想辨正［J］.法学评论，1998，1.

［18］陈景良.试论宋代士大夫的法律观念［J］.法学研究，1998，4.

［19］王志强.南宋司法裁判中的价值取向：南宋书判初探［J］.中国社会科学，1998，6.

［20］潘富恩、劲燕.论洛学对儒学文化的新发展［J］.复旦学报(社会科学版)，1998，3.

［21］蔡方鹿.二程、朱熹对中国儒学的发展［J］.中国文化研究，1999，2.

［22］周霜梅.朱熹法律思想论析［J］.江汉论坛，1999，8.

［23］何晓霞.孟德斯鸠对中国儒家文化的理性批判［J］.湘潭大学学报，2000，6.

［24］李增.《管子》法思想［J］.管子学刊，2001，1.

［25］许总.南宋理学极盛的过程与原因探析［J］.扬州大学学报(人文社会科学版)，2002，1.

［26］王心竹.20世纪中国大陆程朱理学研究综述［J］.哲学动态，

2002，1.

[27] 范立舟.论二程的历史哲学[J].史学月刊，2002，6.

[28] 杨一凡.中华法系研究中的一个重大误区"诸法合体、民刑不分"说质疑[J].中国社会科学，2002，6.

[29] 曾宪义、马小红.中国传统法的结构与基本概念辨正：兼论古代礼与法的关系[J].中国社会科学，2003，3.

[30] 段洪波、崔前华.中国传统文化中的"道德法律化"和"法律道德化"[J].合肥工业大学学报，2003，1.

[31] 吴宁、范立舟.南宋立国后的学术抉择与理学之兴[J].新疆师范大学学报(哲学社会科学版)，2003，3.

[32] 徐公喜.朱熹诉讼公正法律思想探微[J].船山学刊，2003，4.

[33] 何俊.庆元党禁的性质与晚宋儒学的派系整合[J].中国史研究，2004，1.

[34] 徐公喜.朱熹义理法律思想论[J].中华文化论坛，2004，2.

[35] 李晓春.从天理与善恶关系的角度看程颢与程颐天理的异同[J].兰州大学学报，2004，4.

[36] 邵方.儒家思想与礼制：兼议中国古代传统法律思想的礼法结合[J].中国法学，2004，6.

[37] 史广全.法律道德化与道德法律化：论中国传统法律文化发展的两个主要阶段及其现代化[J].求索，2004，5.

[38] 李玉福.论中国古代礼刑互动关系[J].法学论坛，2004，4.

[39] 黄宽重.从中央与地方关系互动看宋代基层社会演变[J].历史研究，2005，4.

[40] 杨建宏.《吕氏乡约》与宋代民间社会控制[J].湖南师范大学社会科学学报，2005，5.

[41] 徐洪兴.二程论"仁"和"礼乐"[J].云南大学学报(社会科学版)，2006，4.

[42] 肖建新.朱熹的德刑观新论[J].孔子研究，2006，4.

［43］余蔚.两宋政治地理格局比较研究［J］.中国社会科学，2006，6.

［44］邓小南.宋代历史再认识［J］.河北学刊，2006，5.

［45］吕志兴.宋代法律体系研究［J］.现代法学，2006，2.

［46］高鸿钧.法律文化的语义、语境及其中国问题［J］.中国法学，2007，4.

［47］陈应琴."明刑弼教"思想的渊源、发展及其运用［J］.海南大学学报（人文社会科学版），2007，1.

［48］邵方.朱熹法律思想简议［J］.法学论坛，2007，1.

［49］郭东旭、王瑞蕾.南宋儒家化法官的法治理念与司法实践：以理学家胡颖为例［J］.河北大学学报（哲学社会科学版），2007，4.

［50］彭耀光.近百年来二程哲学思想异同研究述评［J］.哲学动态，2007，6.

［51］陈志英.士大夫的人文精神与宋代法律品格［J］.法学杂志，2008，3.

［52］高扬元.中国古代刑事法律与儒家伦理精神［J］.云南社会科学，2008，2.

［53］高国希.二程理学与德性伦理［J］.中州学刊，2009，6.

［54］陈应琴.儒家法思想略论［J］.广西社会科学，2009，5.

［55］陈应琴.儒家德刑观之话语链分析［J］.兰州学刊，2009，5.

［56］曾宪义.关于中国传统调解制度的若干问题研究［J］.中国法学，2009，4.

［57］朱晓红.礼与刑：《尚书》的法思想解读［J］.西北大学学报（哲学社会科学版），2009，3.

［58］孙莉.德治及其传统之于中国法治进镜［J］.中国法学，2009，1.

［59］李桂民.荀子法思想的内涵辨析与理论来源［J］.孔子研究，2010，2.

［60］田志光.宋代士大夫"以法治国"观论析［J］.安徽师范大学学报（人文社会科学版），2010，1.

［61］王人博.水：中国法思想的本喻［J］.法学研究，2010，3.

［62］朱晓红.礼法、刑法与道法：先秦法思想的三条路径［J］.贵州社会科学，2010，3.

［63］钱同舟.中国传统哲学和文化中德治与法治［J］.学习与探索，2010，2.

［64］武树臣.中国"混合法"引论［J］.河北法学，2010，2.

［65］徐忠明.明清国家的法律宣传路径与意图［J］.法制与社会发展，2010，1.

［66］肖建新、宫超.论朱熹的民生思想［J］.安徽师范大学学报（人文社会科学版），2010，5.

［67］赵世超.中国古代引礼入法的得与失［J］.陕西师范大学学报，2011，1.

［68］徐公喜.朱熹理治社会核心价值论［J］.江淮论坛，2011，3.

［69］徐公喜.朱熹理治社会论［J］.福建论坛(人文社会科学版)，2011，9.

［70］孔妮妮.居乡状态中的南宋理学士人：以朱熹为辐射中心的群体探讨［J］.学术月刊，2012，2.

［71］刘丰.宋代理学的新发展：以二程的理学思想为中心［J］.中国哲学史，2013，4.

［72］孔妮妮.论南宋后期理学官员对基层社会秩序的构建：以真德秀为中心的考察［J］.历史教学问题，2013，2.

［73］岳纯之.论《宋刑统》的形成、结构和影响［J］.兰州学刊，2013，11.

［74］徐公喜.宋明理学法顺人情论［J］.船山学刊，2014，3.

［75］张中秋.传统中国法的精神及其哲学［J］.中国法学，2014，2.

［76］孔妮妮.南宋理学视域中的政治建构与义理诠释［J］.求索，2014，7.

［77］焦宝乾.逻辑与修辞：一对法学研究范式的中西考察［J］.中国

法学，2014，6.

[78] 徐公喜、吴京红.中：宋明理学法治核心价值［J］.学术界，2015，8.

[79] 吴晓萍."行道"与"得君"：宋孝宗时代的朱熹与周必大［J］.合肥学院学报（社会科学版），2015，1.

[80] 朱文慧.榜示·读示·文示：《名公书判清明集》所见宋代司法的信息公开［J］.浙江学刊，2015，5.

[81] 沈顺福.体用论与传统儒家形而上学［J］.哲学研究，2016，7.

[82] 马小红.中国古代法思想与先秦儒家的法律理想主义［J］.人大法律评论，2016，1.

[83] 徐公喜.法者因天理：宋明理学义理法再论［J］.齐鲁学刊，2017，2.

[84]〔日〕金谷治.《管子》中的法思想［J］.管子学刊，2020，1.

[85] 孔妮妮.论晚宋理学家对君臣观的学术建构与价值诠释：以真德秀为中心的考察［J］.史林，2020，2.

[86] 徐公喜.论南宋朱子门人后学对朱子学文献体系的贡献［J］.江淮论坛，2020，2.

[87] 孔妮妮.从"伪学"到正学：朱子学说在南宋后期的发展传播与道统的政治建构［J］.史林，2022，3.

[88] 夏方胜.灾害危机与地方官活动：南宋朱熹治理南康军旱灾研究［J］.农业考古，2022，3.

[89] 孔妮妮.南宋后期理学家的施政主张与地方治理：以真德秀为中心的考察［J］.兰州学刊，2023，8.

[90] 夏锦文.中华法系的深厚底蕴及其创造性转化［J］.江海学刊，2023，1.

（四）学位论文

[1] 陈懋.孔子法思想解读［D］.重庆：西南政法大学硕士学位论文，2002.

[2] 牛杰.宋代民众法律观念研究［D］.保定：河北大学硕士学位论

文，2004.

[3] 孙璎珞.朱熹法律思想研究[D].济南：山东大学硕士学位论文，2007.

[4] 魏磊.宋代法律教育研究[D].保定：河北大学硕士学位论文，2009.

[5] 王璐.朱熹法律思想研究[D].青岛：青岛大学硕士学位论文，2012.

[6] 郑劼.宋代司法审判中的"情"：以《名公书判清明集》为中心的分析[D].长春：吉林大学硕士学位论文，2012.

[7] 孟波.明代官箴文化探析[D].济南：山东师范大学硕士学位论文，2013.

[8] 陈伟.清代官箴文化探析[D].济南：山东师范大学硕士学位论文，2013.

[9] 胡琼.从《名公书判清明集》看南宋典卖纠纷与诉讼解决[D].海口：海南大学硕士学位论文，2013.

[10] 田翼.身份与宋季地方司法审判：以《清明集》中蔡杭判词为中心[D].广州：暨南大学硕士学位论文，2013.

[11] 周婕.论《名公书判清明集》中的"情"[D].重庆：西南政法大学硕士学位论文，2015.

[12] 郑鑫.从《名公书判清明集》看南宋不动产纠纷[D].郑州：郑州大学硕士学位论文，2015.

[13] 王成成.胡石璧司法审判研究：以《名公书判清明集》为研究中心[D].沈阳：沈阳师范大学硕士学位论文，2016.

[14] 王奥运.南宋黄震法律思想研究[D].上海：上海师范大学硕士学位论文，2017.

[15] 吴丹.宋代亲邻法的司法适用研究：以《名公书判清明集》为例[D].沈阳：辽宁大学硕士学位论文，2017.

[16] 程燕.南宋中期黄榦地方司法实践研究[D].重庆：重庆师范大

学硕士学位论文，2018.

［17］林洋.从《名公书判清明集》看南宋名公民事审判精神［D］.重庆：西南政法大学硕士学位论文，2019.

［18］王薇.临民治吏：黄榦州县治理思想研究［D］.保定：河北大学硕士学位论文，2019.

［19］金民.从《名公书判清明集》中的亲属间诉讼看家事诉讼方式改革［D］.苏州：苏州大学硕士学位论文，2019.

［20］王姣.明清谎状论析［D］.兰州：兰州大学硕士学位论文，2020.

［21］李双利.清代地方诉讼社会研究：以讼师、地棍、衙蠹之勾串为中心［D］.重庆：西南大学硕士学位论文，2020.

［22］洪洋.宋代乡土社会争讼中的民治、官治、德治路径探赜［D］.武汉：中南财经政法大学硕士学位论文，2022.

［23］于语和.中国礼治与西方法治之比较研究［D］.天津：天津师范大学博士学位论文，2001.

［24］张勇.朱熹理学思想的形成与演变［D］.西安：西北大学博士学位论文，2008.

［25］郭忠.论法律秩序和道德秩序的相互转化：从道德的法律化到法律的道德化［D］.重庆：西南政法大学博士学位论文，2010.

［26］崔明石.话语与叙事：文化视域下的情理法［D］.长春：吉林大学博士学位论文，2011.

［27］张利.宋代司法文化中的"人文精神"［D］.保定：河北大学博士学位论文，2011.

［28］朱文慧.南宋东南地区的民间纠纷及其解决途径研究［D］.广州：暨南大学博士学位论文，2011.

［29］梁君.由思想而行动：南宋理学家伦理实践研究［D］.上海：上海师范大学博士学位论文，2012.

［30］于江波.理学和易学交融视域下的程颐礼法哲学思想研究［D］.

济南：山东大学博士学位论文，2019.

　　[31] 王小康."法"中求"理"：南宋士大夫的法律哲学与裁判方法 [D].武汉：中南财经政法大学博士学位论文，2021.

后　记

　　谨以此书献给所有关心、爱护和帮助过我的人！

　　本书是在我的博士论文基础上修改而成的。行文至此，那种学生生涯画上句号的感慨之情依旧清晰。从小学至博士研究生，二十一年的学生时代，十年的大学生活，心中万般情节，不知何起，一往而深。

　　我出生于一个普通的教师家庭，在乡镇开蒙入学。由于父亲是历史教师，我从小接触到了许多历史学的专业课本和专著、工具书，从而对历史学科产生了懵懂的兴趣，高二文理分科时，我也毅然选择了文科。受限于本人平庸的资质，在2012年的高考中，我仅考出高过二本线三十余分的成绩，即使在省内也无校可择，出于敏感的自尊心和对省外世界的向往，我选择四千里之外的哈尔滨学院人文学院历史学专业作为我大学生活的开端。

　　初入大学，我并没有把学习放在首位，学生会、辩论协会、北方风俗，都是那么吸引着我。直到大二下学期，学生会体验完，辩论赛取得成绩，东北话也学得有模有样后，我的心思回归到了学习上，并思索我的未来去向。

　　2014年，考研"内卷"的时代尚未来临，同学们的人生预设轨迹种类繁多，而我还是将考研定为了第一选择。一来，我始终有着想要往上接触更高层面的学科建设，理解更深层次的学科内涵的理想；二来，由于是教师子女，入学更早，我刚上大学时还未满十七岁，即使考研不顺，依然有着规划下一步的充足时间。于是，我毅然踏上了考研征途。

　　由于心存年龄红利的侥幸心理，再加上专业基础不扎实，择校准备不充分，考研第一年，我"顺理成章"地落榜了。二战也没能进入复试，最终调剂进入了曲阜师范大学学习专门史（儒学史）。

　　在曲阜师范大学的三年，是我思想和能力蜕变的三年。我要感谢我的导师修建军老师和同门谢紫冰同学、张永程师姐、杨敏荣师姐，大家庭给了我和谐融洽欢快的生活环境，还有自由自主的研究旨趣选择。我还要感谢恩师吴佩林老师和好朋友林家伟同学、吴伟伟同学、邓利平同学、刘宜同学、张咪同学，吴老师像对待亲传弟子一样教我历史档案的研读、点校孔府档案、修改论文框架，还带我参加学术会议，朋友们也带我一起聚会、写论文，这给我打下了法制史研究和明清档案阅读的基础。尤其感谢林家伟同学和刘宜同学，林家伟同学和我是本科同学，不仅跟我无私分享了硕士学习的资料，更是在我的博士论文修改遇到瓶颈时为我出谋划策；刘宜同学则是从专业的角度为我选择博士论文中涉及的明清司法文书的材料和释读规范，在我们三个"臭皮匠"的合作下，我的博士论文的明清影响部分才得以顺利完成。

研二那年，我们专门史方向的学生从历史文化学院转入孔子文化研究院，这也是我的内心灌注儒学之"天理"的转向。我要感谢孔子文化研究院的杨朝明老师、宋立林老师、刘彬老师、刘厚琴老师、王曰美老师、郑治文老师和孔院大家庭的葛宁同学、罗晨同学、庞丽霞同学、谭师同学，他们让我领略了儒学的博大精深，树立起"修齐治平"的理想信念，为我硕博六年始终坚持以儒学史为研究核心筑牢了基础。

选择考博，是我人生路上的第二个重大决定。我要感谢高岱老师和梅雪芹老师的推荐，感谢吴晓萍老师给了我读博的机会。

我要感谢我的恩师吴晓萍老师。在安徽师范大学的三年，吴老师在开具宋史研究的基本书目的前提下，给了我充分的学习研究自主权，鼓励我继续拓展硕士阶段的研究领域，不仅是我学术路上的引路人，更教会了我项目申请、财务报销等各项工作的知识。在生活上，老师像妈妈一样，关心我的身体健康和心情状态，时常打电话或是叫我去家里谈心；在学习上，老师会因为我的基础和性格而照顾我的情绪和研究修改方式方法，尤其是临近毕业时，老师每天一边带孩子一边给我打电话教我如何修改论文，每每想起，学生百感交集，既惭愧又感激。

感谢历史学院的李琳琦老师、王世华老师、庄华峰老师、欧阳跃峰老师、沈世培老师、梁仁志老师、刘道胜老师、郑小春老师、徐彬老师、朱德军老师、董家魁老师、马陵合老师、汪效驷老师、韩家炳老师、丁修真老师、方青老师，在老师们的教授和分享下，我得以一窥教授学者的治学态度和方法、研究思路与逻辑。特别要感谢梁仁志老师、沈世培老师和董家魁老师，在我初入学院时，梁老师就教给我行政工作的知识技能、方式方法，之后更是像对待亲传弟子一样照顾我，让我和同学们一起研读学术专著、修改学术论文、参加学术会议，让我对徽学有了启蒙性的了解，也有了更加规范的学术训练。沈老师自始至终关心着我的生活状态和学习进度，不仅常常把我叫到家里详细沟通，还带我参与聚餐活动。董老师经常叮嘱我注意身体健康、考虑个人问题、分享学术动态，是我在接触学术资源的收集、整理、选取道路上的温馨港湾。

同时感谢2020级的同学们：李松老师、陈敏红老师、徐涛老师、徐剑鸥老师、钱芳华老师、赵甜甜老师、汪杏莉老师、姚伟老师、杜常生老师、娄娜老师。各位老师名义上是我的同班同学，实际上都年长我数岁，是我课后得以继续交流探研的十位良师。大家不仅带我一起参与各项活动，更是为我解答了进入工作的各项基础知识，分享工作、婚姻、家庭的各种故事，是我从学生思维向成人思维转变的导师组，能与各位老师同窗共读，实乃一大幸事。

我还要感谢在安徽师范大学接触到的各位本、硕、博的同学们。有一种观点：只有本科就读之处，才可被称为母校；硕博考进来的，总会在情感和学习培养上有一定的隔阂。然而，安徽师范大学的同学们让我打消了这种顾虑，大家同在花津河畔，并没有出身上的区别对待。我要感谢邓高翔同学的陪伴，让我对校园从陌生到熟悉，从淡泊到温暖；我要感谢吕永鑫老师和朱晓华老师的指导，让我能在历史学院有着上佳的生活和学习体验；我要感谢刘可心同学，是我学习历史教学与实践的榜样；我要感谢梁碧颖师姐的照顾、徐紫林师兄和姚波师兄的指导，让我感受到同门师兄师姐的温情。另有各位师兄师姐、师弟师妹们，我所受照顾之深，铭记于心，不一一各表。

博士论文的收官阶段,是我毕业前的至暗时刻。论文提交外审前的一个月,我平均每天进行13个小时的修改,情绪也笼罩在恐慌之中。我要感谢高静云博士的帮助,她每天接受我的负能量倾诉,反馈给我的是无限的理解与宽慰,将我从文献的深渊中拉回来,使我能够以稳定的情绪推进论文的修改进度,是我最后一役的守护神。

我的人生已过二十七载,一万个日夜。我最应该感谢的是生我养我的父母。我从小并不是一个聪明的孩子,多亏了父母的严格教育,父亲多是从宏观上把握学习的方向,母亲则是进行具体的学习指导,并给我拓展学习了华罗庚数学、新概念英语等知识。父母同样给予我学习上充分的选择自由性,无论是在我数理化成绩不错的情况下选择学习文科,还是规划好了择业方向的前提下选择历史学,父母始终支持我的决定,这也让我学会了言出必行、自己对自己负责的基本素养。旅外求学十载,父母每天都会打两遍电话与我沟通,嘘寒问暖,分享日常,也让我养成了开朗乐观,愿意交际的性格特点。另外,在考研二战和读博阶段,父母也为我顶住了外界的质疑和压力,让我得以专心求学。父母之恩情,慈如河海,只有孝若涓尘,方可堪堪得报。

这是我人生中最后一次进行学位论文的撰写。本硕博十年,我均选择了历史学专业,且均为非985、211院校,是纯正的"土鳖"。在这十年求学中,我对自己的专业和择校有了自己的理解。

我始终坚定地认为,历史学是一门本位学科,是培养身为人的社会属性之国别、民族、血缘、地缘属性的"器"。历史学名义上是铭记历史,实际上是浸染文化,私以为历史研究之方法、视角、观点、逻辑、范式只是"器"的材质、形状的不同,而历史研究中体现的素养、精神这类文化意蕴才是"器"的本质区别,是学科专业性的体现。我始终对历史学科抱有崇高的敬意,始终认为身为专业学生或者将来从教,抑或从事其他行业,我要向非专业的人群科普历史学的专业性,历史学并非茶余饭后的谈资,而是承载着文化的厚重。诚然,学者之间可以开玩笑说"历史学没有用,写专著没有小说受欢迎",但是面对没有专业概念的普罗大众,还是要拿出

后　记

专业素养对历史学科认知进行辩证。玩笑归玩笑，专业的事情还是需要专业的人去做。如果专业研究要向下迎合，那就不能怪别人看不起我们的专业了。

再谈谈择校。我承认，自己一直是个普通人，高考二本水平，考研过线调剂。但是我感谢自己始终处于同层次最低一档的环境，这样的环境给了我始终眼光向上进行学习的理由和推动力。本、硕、博十年，虽然培养方案、专业资源不如名校，但我会抓住一切机会，去请教、去学习，既然已经没有更低的退路了，那么眼前的路就只有向上攀爬这么一条。感谢十年来普通院校的求学经历，我没有滋生任何基于出身虚荣心产生的傲慢与偏见，也没有安于现状的摆烂与躺平。我相信只要向上看，珍惜一切从上面"漏"下来的资源，努力攀登，总会学到比别人更多的知识与能力，这也帮助我顺利找到了我力所能及范围内最优的就业选择。

十年一梦的雪花，月暗暝，是揣梦的少年过客。虽不能成三尺青锋看尽长安花，但也能得墨剑铁涎烟雨任平生。放低姿态，抓住机会，与人为善，和谐共生，我会继续砥砺前行，不断攀升！